A book for You
赤本バックナンバーのご案内

赤本バックナンバーを1年単位で印刷製本しお届けします！

弊社発行の「**高校別入試対策シリーズ（赤本）**」の収録から外れた古い年度の過去問を1年単位でご購入いただくことができます。
「**赤本バックナンバー**」はamazon（アマゾン）の***プリント・オン・デマンドサービス**によりご提供いたします。
定評のあるくわしい解答解説はもちろん赤本そのまま，解答用紙も付けてあります。
志望校の受験対策をさらに万全なものにするために，「**赤本バックナンバー**」をぜひご活用ください。

⚠ *プリント・オン・デマンドサービスとは，ご注文に応じて1冊から印刷製本し，お客様にお届けするサービスです。

ご購入の流れ

① 英俊社のウェブサイト https://book.eisyun.jp/ にアクセス
② トップページの「高校受験」 赤本バ
③ ご希望の学校・年度をクリックすると，　該当書籍のページにジャンプ
④ amazon（アマゾン）のウェブサイト
⚠ 納期や配送，お支払い等，購入に関するお問　トにてご確認ください。
⚠ 書籍の内容についてのお問い合わせは英俊社（06−7712−4373）まで。

国私立高校・高専 バックナンバー

⚠ 表中の×印の学校・年度は，著作権上の事情等により発刊いたしません。あしからずご了承ください。

（アイウエオ順）

※価格はすべて税込表示

学校名	2019年実施問題	2018年実施問題	2017年実施問題	2016年実施問題	2015年実施問題	2014年実施問題	2013年実施問題	2012年実施問題	2011年実施問題	2010年実施問題	2009年実施問題	2008年実施問題	2007年実施問題	2006年実施問題	2005年実施問題	2004年実施問題	2003年実施問題
大阪教育大附高池田校舎	1,540円 66頁	1,430円 60頁	1,430円 62頁	1,430円 60頁	1,430円 60頁	1,430円 58頁	1,430円 58頁	1,430円 60頁	1,430円 58頁	1,430円 56頁	1,430円 54頁	1,320円 50頁	1,320円 52頁	1,320円 52頁	1,320円 48頁	1,320円 48頁	
大阪星光学院高	1,320円 48頁	1,320円 44頁	1,210円 42頁	1,210円 34頁	×	1,210円 36頁	1,210円 30頁	1,210円 32頁	1,650円 88頁	1,650円 84頁	1,650円 84頁	1,650円 80頁	1,650円 86頁	1,650円 80頁	1,650円 82頁	1,320円 52頁	1,430円 54頁
大阪桐蔭高	1,540円 74頁	1,540円 66頁	1,540円 68頁	1,540円 66頁	1,540円 66頁	1,430円 64頁	1,540円 68頁	1,430円 62頁	1,430円 62頁	1,540円 68頁	1,430円 62頁	1,430円 62頁	1,430円 60頁	1,430円 62頁	1,430円 58頁		
関西大学高	1,430円 56頁	1,430円 56頁	1,430円 58頁	1,430円 54頁	1,320円 52頁	1,320円 52頁	1,430円 54頁	1,320円 50頁	1,320円 52頁	1,320円 50頁							
関西大学第一高	1,540円 66頁	1,430円 64頁	1,430円 64頁	1,430円 56頁	1,430円 62頁	1,430円 54頁	1,320円 48頁	1,430円 56頁	1,430円 56頁	1,430円 56頁	1,430円 56頁	1,320円 52頁	1,320円 52頁	1,320円 50頁	1,320円 46頁	1,320円 52頁	
関西大学北陽高	1,540円 68頁	1,540円 72頁	1,540円 70頁	1,430円 64頁	1,430円 62頁	1,430円 60頁	1,430円 60頁	1,430円 58頁	1,430円 58頁	1,430円 58頁	1,430円 56頁	1,430円 54頁					
関西学院高	1,210円 36頁	1,210円 36頁	1,210円 34頁	1,210円 34頁	1,210円 32頁	1,210円 32頁	1,210円 32頁	1,210円 32頁	1,210円 28頁	1,210円 30頁	1,210円 28頁	1,210円 30頁	×	1,210円 30頁	1,210円 28頁	×	1,210円 26頁
京都女子高	1,540円 66頁	1,430円 62頁	1,430円 60頁	1,430円 60頁	1,430円 60頁	1,430円 54頁	1,430円 56頁	1,430円 56頁	1,430円 56頁	1,430円 56頁	1,430円 56頁	1,430円 54頁	1,430円 54頁	1,320円 50頁	1,320円 50頁	1,320円 48頁	
近畿大学附属高	1,540円 72頁	1,540円 68頁	1,540円 68頁	1,540円 66頁	1,430円 64頁	1,430円 62頁	1,430円 58頁	1,430円 60頁	1,430円 58頁	1,430円 60頁	1,430円 54頁	1,430円 58頁	1,430円 56頁	1,430円 54頁	1,430円 56頁	1,320円 52頁	
久留米大学附設高	1,430円 64頁	1,430円 62頁	1,430円 58頁	1,430円 60頁	1,430円 58頁	1,430円 58頁	1,430円 58頁	1,430円 58頁	1,430円 56頁	1,430円 58頁	1,430円 54頁	×	1,430円 54頁	1,430円 54頁			
四天王寺高	1,540円 74頁	1,430円 62頁	1,430円 64頁	1,540円 66頁	1,210円 40頁	1,210円 40頁	1,430円 64頁	1,430円 64頁	1,430円 58頁	1,430円 62頁	1,430円 60頁	1,430円 60頁	1,430円 64頁	1,430円 58頁	1,430円 62頁	1,430円 58頁	
須磨学園高	1,210円 40頁	1,210円 40頁	1,210円 36頁	1,210円 42頁	1,210円 40頁	1,210円 40頁	1,210円 38頁	1,210円 38頁	1,320円 44頁	1,320円 48頁	1,320円 46頁	1,320円 48頁	1,320円 46頁	1,320円 44頁	1,210円 42頁		
清教学園高	1,540円 66頁	1,540円 66頁	1,430円 64頁	1,430円 56頁	1,320円 52頁	1,320円 50頁	1,320円 52頁	1,320円 48頁	1,320円 52頁	1,320円 50頁	1,320円 50頁	1,320円 46頁					
西南学院高	1,870円 102頁	1,760円 98頁	1,650円 82頁	1,980円 116頁	1,980円 112頁	1,980円 112頁	1,870円 110頁	1,870円 112頁	1,870円 106頁	1,540円 76頁	1,540円 76頁	1,540円 72頁	1,540円 72頁	1,540円 70頁			
清風高	1,430円 58頁	1,430円 54頁	1,430円 60頁	1,430円 60頁	1,430円 60頁	1,430円 60頁	1,430円 60頁	1,430円 60頁	1,430円 56頁	1,430円 58頁	×	1,430円 56頁	1,430円 58頁	1,430円 54頁	1,430円 54頁		

※価格はすべて税込表示

学校名	2019年実施問題	2018年実施問題	2017年実施問題	2016年実施問題	2015年実施問題	2014年実施問題	2013年実施問題	2012年実施問題	2011年実施問題	2010年実施問題	2009年実施問題	2008年実施問題	2007年実施問題	2006年実施問題	2005年実施問題	2004年実施問題	2003年実施問題
清風南海高	1,430円 64頁	1,430円 64頁	1,430円 62頁	1,430円 60頁	1,430円 60頁	1,430円 58頁	1,430円 58頁	1,430円 60頁	1,430円 56頁	1,430円 56頁	1,430円 56頁	1,430円 56頁	1,430円 58頁	1,430円 58頁	1,320円 52頁	1,430円 54頁	
智辯学園和歌山高	1,320円 44頁	1,210円 42頁	1,210円 40頁	1,210円 40頁	1,210円 38頁	1,210円 38頁	1,210円 40頁	1,210円 38頁	1,210円 38頁	1,210円 40頁	1,210円 40頁	1,210円 38頁	1,210円 38頁	1,210円 38頁	1,210円 38頁	1,210円 38頁	
同志社高	1,430円 56頁	1,430円 56頁	1,430円 54頁	1,430円 54頁	1,430円 56頁	1,430円 54頁	1,320円 52頁	1,320円 52頁	1,320円 50頁	1,320円 48頁	1,320円 50頁	1,320円 50頁	1,320円 46頁	1,320円 48頁	1,320円 44頁	1,320円 48頁	1,320円 46頁
灘高	1,320円 52頁	1,320円 46頁	1,320円 48頁	1,320円 46頁	1,320円 46頁	1,320円 48頁	1,210円 42頁	1,320円 44頁	1,320円 50頁	1,320円 48頁	1,320円 46頁	1,320円 48頁	1,320円 48頁	1,320円 46頁	1,320円 44頁	1,320円 46頁	1,320円 46頁
西大和学園高	1,760円 98頁	1,760円 96頁	1,760円 90頁	1,540円 68頁	1,540円 66頁	1,430円 62頁	1,430円 62頁	1,430円 62頁	1,430円 64頁	1,430円 64頁	1,430円 62頁	1,430円 64頁	1,430円 64頁	1,430円 62頁	1,430円 60頁	1,430円 56頁	1,430円 58頁
福岡大学附属大濠高	2,310円 152頁	2,310円 148頁	2,200円 142頁	2,200円 144頁	2,090円 134頁	2,090円 132頁	2,090円 128頁	1,760円 96頁	1,760円 94頁	1,650円 88頁	1,650円 84頁	1,760円 88頁	1,760円 90頁	1,760円 92頁			
明星高	1,540円 76頁	1,540円 74頁	1,540円 68頁	1,430円 62頁	1,430円 62頁	1,430円 64頁	1,430円 64頁	1,430円 60頁	1,430円 58頁	1,430円 56頁	1,430円 56頁	1,430円 54頁	1,430円 54頁	1,430円 54頁	1,320円 52頁	1,320円 52頁	
桃山学院高	1,430円 64頁	1,430円 64頁	1,430円 62頁	1,430円 60頁	1,430円 58頁	1,430円 54頁	1,430円 56頁	1,430円 54頁	1,430円 58頁	1,430円 58頁	1,430円 56頁	1,320円 52頁	1,320円 52頁	1,320円 48頁	1,320円 46頁	1,320円 50頁	1,320円 50頁
洛南高	1,540円 66頁	1,430円 64頁	1,540円 66頁	1,540円 66頁	1,430円 62頁	1,430円 64頁	1,430円 62頁	1,430円 62頁	1,430円 62頁	1,430円 60頁	1,430円 58頁	1,430円 64頁	1,430円 60頁	1,430円 62頁	1,430円 58頁	1,430円 58頁	1,430円 60頁
ラ・サール高	1,540円 70頁	1,540円 66頁	1,430円 60頁	1,430円 62頁	1,430円 60頁	1,430円 58頁	1,430円 60頁	1,430円 60頁	1,430円 58頁	1,430円 54頁	1,430円 60頁	1,430円 54頁	1,430円 56頁	1,320円 50頁			
立命館高	1,760円 96頁	1,760円 94頁	1,870円 100頁	1,760円 96頁	1,870円 104頁	1,870円 102頁	1,870円 100頁	1,760円 92頁	1,650円 88頁	1,760円 94頁	1,650円 88頁	1,650円 86頁	1,320円 48頁	1,650円 80頁	1,430円 54頁		
立命館宇治高	1,430円 62頁	1,430円 60頁	1,430円 58頁	1,430円 58頁	1,430円 56頁	1,430円 54頁	1,430円 54頁	1,320円 52頁	1,320円 52頁	1,430円 54頁	1,430円 56頁	1,320円 52頁					
国立高専	1,650円 78頁	1,540円 74頁	1,540円 66頁	1,430円 64頁	1,430円 62頁	1,430円 62頁	1,430円 62頁	1,540円 68頁	1,540円 70頁	1,430円 64頁	1,430円 62頁	1,430円 62頁	1,430円 60頁	1,430円 58頁	1,430円 60頁	1,430円 56頁	1,430円 60頁

公立高校 バックナンバー

※価格はすべて税込表示

府県名・学校名	2019年実施問題	2018年実施問題	2017年実施問題	2016年実施問題	2015年実施問題	2014年実施問題	2013年実施問題	2012年実施問題	2011年実施問題	2010年実施問題	2009年実施問題	2008年実施問題	2007年実施問題	2006年実施問題	2005年実施問題	2004年実施問題	2003年実施問題
岐阜県公立高	990円 64頁	990円 60頁	990円 60頁	990円 60頁	990円 58頁	990円 56頁	990円 58頁	990円 52頁	990円 54頁	990円 52頁	990円 52頁	990円 48頁	990円 50頁	990円 52頁			
静岡県公立高	990円 62頁	990円 58頁	990円 58頁	990円 60頁	990円 60頁	990円 56頁	990円 58頁	990円 58頁	990円 56頁	990円 54頁	990円 52頁	990円 54頁	990円 52頁	990円 52頁			
愛知県公立高	990円 126頁	990円 120頁	990円 114頁	990円 114頁	990円 114頁	990円 110頁	990円 112頁	990円 108頁	990円 108頁	990円 110頁	990円 102頁	990円 102頁	990円 102頁	990円 100頁	990円 100頁	990円 96頁	990円 96頁
三重県公立高	990円 72頁	990円 66頁	990円 66頁	990円 64頁	990円 66頁	990円 64頁	990円 66頁	990円 64頁	990円 62頁	990円 62頁	990円 58頁	990円 58頁	990円 52頁	990円 54頁			
滋賀県公立高	990円 66頁	990円 62頁	990円 60頁	990円 62頁	990円 62頁	990円 46頁	990円 48頁	990円 46頁	990円 48頁	990円 44頁	990円 44頁	990円 44頁	990円 46頁	990円 44頁	990円 44頁	990円 40頁	990円 42頁
京都府公立高(中期)	990円 60頁	990円 56頁	990円 54頁	990円 54頁	990円 56頁	990円 54頁	990円 56頁	990円 54頁	990円 56頁	990円 54頁	990円 52頁	990円 50頁	990円 50頁	990円 50頁	990円 46頁	990円 46頁	990円 48頁
京都府公立高(前期)	990円 40頁	990円 38頁	990円 40頁	990円 38頁	990円 38頁	990円 36頁											
京都市立堀川高 探究学科群	1,430円 64頁	1,540円 68頁	1,430円 60頁	1,430円 62頁	1,430円 64頁	1,430円 60頁	1,430円 60頁	1,430円 58頁	1,430円 58頁	1,430円 64頁	1,430円 54頁	1,320円 48頁	1,210円 42頁	1,210円 38頁	1,210円 36頁	1,210円 40頁	
京都市立西京高 エンタープライジング科	1,650円 82頁	1,540円 76頁	1,650円 80頁	1,540円 72頁	1,540円 72頁	1,540円 70頁	1,320円 46頁	1,320円 50頁	1,320円 46頁	1,320円 44頁	1,210円 42頁	1,210円 42頁	1,210円 38頁	1,210円 38頁	1,210円 40頁	1,210円 34頁	
京都府立嵯峨野高 京都こすもす科	1,540円 68頁	1,540円 66頁	1,540円 68頁	1,430円 64頁	1,430円 64頁	1,430円 62頁	1,210円 42頁	1,210円 42頁	1,320円 46頁	1,320円 44頁	1,210円 42頁	1,210円 40頁	1,210円 40頁	1,210円 36頁	1,210円 36頁	1,210円 34頁	
京都府立桃山高 自然科学科	1,320円 46頁	1,320円 46頁	1,210円 42頁	1,320円 44頁	1,320円 46頁	1,320円 44頁	1,210円 42頁	1,210円 38頁	1,210円 42頁	1,210円 40頁	1,210円 40頁	1,210円 38頁	1,210円 34頁	1,210円 34頁			

※価格はすべて税込表示

府県名・学校名	2019年実施問題	2018年実施問題	2017年実施問題	2016年実施問題	2015年実施問題	2014年実施問題	2013年実施問題	2012年実施問題	2011年実施問題	2010年実施問題	2009年実施問題	2008年実施問題	2007年実施問題	2006年実施問題	2005年実施問題	2004年実施問題	2003年実施問題
大阪府公立高(一般)	990円 148頁	990円 140頁	990円 140頁	990円 122頁													
大阪府公立高(特別)	990円 78頁	990円 78頁	990円 74頁	990円 72頁													
大阪府公立高(前期)					990円 70頁	990円 68頁	990円 66頁	990円 72頁	990円 70頁	990円 60頁	990円 58頁	990円 56頁	990円 56頁	990円 54頁	990円 52頁	990円 52頁	990円 48頁
大阪府公立高(後期)					990円 82頁	990円 76頁	990円 72頁	990円 64頁	990円 64頁	990円 64頁	990円 62頁	990円 62頁	990円 62頁	990円 58頁	990円 56頁	990円 58頁	990円 56頁
兵庫県公立高	990円 74頁	990円 78頁	990円 74頁	990円 74頁	990円 74頁	990円 68頁	990円 66頁	990円 64頁	990円 60頁	990円 56頁	990円 58頁	990円 56頁	990円 58頁	990円 56頁	990円 56頁	990円 54頁	990円 52頁
奈良県公立高(一般)	990円 62頁	990円 50頁	990円 50頁	990円 52頁	990円 50頁	990円 52頁	990円 50頁	990円 48頁	990円 48頁	990円 48頁	990円 48頁	990円 48頁	×	990円 44頁	990円 46頁	990円 42頁	990円 44頁
奈良県公立高(特色)	990円 30頁	990円 38頁	990円 44頁	990円 46頁	990円 46頁	990円 44頁	990円 40頁	990円 40頁	990円 32頁	990円 32頁	990円 32頁	990円 32頁	990円 28頁	990円 28頁			
和歌山県公立高	990円 76頁	990円 70頁	990円 68頁	990円 64頁	990円 66頁	990円 64頁	990円 64頁	990円 62頁	990円 66頁	990円 62頁	990円 60頁	990円 60頁	990円 58頁	990円 56頁	990円 56頁	990円 56頁	990円 52頁
岡山県公立高(一般)	990円 66頁	990円 60頁	990円 58頁	990円 56頁	990円 58頁	990円 56頁	990円 58頁	990円 60頁	990円 56頁	990円 56頁	990円 52頁	990円 52頁	990円 50頁				
岡山県公立高(特別)	990円 38頁	990円 36頁	990円 34頁	990円 34頁	990円 34頁	990円 32頁											
広島県公立高	990円 68頁	990円 70頁	990円 74頁	990円 68頁	990円 60頁	990円 58頁	990円 54頁	990円 46頁	990円 48頁	990円 46頁	990円 46頁	990円 46頁	990円 44頁	990円 46頁	990円 44頁	990円 44頁	990円 44頁
山口県公立高	990円 86頁	990円 80頁	990円 82頁	990円 84頁	990円 76頁	990円 78頁	990円 76頁	990円 64頁	990円 62頁	990円 58頁	990円 58頁	990円 60頁	990円 56頁				
徳島県公立高	990円 88頁	990円 78頁	990円 86頁	990円 74頁	990円 76頁	990円 80頁	990円 64頁	990円 62頁	990円 60頁	990円 58頁	990円 60頁	990円 54頁	990円 52頁				
香川県公立高	990円 76頁	990円 74頁	990円 72頁	990円 74頁	990円 72頁	990円 68頁	990円 68頁	990円 66頁	990円 66頁	990円 62頁	990円 62頁	990円 60頁	990円 62頁				
愛媛県公立高	990円 72頁	990円 68頁	990円 66頁	990円 64頁	990円 68頁	990円 64頁	990円 62頁	990円 60頁	990円 62頁	990円 56頁	990円 58頁	990円 56頁	990円 54頁				
福岡県公立高	990円 66頁	990円 68頁	990円 68頁	990円 66頁	990円 60頁	990円 56頁	990円 56頁	990円 54頁	990円 56頁	990円 58頁	990円 52頁	990円 54頁	990円 52頁	990円 48頁			
長崎県公立高	990円 90頁	990円 86頁	990円 84頁	990円 84頁	990円 82頁	990円 80頁	990円 80頁	990円 82頁	990円 80頁	990円 80頁	990円 80頁	990円 78頁	990円 76頁				
熊本県公立高	990円 98頁	990円 92頁	990円 92頁	990円 92頁	990円 94頁	990円 74頁	990円 72頁	990円 70頁	990円 70頁	990円 68頁	990円 68頁	990円 64頁	990円 68頁				
大分県公立高	990円 84頁	990円 78頁	990円 80頁	990円 76頁	990円 80頁	990円 66頁	990円 62頁	990円 62頁	990円 62頁	990円 58頁	990円 58頁	990円 56頁	990円 58頁				
鹿児島県公立高	990円 66頁	990円 62頁	990円 60頁	990円 60頁	990円 60頁	990円 60頁	990円 60頁	990円 60頁	990円 60頁	990円 58頁	990円 58頁	990円 54頁	990円 58頁				

英語リスニング音声データのご案内

英語リスニング問題の音声データについて

赤本収録年度の音声データ　弊社発行の **「高校別入試対策シリーズ（赤本）」に収録している年度**の音声データは，以下の一覧の学校分を提供しています。希望の音声データをダウンロードし，赤本に掲載されている問題に取り組んでください。

赤本収録年度より古い年度の音声データ　**「高校別入試対策シリーズ（赤本）」に収録している年度よりも古い年度**の音声データは，6ページの国私立高と公立高を提供しています。赤本バックナンバー（1～3ページに掲載）と音声データの両方をご購入いただき，問題に取り組んでください。

ご購入の流れ

① 英俊社のウェブサイト https://book.eisyun.jp/ にアクセス
② トップページの「高校受験」 リスニング音声データ をクリック
③ ご希望の学校・年度をクリックすると，オーディオブック（audiobook.jp）のウェブサイトの該当ページにジャンプ
④ オーディオブック（audiobook.jp）のウェブサイトでご購入。※初回のみ会員登録（無料）が必要です。

⚠ ダウンロード方法やお支払い等，購入に関するお問い合わせは，オーディオブック（audiobook.jp）のウェブサイトにてご確認ください。

音声データを入手できる学校と年度

赤本収録年度の音声データ

ご希望の年度を1年分ずつ，もしくは赤本に収録している年度をすべてまとめてセットでご購入いただくことができます。セットでご購入いただくと，1年分の単価がお得になります。

⚠ ×印の年度は音声データをご提供しておりません。あしからずご了承ください。

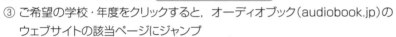

国私立高（アイウエオ順）

※価格は税込表示

学校名	税込価格 2020年	2021年	2022年	2023年	2024年
アサンプション国際高	¥550	¥550	¥550	¥550	¥550
5か年セット	¥2,200				
育英西高	¥550	¥550	¥550	¥550	¥550
5か年セット	¥2,200				
大阪教育大附高池田校	¥550	¥550	¥550	¥550	¥550
5か年セット	¥2,200				
大阪薫英女学院高	¥550	¥550	¥550	¥550	×
4か年セット	¥1,760				
大阪国際高	¥550	¥550	¥550	¥550	¥550
5か年セット	¥2,200				
大阪信愛学院高	¥550	¥550	¥550	¥550	¥550
5か年セット	¥2,200				
大阪星光学院高	¥550	¥550	¥550	¥550	¥550
5か年セット	¥2,200				
大阪桐蔭高	¥550	¥550	¥550	¥550	¥550
5か年セット	¥2,200				
大谷高	×	×	×	¥550	¥550
2か年セット	¥880				
関西創価高	¥550	¥550	¥550	¥550	¥550
5か年セット	¥2,200				
京都先端科学大附高（特進・進学）	¥550	¥550	¥550	¥550	¥550
5か年セット	¥2,200				
京都先端科学大附高（国際）	¥550	¥550	¥550	¥550	¥550
5か年セット	¥2,200				
京都橘高	¥550	×	¥550	¥550	¥550
4か年セット	¥1,760				
京都両洋高	¥550	¥550	¥550	¥550	¥550
5か年セット	¥2,200				
久留米大附設高	×	¥550	¥550	¥550	¥550
4か年セット	¥1,760				
神戸星城高	¥550	¥550	¥550	¥550	¥550
5か年セット	¥2,200				
神戸山手グローバル高	×	×	×	¥550	¥550
2か年セット	¥880				
神戸龍谷高	¥550	¥550	¥550	¥550	¥550
5か年セット	¥2,200				
香里ヌヴェール学院高	¥550	¥550	¥550	¥550	¥550
5か年セット	¥2,200				
三田学園高	¥550	¥550	¥550	¥550	¥550
5か年セット	¥2,200				
滋賀学園高	¥550	¥550	¥550	¥550	¥550
5か年セット	¥2,200				
滋賀短期大学附高	¥550	¥550	¥550	¥550	¥550
5か年セット	¥2,200				

※価格は税込表示

国私立高（アイウエオ順）

※価格は税込表示

学校名	税込価格				
	2020年	2021年	2022年	2023年	2024年
樟蔭高	¥550	¥550	¥550	¥550	¥550
5か年セット	¥2,200				
常翔学園高	¥550	¥550	¥550	¥550	¥550
5か年セット	¥2,200				
清教学園高	¥550	¥550	¥550	¥550	¥550
5か年セット	¥2,200				
西南学院高(専願)	¥550	¥550	¥550	¥550	¥550
5か年セット	¥2,200				
西南学院高(前期)	¥550	¥550	¥550	¥550	¥550
5か年セット	¥2,200				
園田学園高	¥550	¥550	¥550	¥550	¥550
5か年セット	¥2,200				
筑陽学園高(専願)	¥550	¥550	¥550	¥550	¥550
5か年セット	¥2,200				
筑陽学園高(前期)	¥550	¥550	¥550	¥550	¥550
5か年セット	¥2,200				
智辯学園高	¥550	¥550	¥550	¥550	¥550
5か年セット	¥2,200				
帝塚山高	¥550	¥550	¥550	¥550	¥550
5か年セット	¥2,200				
東海大付大阪仰星高	¥550	¥550	¥550	¥550	¥550
5か年セット	¥2,200				
同志社高	¥550	¥550	¥550	¥550	¥550
5か年セット	¥2,200				
中村学園女子高(前期)	×	¥550	¥550	¥550	¥550
4か年セット	¥1,760				
灘高	¥550	¥550	¥550	¥550	¥550
5か年セット	¥2,200				
奈良育英高	¥550	¥550	¥550	¥550	¥550
5か年セット	¥2,200				
奈良学園高	¥550	¥550	¥550	¥550	¥550
5か年セット	¥2,200				
奈良大附高	¥550	¥550	¥550	¥550	¥550
5か年セット	¥2,200				

※価格は税込表示

学校名	税込価格				
	2020年	2021年	2022年	2023年	2024年
西大和学園高	¥550	¥550	¥550	¥550	¥550
5か年セット	¥2,200				
梅花高	¥550	¥550	¥550	¥550	¥550
5か年セット	¥2,200				
白陵高	¥550	¥550	¥550	¥550	¥550
5か年セット	¥2,200				
初芝立命館高	×	×	×	×	¥550
東大谷高	×	×	¥550	¥550	¥550
3か年セット	¥1,320				
東山高	×	×	×	×	¥550
雲雀丘学園高	¥550	¥550	¥550	¥550	¥550
5か年セット	¥2,200				
福岡大附大濠高(専願)	¥550	¥550	¥550	¥550	¥550
5か年セット	¥2,200				
福岡大附大濠高(前期)	¥550	¥550	¥550	¥550	¥550
5か年セット	¥2,200				
福岡大附大濠高(後期)	¥550	¥550	¥550	¥550	¥550
5か年セット	¥2,200				
武庫川女子大附高	×	×	¥550	¥550	¥550
3か年セット	¥1,320				
明星高	¥550	¥550	¥550	¥550	¥550
5か年セット	¥2,200				
和歌山信愛高	¥550	¥550	¥550	¥550	¥550
5か年セット	¥2,200				

公立高

※価格は税込表示

学校名	税込価格				
	2020年	2021年	2022年	2023年	2024年
京都市立西京高（エンタープライジング科）	¥550	¥550	¥550	¥550	¥550
5か年セット	¥2,200				
京都市立堀川高（探究学科群）	¥550	¥550	¥550	¥550	¥550
5か年セット	¥2,200				
京都府立嵯峨野高（京都こすもす科）	¥550	¥550	¥550	¥550	¥550
5か年セット	¥2,200				

赤本収録年度より古い年度の音声データ

以下の音声データは，赤本に収録以前の年度ですので，赤本バックナンバー（P.1～3に掲載）と合わせてご購入ください。
赤本バックナンバーは1年分が1冊の本になっていますので，音声データも1年分ずつの販売となります。

※価格は税込表示

国私立高（アイウエオ順）

学校名	税込価格																
	2003年	2004年	2005年	2006年	2007年	2008年	2009年	2010年	2011年	2012年	2013年	2014年	2015年	2016年	2017年	2018年	2019年
大阪教育大附高池田校		¥550	¥550	¥550	¥550	¥550	¥550	¥550	¥550	¥550	¥550	¥550	¥550	¥550	¥550	¥550	¥550
大阪星光学院高（1次）	¥550	¥550	¥550	¥550	¥550	¥550	¥550	¥550	¥550	¥550	×	¥550	×	¥550	¥550	¥550	¥550
大阪星光学院高（1.5次）			¥550	¥550	¥550	¥550	¥550	¥550	×	×	×	×	×	×	×	×	×
大阪桐蔭高						¥550	¥550	¥550	¥550	¥550	¥550	¥550	¥550	¥550	¥550	¥550	¥550
久留米大附設高				¥550	¥550	×	¥550	¥550	¥550	¥550	¥550	¥550	¥550	¥550	¥550	¥550	¥550
清教学園高														¥550	¥550	¥550	¥550
同志社高						¥550	¥550	¥550	¥550	¥550	¥550	¥550	¥550	¥550	¥550	¥550	¥550
灘高																¥550	¥550
西大和学園高				¥550	¥550	¥550	¥550	¥550	¥550	¥550	¥550	¥550	¥550	¥550	¥550	¥550	¥550
福岡大附大濠高（専願）											¥550	¥550	¥550	¥550	¥550	¥550	¥550
福岡大附大濠高（前期）				¥550	¥550	¥550	¥550	¥550	¥550	¥550	¥550	¥550	¥550	¥550	¥550	¥550	¥550
福岡大附大濠高（後期）				¥550	¥550	¥550	¥550	¥550	¥550	¥550	¥550	¥550	¥550	¥550	¥550	¥550	¥550
明星高															¥550	¥550	¥550
立命館高（前期）						¥550	¥550	¥550	¥550	¥550	¥550	¥550	¥550	×	×	×	×
立命館高（後期）						¥550	¥550	¥550	¥550	¥550	¥550	¥550	¥550	×	×	×	×
立命館宇治高										¥550	¥550	¥550	¥550	¥550	¥550	¥550	×

※価格は税込表示

公立高（府県順）

府県名・学校名	税込価格																
	2003年	2004年	2005年	2006年	2007年	2008年	2009年	2010年	2011年	2012年	2013年	2014年	2015年	2016年	2017年	2018年	2019年
岐阜県公立高				¥550	¥550	¥550	¥550	¥550	¥550	¥550	¥550	¥550	¥550	¥550	¥550	¥550	¥550
静岡県公立高				¥550	¥550	¥550	¥550	¥550	¥550	¥550	¥550	¥550	¥550	¥550	¥550	¥550	¥550
愛知県公立高（Aグループ）	¥550	¥550	¥550	¥550	¥550	¥550	¥550	¥550	¥550	¥550	¥550	¥550	¥550	¥550	¥550	¥550	¥550
愛知県公立高（Bグループ）	¥550	¥550	¥550	¥550	¥550	¥550	¥550	¥550	¥550	¥550	¥550	¥550	¥550	¥550	¥550	¥550	¥550
三重県公立高				¥550	¥550	¥550	¥550	¥550	¥550	¥550	¥550	¥550	¥550	¥550	¥550	¥550	¥550
滋賀県公立高	¥550	¥550	¥550	¥550	¥550	¥550	¥550	¥550	¥550	¥550	¥550	¥550	¥550	¥550	¥550	¥550	¥550
京都府公立高（中期選抜）	¥550	¥550	¥550	¥550	¥550	¥550	¥550	¥550	¥550	¥550	¥550	¥550	¥550	¥550	¥550	¥550	¥550
京都府公立高（前期選抜 共通学力検査）												¥550	¥550	¥550	¥550	¥550	¥550
京都市立西京高（エンタープライジング科）		¥550	¥550	¥550	¥550	¥550	¥550	¥550	¥550	¥550	¥550	¥550	¥550	¥550	¥550	¥550	¥550
京都市立堀川高（探究学科群）												¥550	¥550	¥550	¥550	¥550	¥550
京都府立嵯峨野高（京都こすもす科）		¥550	¥550	¥550	¥550	¥550	¥550	¥550	¥550	¥550	¥550	¥550	¥550	¥550	¥550	¥550	¥550
大阪府公立高（一般選抜）														¥550	¥550	¥550	¥550
大阪府公立高（特別選抜）														¥550	¥550	¥550	¥550
大阪府公立高（後期選抜）	¥550	¥550	¥550	¥550	¥550	¥550	¥550	¥550	¥550	¥550	¥550	¥550	¥550	×	×	×	×
大阪府公立高（前期選抜）	¥550	¥550	¥550	¥550	¥550	¥550	¥550	¥550	¥550	¥550	¥550	¥550	¥550	×	×	×	×
兵庫県公立高	¥550	¥550	¥550	¥550	¥550	¥550	¥550	¥550	¥550	¥550	¥550	¥550	¥550	¥550	¥550	¥550	¥550
奈良県公立高（一般選抜）	¥550	¥550	¥550	¥550	×	¥550	¥550	¥550	¥550	¥550	¥550	¥550	¥550	¥550	¥550	¥550	¥550
奈良県公立高（特色選抜）				¥550	¥550	¥550	¥550	¥550	¥550	¥550	¥550	¥550	¥550	¥550	¥550	¥550	¥550
和歌山県公立高	¥550	¥550	¥550	¥550	¥550	¥550	¥550	¥550	¥550	¥550	¥550	¥550	¥550	¥550	¥550	¥550	¥550
岡山県公立高（一般選抜）					¥550	¥550	¥550	¥550	¥550	¥550	¥550	¥550	¥550	¥550	¥550	¥550	¥550
岡山県公立高（特別選抜）												¥550	¥550	¥550	¥550	¥550	¥550
広島県公立高	¥550	¥550	¥550	¥550	¥550	¥550	¥550	¥550	¥550	¥550	¥550	¥550	¥550	¥550	¥550	¥550	¥550
山口県公立高					¥550	¥550	¥550	¥550	¥550	¥550	¥550	¥550	¥550	¥550	¥550	¥550	¥550
香川県公立高					¥550	¥550	¥550	¥550	¥550	¥550	¥550	¥550	¥550	¥550	¥550	¥550	¥550
愛媛県公立高					¥550	¥550	¥550	¥550	¥550	¥550	¥550	¥550	¥550	¥550	¥550	¥550	¥550
福岡県公立高				¥550	¥550	¥550	¥550	¥550	¥550	¥550	¥550	¥550	¥550	¥550	¥550	¥550	¥550
長崎県公立高					¥550	¥550	¥550	¥550	¥550	¥550	¥550	¥550	¥550	¥550	¥550	¥550	¥550
熊本県公立高（選択問題A）													¥550	¥550	¥550	¥550	¥550
熊本県公立高（選択問題B）													¥550	¥550	¥550	¥550	¥550
熊本県公立高（共通）					¥550	¥550	¥550	¥550	¥550	¥550	¥550	¥550	×	×	×	×	×
大分県公立高					¥550	¥550	¥550	¥550	¥550	¥550	¥550	¥550	¥550	¥550	¥550	¥550	¥550
鹿児島県公立高					¥550	¥550	¥550	¥550	¥550	¥550	¥550	¥550	¥550	¥550	¥550	¥550	¥550

受験生のみなさんへ

英俊社の高校入試対策問題集

各書籍のくわしい内容はこちら→

近畿の高校入試シリーズ

最新の近畿の入試問題から良問を精選。
私立・公立どちらにも対応できる定評ある問題集です。

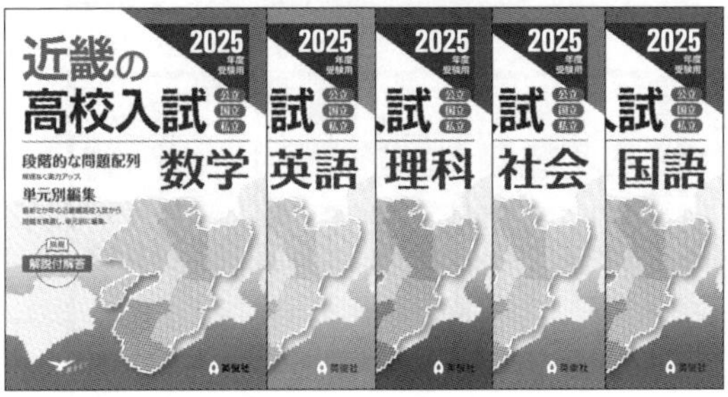

近畿の高校入試シリーズ

中1・2の復習

近畿の入試問題から1・2年生までの範囲で解ける良問を精選。
高校入試の基礎固めに最適な問題集です。

最難関高校シリーズ

最難関高校を志望する受験生諸君におすすめのハイレベル問題集。
灘、洛南、西大和学園、久留米大学附設、ラ・サールの最新７か年入試問題を単元別に分類して収録しています。

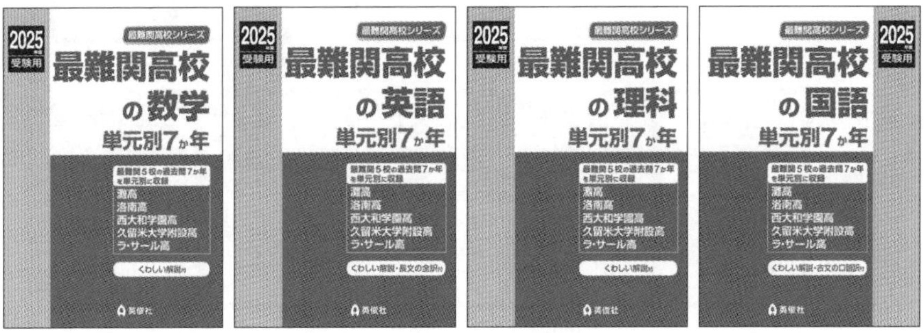

ニューウイングシリーズ　出題率

入試での出題率を徹底分析。出題率の高い単元、問題に集中して効率よく学習できます。

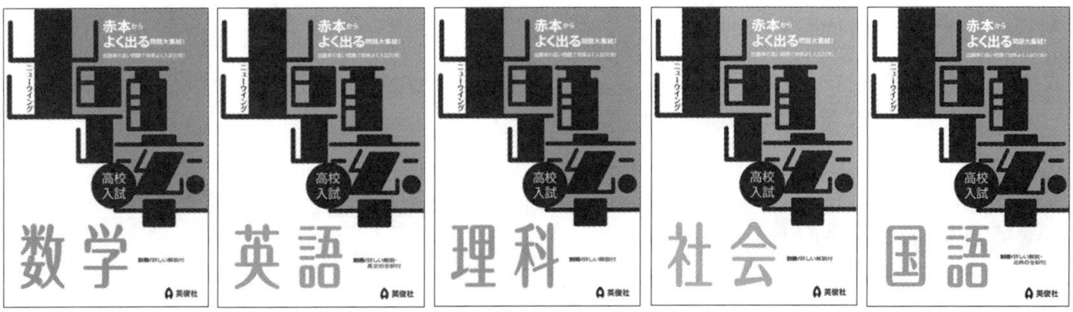

公立高校入試対策シリーズ 3026－2

もくじ

2020～2024年度のリスニング音声（書籍収録分すべて）は
英俊社ウェブサイト「**リスもん**」から再生できます。
https://book.eisyun.jp/products/listening/index/

リスもん
リスニング問題　音声再生ウェブページ

再生の際に必要な入力コード→ **62495837**
（コードの使用期限：2025年７月末日）

スマホはこちら ——→

※音声は英俊社で作成したものです。

❖公立高校入試選抜制度の概要（前年度参考）

本書の編集時点では2025年度入試選抜要項が公表されておりませんので，前年度（2024年度）の情報を掲載しています。受検にあたっては，2025年度入試選抜要項を必ず確認してください。

前期選抜　**出願**(2月上旬)→**学力検査等**(2月中旬)→**合格発表**(2月下旬)

●１つの高校の１つの学科，系統を選んで出願する。

① **募集学科**　●全日制課程のすべての学科，定時制課程(昼間)の農業及び家庭に関する学科。

② **募集人数**　●実施する学科等の募集定員に一定の割合を乗じた人数。各高校の募集割合については，4～8ページを参照。

③ **選抜方法**　●Ａ，Ｂ，Ｃの３つの方式の中から，各高校が方式および検査項目を定めて実施する。各方式の内容等については，４ページを参照。

●各高校の検査内容や検査項目の配点比率等の詳細は4～8ページを参照。

中期選抜　**出願**(2月下旬)→**学力検査等**(3月上旬)→**合格発表**(3月中旬)

●前期選抜で募集定員の100％を募集する学科等，京都府立清明高校および京都市立京都奏和高校を除くすべての学科で実施する。

●第２志望まで志願できる。全日制については第１志望に順位をつけて，異なる志願先を２校または２学科・系統等まで志願できる。

●第２志望については，第１志望優先で合格者を決めた後，なおその学科等に欠員がある場合，第２志望で選抜を行う。

① **募集人数**　●募集定員から前期選抜または特別入学者選抜に合格した者を除いた人数。

② **選抜方法**　●学力検査（国語・社会・数学・理科・英語）を実施する。

●報告書，学力検査の成績を総合的に判断し，合格者を決定する。

●報告書の評定と学力検査の取扱いは次のとおり。

【報告書】　9教科　全学年の評定　195点(①＋②)

●５教科(国語，社会，数学，理科，英語)
(各教科５点)×(５教科)×(３学年分)＝75点(①)

●４教科(音楽，美術，保健体育，技術・家庭)
(各教科５点)×(評定を２倍)×(４教科)×(３学年分)＝120点(②)

【学力検査】　5教科　200点

●実施５教科(国語，社会，数学，理科，英語)
(各教科40点)×(５教科)＝200点

③ 合格決定の流れ

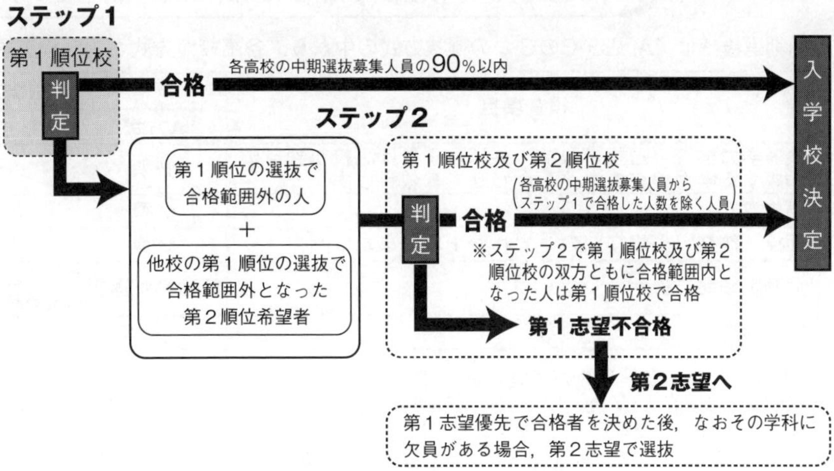
ステップ１
第１順位校
判定
合格
各高校の中期選抜募集人員の90％以内
入学校決定
ステップ２
第１順位の選抜で合格範囲外の人
＋
他校の第１順位の選抜で合格範囲外となった第２順位希望者
第１順位校及び第２順位校
判定
合格
（各高校の中期選抜募集人員からステップ１で合格した人数を除く人員）
※ステップ２で第１順位校及び第２順位校の双方ともに合格範囲内となった人は第１順位校で合格
第１志望不合格
第２志望へ
第１志望優先で合格者を決めた後，なおその学科に欠員がある場合，第２志望で選抜

後期選抜　出願（3月中旬）→学力検査等（3月下旬）→合格発表（3月下旬）

- 前期選抜，特別入学者選抜および中期選抜を実施した後，相当の欠員が生じている場合に実施することがある。
- 後期選抜実施校は，中期選抜の合格者の発表と同時に発表する。
- 報告書，学力検査（国語・数学・英語）の成績および面接の結果を総合的に判断し，合格者を決定する。

※学力検査　各教科30点の合計90点

前期選抜　検査項目と配点比率（前年度参考）

◆前期選抜では，A，B，Cの３つの選抜方式の中から，各高校が方式および検査項目を定めて実施する。

検査項目	選抜方式		
	A方式	B方式	C方式
共通学力検査（国語・数学・英語）または高校が独自に作成する学力検査の中から合わせて５教科以内	必須		必須
報告書	必須	必須	必須
面接，作文（小論文）のいずれか１項目または両方	必須	必須	必須
活動実績報告書	各高校が選択	必須（定時制を除く）	各高校が選択
実技検査			必須

◇　募集割合は，各学科等の募集定員に占める割合。
◇　共通学力検査は150点（国50点，数50点，英50点），報告書は135点（中学校３年間の評定の合計）を基本として，配点比率を示している。
◇　配点比率欄の「他」は，「他の項目」を表し，「面接」，「作文（小論文）」，「活動実績報告書」のうち，実施する検査項目をあわせた配点比率を示している。
◇　●は共通学力検査，◎は高校が独自に問題を作成する学力検査，■は学力検査以外の実施項目を表す。学力検査欄の「専」は，その専門学科に関する学力をみる検査である。

全日制「普通科」

地域	高校名	募集割合	選抜方式	募集人員（人）	検査項目 ① 学力検査（国・数・英）	② 報告書	他の項目 ③ 面接	④ 作文（小論文）	⑤ 活動実績報告書	配点比率 ①学力検査：②報告書：他の項目（③面接，④作文（小論文），⑤活動実績報告書）
京都市・乙訓	山城（単位制）	30%	A1	48	●	■	■			①：②：他＝150：135：30
			A2	48	●	■	■		■	①：②：他＝150：135：160
	鴨沂	30%	A1	48	●	■	■			①：②：他＝150：135：50
			A2	24	●	■	■		■	①：②：他＝150：135：100
	洛北（単位制）	30%	A1	24	●	■	■			①：②：他＝150：135：30
			A2	24	●	■	■		■	①：②：他＝150：135：130
	北稜	30%	A	48	●	■	■			①：②：他＝150：135：15
			B	24		■	■	■	■	②：他＝135：65
	朱雀	30%	A	40	●	■	■			①：②：他＝150：135：45
			B	20		■	■	■	■	②：他＝135：165
	洛東	30%	A	36	●	■	■			①：②：他＝150：135：30
			B	36		■	■	■	■	②：他＝135：150
	鳥羽（単位制）	30%	A1	24	●	■	■			①：②：他＝150：135：30
			A2	24	●	■	■		■	①：②：他＝150：135：120
	嵯峨野	30%	A	36	●	■	■		■	①：②：他＝150：135：50
	北嵯峨	30%	A	42	●	■	■		■	①：②：他＝150：135：120
			B	42		■	■	■	■	②：他＝135：270
	桂	30%	A	42	●	■	■			①：②：他＝150：135：30
			B	42		■	■	■	■	②：他＝135：200
	洛西	30%	A	84	●	■	■			①：②：他＝150：135：40
	桃山	30%	A	84	●	■	■		■	①：②：他＝150：135：95
	東稜	30%	A	45	●	■	■			①：②：他＝150：135：30
			B	27		■	■	■	■	②：他＝135：210
	洛水	30%	A	16	●	■	■			①：②：他＝150：135：40
			B	32		■	■	■	■	②：他＝135：210
	向陽	30%	A	30	●	■	■			①：②：他＝150：135：50
			B	30		■	■	■	■	②：他＝135：150

地域	高校名(学舎)	募集割合	選抜方式	募集人員(人)	① 学力検査(国･数･英)	② 報告書	③ 面接	④ 作文(小論文)	⑤ 活動実績報告書	配点比率 ①学力検査：②報告書：他の項目(③面接，④作文(小論文)，⑤活動実績報告書)
京都市・乙訓	乙　訓	30%	A1	36	●	■	■			①：②：他＝150：135：30
			A2	24	●	■	■		■	①：②：他＝150：135：100
	西乙訓	30%	A	48	●	■	■			①：②：他＝150：135：30
	堀　川	30%	A	24	●	■	■			①：②：他＝150：135：50
	日吉ケ丘(単位制)	30%	A	52	●	■	■	■		①：②：他＝150：135：40
			B	20		■	■	■	■	②：他＝135：160
	紫　野	30%	A1	45	●	■	■			①：②：他＝150：135：15
			A2	15	●	■	■		■	①：②：他＝150：135：180
山城	東宇治〈英語探究〉	30%	A1	28	●	■	■		■	①：②：他＝150：135：70
	東宇治〈文理〉		A2	56	●	■	■		■	①：②：他＝150：135：70
	莵　道	30%	A	84	●	■	■			①：②：他＝150：135：30
	城南菱創(単位制)	50%	A	80	●	■	■			①：②：他＝150：135：30
	城　陽	30%	A	56	●	■		■	■	①：②：他＝150：135：50
			B	28		■	■	■	■	②：他＝135：270
	西城陽	30%	A1	48	●	■	■			①：②：他＝150：135：30
			A2	24	●	■	■		■	①：②：他＝150：135：130
	京都八幡(総合選択制)	70%	A	92	●	■	■			①：②：他＝150：135：60
			B	20		■	■	■	■	②：他＝135：200
	久御山	30%	A	60	●	■	■		■	①：②：他＝150：135：120
	田　辺	30%	A	28	●	■	■			①：②：他＝150：135：60
			B	20		■	■	■	■	②：他＝100：200
	木　津	30%	A	32	●	■	■		■	①：②：他＝150：135：150
			B	16		■	■	■	■	②：他＝135：220
	南　陽	30%	A	48	●	■		■	■	①：②：他＝150：135：100
口丹	北桑田	30%	A1	18	●	■	■		■	①：②：他＝150：135：90
		20%	A2	12	●	■	■		■	①：②：他＝150：135：90
	亀　岡(単位制)	30%	A1	40	●	■	■			①：②：他＝150：135：30
			A2	20	●	■	■		■	①：②：他＝150：135：150
	園　部	30%	A	36	●	■	■			①：②：他＝150：135：30
	須　知	30%	A	9	●	■	■		■	①：②：他＝150：135：80
			B	9		■	■	■	■	②：他＝135：165
中丹	綾　部	30%	A	54	●	■	■		■	①：②：他＝150：135：80
	福知山	30%	A	48	●	■	■		■	①：②：他＝150：135：30
	東舞鶴	30%	A	24	●	■	■			①：②：他＝150：135：50
			A	12		■	■	■	■	②：他＝135：165
	西舞鶴	30%	A	48	●	■	■		■	①：②：他＝150：135：70
丹後	宮津天橋(宮津学舎)(単位制)	30%	A	36	●	■	■		■	①：②：他＝150：135：65
	宮津天橋(加悦谷学舎)(単位制)	30%	A	10	●	■	■		■	①：②：他＝150：135：100
			B	14		■	■	■	■	②：他＝135：200
	峰　山	30%	A	48	●	■	■		■	①：②：他＝150：135：100
	丹後緑風(網野学舎)(単位制)	30%	A	19	●	■	■		■	①：②：他＝150：135：135

※口丹・中丹・丹後通学圏の「普通科」の前期選抜は，口丹・中丹・丹後通学圏のどの通学圏からも志願できる。ただし，北桑田高校A方式２型を志願できるのは，京都市・乙訓通学圏の生徒に限る。

全日制「普通科[スポーツ総合専攻]および普通科[美術・工芸専攻]」

高校名	コース名	募集割合	選抜方式	募集人員(人)	検査項目 ① 学力検査 国	数	英	理	社	専	② 報告書	他の項目 ③ 面接	④ 作文(小論文)	⑤ 活動実績報告書	⑥ 実技検査	配点比率 ①学力検査：②報告書：他の項目(③面接，④作文(小論文)，⑤活動実績報告書)：⑥実技検査
洛北(単位制)	スポーツ総合専攻	100%	C	40	◎	◎	◎				■	■	■	■	■	①：②：他：⑥＝150：135：200：200
鳥羽(単位制)	スポーツ総合専攻	100%	C	40	◎	◎	◎				■	■	■	■	■	①：②：他：⑥＝120：135：200：400
西城陽	スポーツ総合専攻	100%	C	40	◎	◎	◎				■	■		■	■	①：②：他：⑥＝150：135：110：200
久御山	スポーツ総合専攻	100%	C	40	◎	◎	◎				■	■		■	■	①：②：他：⑥＝120：135：100：200
亀岡(単位制)	美術・工芸専攻	100%	C	30	◎	◎	◎				■	■			■	①：②：他：⑥＝ 60：135： 30：200
綾部	スポーツ総合専攻	100%	C	40	◎	◎	◎				■	■		■	■	①：②：他：⑥＝ 60： 90： 30：120

全日制「その他普通教育を施す学科」

	高校名	学科名	募集割合	選抜方式	募集人員(人)	検査項目 ① 学力検査 国	数	英	理	社	専	② 報告書	他の項目 ③ 面接	④ 作文(小論文)	⑤ 活動実績報告書	配点比率 ①学力検査：②報告書：他の項目(③面接，④作文(小論文)，⑤活動実績報告書)
京都・乙訓市	開建	ルミノベーション	50%	A1	96	●	●	●				■	■			①：②：他＝150：135：100
				A2	24	●	●	●				■	■		■	①：②：他＝150：135：215

全日制「専門教育を主とする学科」

	高校名(学舎・分校)	学科名	募集割合	選抜方式	募集人員(人)	検査項目 ① 学力検査 国	数	英	理	社	専	② 報告書	他の項目 ③ 面接	④ 作文(小論文)	⑤ 活動実績報告書	⑥ 実技検査	配点比率 ①学力検査：②報告書：他の項目(③面接，④作文(小論文)，⑤活動実績報告書)：⑥実技検査
農業	桂	植物クリエイト	70%	A	28	●	●	●				■	■	■			①：②：他＝150：100：150
		園芸ビジネス	70%	A	28	●	●	●				■	■	■			①：②：他＝150：100：150
	木津	システム園芸	70%	A	28	●	●	●				■	■		■		①：②：他＝150：135：150
	北桑田	京都フォレスト	70%	A	21	●	●	●				■	■		■		①：②：他＝150：135： 90
	農芸	農業学科群(農業生産・園芸技術・環境創造)	70%	A	70		◎	◎	◎			■	■	■			①：②：他＝ 60：135：135
	須知	食品科学	70%	A	21	●	●	●				■	■	■	■		①：②：他＝150：135：115
	綾部(東)	農業	70%	B	(21)							■	■	■	■		②：他＝ 135：100
		園芸	70%	B	(21)							■	■	■	■		②：他＝ 135：100
		農芸化学	70%	B	21							■	■	■	■		②：他＝ 135：100
	丹後緑風(久美浜学舎)(単位制)	アグリサイエンス	70%	A	21	●	●	●				■	■		■		①：②：他＝150：135：100
工業	京都工学院	プロジェクト工学(ものづくり分野系統)	70%	A1	64	●	●	●				■	■				①：②：他＝150：135： 50
				A2	11	●	●	●				■	■		■		①：②：他＝150：135：200
		プロジェクト工学(まちづくり分野系統)	70%	A1	43	●	●	●				■	■				①：②：他＝150：135： 50
				A2	7	●	●	●				■	■		■		①：②：他＝150：135：200
	田辺	工学探究	70%	A	28	●	●	●				■	■				①：②：他＝150：135： 60
		機械技術	70%	A	21	●	●	●				■	■				①：②：他＝150：135： 60
		電気技術	70%	A	21	●	●	●				■	■				①：②：他＝150：135： 60
		自動車	70%	A	21	●	●	●				■	■				①：②：他＝150：135： 60

	高校名（学舎・分校）	学科名	募集割合	選抜方式	募集人員（人）	検査項目 ①学力検査 国	数	英	理	社	専	②報告書	他の項目 ③面接	④作文（小論文）	⑤活動実績報告書	⑥実技検査	配点比率 ①学力検査：②報告書：他の項目（③面接，④作文（小論文），⑤活動実績報告書）：⑥実技検査
工業	工業	機械テクノロジー	70%	A	25	●	●	●				■	■		■		①：②：他＝150：135：120
		ロボット技術	70%	A	25	●	●	●				■	■		■		①：②：他＝150：135：120
		電気テクノロジー	70%	A	25	●	●	●				■	■		■		①：②：他＝150：135：120
		環境デザイン	70%	A	25	●	●	●				■	■		■		①：②：他＝150：135：120
		情報テクノロジー	70%	A	25	●	●	●				■	■		■		①：②：他＝150：135：120
	宮津天橋（宮津学舎）（単位制）	建築	70%	A	21	●	●	●				■	■				①：②：他＝150：135： 50
	峰山	機械創造	70%	A	21	●	●	●				■	■				①：②：他＝150：135： 50
商業	京都すばる	起業創造	70%	A	47	●	●	●				■	■		■		①：②：他＝150：135：110
				B	9							■	■	■	■		②：他＝ 135：135
		企画	70%	A	71	●	●	●				■	■		■		①：②：他＝150：135：110
				B	13							■	■	■	■		②：他＝ 135：135
	木津	情報企画	70%	A	28	●	●	●				■	■		■		①：②：他＝150：135：150
	丹後緑風（網野学舎）（単位制）	企画経営	70%	A	16	●	●	●				■	■		■		①：②：他＝150：135：135
水産	海洋	海洋学科群（海洋科学・海洋工学・海洋資源）	70%	A	66	●	●	●				■	■	■			①：②：他＝150：135：100
情報	京都すばる	情報科学	70%	A	50	●	●	●				■	■		■		①：②：他＝150：135：110
				B	6							■	■	■	■		②：他＝ 135：135
福祉	京都八幡（南）	介護福祉	70%	A	21	●	●	●				■	■				①：②：他＝150：135：100
体育	乙訓	スポーツ健康科学	100%	C	40	◎	◎	◎				■	■		■	■	①：②：他：⑥＝150：135：120： 40
音楽	京都堀川音楽	音楽	100%	C	40	◎		◎				■	■			■	①：②：他：⑥＝200：100： 30：900
美術	美術工芸	美術工芸	100%	C	90	◎	◎	◎				■	■			■	①：②：他：⑥＝150：135： 30：285
その他の専門学科	山城（単位制）	文理総合	100%	A	40	◎	◎	◎	◎	◎		■	■				①：②：他＝400：100： 25
	鳥羽（単位制）	グローバル	100%	A	80	◎	◎	◎				■		■			①：②：他＝300：100： 50
	嵯峨野	京都こすもす	100%	A	200	◎	◎	◎	◎	◎		■	■				①：②：他＝400：100： 25
	桃山	自然科学	100%	A	80	◎	◎	◎	◎			■	■				①：②：他＝400：100： 25
	紫野	アカデミア	100%	A	80	◎	◎	◎				■	■				①：②：他＝360：100： 40
	堀川	探究学科群（人間探究・自然探究）	100%	A	160	◎	◎	◎	◎	◎		■		■			①：②：他＝400：100： 25
	西京	エンタープライジング	100%	A1	144	◎	◎	◎	◎	◎		■		■			①：②：他＝550：150： 50
				A2	16	◎	◎	◎	◎	◎		■	■	■	■		①：②：他＝440：150：160
	京都工学院	フロンティア理数	100%	A	60	◎	◎	◎	◎			■	■				①：②：他＝400：150： 30
	城南菱創（単位制）	教養科学	100%	A	80	◎	◎	◎				■	■				①：②：他＝450：135： 30
	京都八幡（南）	人間科学	70%	A	21	●	●	●				■	■				①：②：他＝150：135：100
	南陽	サイエンスリサーチ	100%	A	80	◎	◎	◎				■		■			①：②：他＝300： 80： 20
	亀岡（単位制）	探究文理	100%	A	40	◎	◎	◎				■	■				①：②：他＝300： 90： 20
	福知山	文理科学	100%	A	40	◎	◎	◎	◎	◎		■	■				①：②：他＝400：100： 25
	西舞鶴	理数探究	100%	A	40	◎	◎	◎	◎			■	■				①：②：他＝400：135： 30
	丹後緑風（久美浜学舎）（単位制）	みらいクリエイト	70%	A	14	●	●	●				■	■		■		①：②：他＝150：135：100

※綾部高校東分校の募集人員については，農業科および園芸科を併せた人員であり，それぞれの学科の人員は10人を標準とする。

全日制「普通教育及び専門教育を選択履修を旨として総合的に科す学科」

高校名	学科名	募集割合	選抜方式	募集人員(人)	検査項目 ① 学力検査(国・数・英)	② 報告書	他の項目 ③ 面接	④ 作文(小論文)	⑤ 活動実績報告書	配点比率 ①学力検査：②報告書：他の項目(③面接，④作文(小論文)，⑤活動実績報告書)
南　丹(単位制)	総合学科	70%	A1	72	●	■	■			①：②：他＝150：135： 15
			A2	17	●	■	■	■		①：②：他＝150：135： 65
			B	30		■	■	■	■	②：他＝135：145
大　江(単位制)	地域創生	70%	A	63	●	■	■		■	①：②：他＝150：135：100

定時制「専門教育を主とする学科」

高校名(分校)	学科名	募集割合	選抜方式	募集人員(人)	① 学力検査 国	数	英	理	社	専	② 報告書	③ 面接	④ 作文(小論文)	⑤ 活動実績報告書	配点比率 ①学力検査：②報告書：他の項目(③面接，④作文(小論文)，⑤活動実績報告書)
北桑田(美山)	農業・家政	50%	B	20							■	■	■		②：他＝100：100
福知山(三和)	農業・家政	50%	B	20							■	■	■		②：他＝135： 90

※北桑田高校美山分校および福知山高校三和分校の募集人員については，農業科および家政科を併せた人員であり，それぞれの学科の募集人員は10人を標準とする。

定時制（昼間・二部制）　※清明高等学校特別入学者選抜

高校名	学科名	募集割合	選抜方式	募集人員(人)	① 学力検査 国	数	英	理	社	専	② 報告書	③ 面接	④ 作文(小論文)	⑤ 活動実績報告書	配点比率 ①学力検査：②報告書：他の項目(③面接，④作文(小論文)，⑤活動実績報告書)
清　明(単位制)	普　通	100%	A	48	◎	◎	◎				■	■	■		①：②：他＝100：100：100
			B	72								■	■		他＝100

定時制（昼間）　※清新高等学校特別入学者選抜

高校名	学科名	募集割合	選抜方式	募集人員(人)	① 学力検査 国	数	英	理	社	専	② 報告書	③ 面接	④ 作文(小論文)	⑤ 活動実績報告書	配点比率 ①学力検査：②報告書：他の項目(③面接，④作文(小論文)，⑤活動実績報告書)
清　新(単位制)	総合学科	67%	A	30	◎	◎	◎				■	■			①：②：他＝100：100：100
			B	30	◎	◎	◎					■	■		①：他＝100：200

定時制（昼間・四部制）　※京都奏和高等学校特別入学者選抜

高校名	学科名	募集割合	選抜方式	募集人員(人)	① 学力検査 国	数	英	理	社	専	② 報告書	③ 面接	④ 作文(小論文)	⑤ 活動実績報告書	配点比率 ①学力検査：②報告書：他の項目(③面接，④作文(小論文)，⑤活動実績報告書)
京都奏和(単位制)	普　通	100%	／	80	◎	◎	◎					■			①：他＝ 90：210

❖2024年度前期選抜　募集人員と受検状況

地域	学校名(学舎・分校名)	学科等名	募集定員	選抜方式・型	前期選抜募集割合	前期選抜募集人員(A)	受検者数(B)	倍率(B/A)
京都市・乙訓	山城	普通[単]	320	A方式1型	30%	48	269	5.40
				A方式2型		48	53	1.10
		文理総合[単]	40	A方式	100%	40	120	3.00
	鴨沂	普通	240	A方式1型	30%	48	280	5.83
				A方式2型		24	48	2.00
	洛北	普通[単]	160	A方式1型	30%	24	124	5.17
				A方式2型		24	32	1.33
		普通[単]〈スポーツ総合専攻〉	40	C方式	100%	40	40	1.00
	北稜	普通	240	A方式	30%	48	199	4.15
				B方式		24	23	0.96
	朱雀	普通	200	A方式	30%	40	112	2.80
				B方式		20	20	1.00
	洛東	普通	240	A方式	30%	36	155	4.31
				B方式		36	38	1.06
	鳥羽	普通[単]	160	A方式1型	30%	24	103	4.29
				A方式2型		24	40	1.67
		普通[単]〈スポーツ総合専攻〉	40	C方式	100%	40	41	1.03
		グローバル[単]	80	A方式	100%	80	100	1.25
	嵯峨野	普通	120	A方式	30%	36	88	2.44
		京都こすもす 自然科学	80	A方式	100%	80	140	1.75
		京都こすもす 人間科学・自然科学(共修)	120	A方式	100%	120	204	1.70
	北嵯峨	普通	280	A方式	30%	42	224	5.33
				B方式		42	44	1.05
	桂	普通	280	A方式	30%	42	215	5.12
				B方式		42	47	1.12
		植物クリエイト	40	A方式	70%	28	50	1.79
		園芸ビジネス	40	A方式	70%	28	39	1.39
	洛西	普通	280	A方式	30%	84	192	2.29
	桃山	普通	280	A方式	30%	84	256	3.05
		自然科学	80	A方式	100%	80	162	2.03
	東稜	普通	240	A方式	30%	45	157	3.49
				B方式		27	30	1.11
	洛水	普通	160	A方式	30%	16	84	5.25
				B方式		32	34	1.06
	京都すばる	起業創造	80	A方式	70%	47	87	1.85
				B方式		9	8	0.89
		企画	120	A方式	70%	71	100	1.41
				B方式		13	13	1.00
		情報科学	80	A方式	70%	50	85	1.70
				B方式		6	4	0.67
	向陽	普通	200	A方式	30%	30	131	4.37
				B方式		30	34	1.13
	乙訓	普通	200	A方式1型	30%	36	160	4.44
				A方式2型		24	29	1.21
		スポーツ健康科学	40	C方式	100%	40	37	0.93
	西乙訓	普通	160	A方式	30%	48	95	1.98
	西京	エンタープライジング	160	A方式1型	100%	144	223	1.55
				A方式2型		16	13	0.81
	美術工芸	美術工芸	90	C方式	100%	90	154	1.71
	京都堀川音楽	音楽	40	C方式	100%	40	37	0.93

地域	学校名(学舎・分校名)	学科等名	募集定員	選抜方式・型	前期選抜募集割合	前期選抜募集人員(A)	受検者数(B)	倍率(B/A)
京都市・乙訓	京都工学院	プロジェクト工学 ものづくり分野	108	A方式1型	70%	64	113	1.77
				A方式2型		11	11	1.00
		プロジェクト工学 まちづくり分野	72	A方式1型	70%	43	73	1.70
				A方式2型		7	7	1.00
		フロンティア理数	60	A方式	100%	60	55	0.92
	堀川	普通	80	A方式	30%	24	36	1.50
		探究学科群	160	A方式	100%	160	262	1.64
	日吉ケ丘	普通[単]	240	A方式	30%	52	170	3.27
				B方式		20	22	1.10
	紫野	普通	200	A方式1型	30%	45	210	4.67
				A方式2型		15	16	1.07
		アカデミア	80	A方式	100%	80	145	1.81
	開建	ルミノベーション	240	A方式1型	50%	96	299	3.11
				A方式2型		24	34	1.42
山城	東宇治	普通(英語探究)	280	A方式1型	30%	28	33	1.18
		普通(文理)		A方式2型		56	226	4.04
	莵道	普通	280	A方式	30%	84	219	2.61
	城南菱創	普通[単]	160	A方式	50%	80	206	2.58
		教養科学[単] 人文・社会科学/自然科学	80	A方式	100%	80	100	1.25
	城陽	普通	280	A方式	30%	56	172	3.07
				B方式		28	30	1.07
	西城陽	普通	240	A方式1型	30%	48	212	4.42
				A方式2型		24	38	1.58
		普通〈スポーツ総合専攻〉	40	C方式	100%	40	41	1.03
	京都八幡	普通(総合選択制)	160	A方式	70%	92	76	0.83
				B方式		20	12	0.60
	京都八幡(南)	介護福祉	30	A方式	70%	21	11	0.52
		人間科学	30	A方式	70%	21	20	0.95
	久御山	普通	200	A方式	30%	60	172	2.87
		普通〈スポーツ総合専攻〉	40	C方式	100%	40	39	0.98
	田辺	普通	160	A方式	30%	28	137	4.89
				B方式		20	14	0.70
		工学探究	40	A方式	70%	28	21	0.75
		機械技術	30	A方式	70%	21	28	1.33
		電気技術	30	A方式	70%	21	24	1.14
		自動車	30	A方式	70%	21	24	1.14
	木津	普通	160	A方式	30%	32	92	2.88
				B方式		16	15	0.94
		システム園芸	40	A方式	70%	28	38	1.36
		情報企画	40	A方式	70%	28	33	1.18
	南陽	普通	160	A方式	30%	48	111	2.31
		サイエンスリサーチ	80	A方式	100%	80	117	1.46
口丹	北桑田	普通	60	A方式1型	30%	18	22	1.22
				A方式2型	20%	12	0	0.00
		京都フォレスト	30	A方式	70%	21	11	0.52
	亀岡	普通[単]	200	A方式1型	30%	40	99	2.48
				A方式2型		20	23	1.15
		普通[単]〈美術・工芸専攻〉	30	C方式	100%	30	40	1.33
		探究文理[単]	40	A方式	100%	40	35	0.88

地域	学校名（学舎・分校名）	学科等名	募集定員	選抜方式・型	前期選抜募集割合	前期選抜募集人員(A)	受検者数(B)	倍率(B/A)
口丹	南　丹	総合学科[単]	170	A方式1型	70%	72	90	1.25
				A方式2型		17	10	0.59
				B方式		30	31	1.03
	園　部	普通	120	A方式	30%	36	54	1.50
	農　芸	農業学科群	100	A方式	70%	70	53	0.76
	須　知	普通	60	A方式	30%	9	14	1.56
				B方式		9	2	0.22
		食品科学	30	A方式	70%	21	9	0.43
中丹	綾　部	普通	180	A方式	30%	54	113	2.09
		普通（スポーツ総合専攻）	40	C方式	100%	40	40	1.00
	綾　部（東）	農業	30	B方式	70%	21	19	1.38
		園芸					10	
		農芸化学	30	B方式	70%	21	36	1.71
	福知山	普通	160	A方式	30%	48	112	2.33
		文理科学	40	A方式	100%	40	27	0.68
	工　業	機械テクノロジー	36	A方式	70%	25	39	1.56
		ロボット技術	36	A方式	70%	25	28	1.12
		電気テクノロジー	36	A方式	70%	25	37	1.48
		環境デザイン	36	A方式	70%	25	28	1.12
		情報テクノロジー	36	A方式	70%	25	42	1.68
	大　江	地域創生[単]	90	A方式	70%	63	43	0.68
	東舞鶴	普通	120	A方式	30%	24	41	1.71
				B方式		12	14	1.17
	西舞鶴	普通	160	A方式	30%	48	106	2.21
		理数探究	40	A方式	100%	40	35	0.88
丹後	海　洋	海洋学科群	95	A方式	70%	66	72	1.09
	宮津天橋（宮津学舎）	普通[単]	120	A方式	30%	36	53	1.47
		建築[単]	30	A方式	70%	21	31	1.48
	宮津天橋（加悦谷学舎）	普通[単]	80	A方式	30%	10	6	0.60
				B方式		14	21	1.50
	峰　山	普通	160	A方式	30%	48	58	1.21
		機械創造	30	A方式	70%	21	31	1.48
	丹後緑風（網野学舎）	普通[単]	66	A方式	30%	19	30	1.58
		企画経営[単]	24	A方式	70%	16	14	0.88
	丹後緑風（久美浜学舎）	アグリサイエンス[単]	30	A方式	70%	21	21	1.00
		みらいクリエイト[単]	20	A方式	70%	14	9	0.64

注1）［単］は単位制。
注2）綾部高校東分校農業科と園芸科の募集定員は，両学科併せて「30人」である。

❖傾向と対策〈数学〉

出題傾向

		数と式							方程式						関数					図形								資料の活用	
		数の計算	数の性質	平方根の計算	平方根の性質	文字式の利用	式の計算	式の展開・因数分解	一次方程式の計算	一次方程式の応用	連立方程式の計算	連立方程式の応用	二次方程式の計算	二次方程式の応用	比例・反比例	一次関数	関数 $y=ax^2$	いろいろな事象と関数	関数と図形	図形の性質	平面図形の計量	空間図形の計量	図形の証明	作図	中3単元 相似	中3単元 三平方の定理	中3単元 円周角の定理	場合の数・確率	資料の分析と活用・標本調査
2024年度	前期選抜・共通学力検査	○			○	○	○						○	○	○		○		○		○	○	○		○	○		○	○
2023年度	前期選抜・共通学力検査	○		○			○	○			○		○	○	○		○		○		○	○	○		○	○		○	○
2022年度	前期選抜・共通学力検査	○		○		○	○	○			○		○			○	○		○		○	○	○		○	○		○	○
2021年度	前期選抜・共通学力検査	○			○	○	○	○			○		○		○			○		○	○	○	○		○			○	○
2020年度	前期選抜・共通学力検査	○	○	○			○				○		○			○	○		○		○	○	○		○	○	○	○	○

出題分析

（2021年度入試の出題範囲は，中学校等の臨時休業の実施等をふまえた令和3年度高等学校入学者選抜等における配慮事項として，一部削減されている。）

★数と式…………数の計算，単項式・多項式の計算は必ず出題されているほか，平方根の四則計算や大小，式の展開，式の値などが出題されている。また，数の性質や文字式と関連した規則性の問題の出題も多い。

★方程式…………小問集合において，連立方程式，2次方程式の計算が出題されている。また，規則性の問題の解法として方程式を利用する場合がある。

★関　数…………小問集合において，基礎問題が出題されている。また，関数のグラフを利用した問題として，放物線のグラフと図形を関連させた問題や，図形の移動についての問題などが出題されている。

★図　形…………平面図形では，円の性質，相似，三平方の定理などを利用して，角度，線分の長さ，面積などを求める問題が主となっている。様々な図形を題材に大問を構成しており，記述式の証明問題が含まれることが多い。空間図形では，水の深さや点と面の距離などの題材が出題されている。

★資料の活用……確率の問題は，硬貨やくじ，玉の取り出しなどの題材から出題されている。また，資料をもとに代表値などを問う問題も出題されている。

来年度の対策

◯全範囲を復習し，苦手単元をなくすこと！

全体としては標準レベルだが，やや難易度の高い問題も含まれるので，時間配分に気をつけ，確実に得点できる問題から手をつけていけるように意識をしておこう。また，幅広い単元からまんべんなく出題されているので，苦手単元をなくしておくことが重要になる。「**数学の近道問題シリーズ**（全５冊）」（英俊社）のうちから苦手単元を選んでやっておくとよい。全体的な復習を効率良く行いたい人は，出題率を詳しく分析し，高校入試でよく出題される問題を中心に編集された「**ニューウイング 出題率 数学**」（英俊社）を活用しよう。

さらに，毎年出題される，平面図形，空間図形，規則性・条件を考える問題は集中的に学習をしておこう。特に，図形の問題は，円周角の定理や相似，三平方の定理をスムーズに使いこなせるようになっておくと，高得点につながるだろう。

英俊社のホームページにて，中学入試算数・高校入試数学の解法に関する補足事項を掲載しております。必要に応じてご参照ください。

URL → https://book.eisyun.jp/

スマホはこちら ――→

❖傾向と対策〈英語〉

出題傾向

		放送問題	語い	音声			英文法					英作文			読解		長文問題										
																				設問の内容							
				語の発音	語のアクセント	文の区切り・強勢	語形変化	英文完成	同意文完成	指示による書きかえ	正誤判断	整序作文	和文英訳	その他の英作文	問答・応答	絵や表を見て答える問題	会話文	長文読解	長文総合	音声・語い	文法事項	英文和訳	英作文	内容把握	文の整序・挿入	英問英答	要約
2024年度	前期選抜・共通学力検査	○												○			○		○		○		○	○	○	○	○
2023年度	前期選抜・共通学力検査	○												○			○		○		○		○	○	○	○	○
2022年度	前期選抜・共通学力検査	○												○			○		○		○		○	○	○	○	○
2021年度	前期選抜・共通学力検査	○												○			○		○		○		○	○	○	○	○
2020年度	前期選抜・共通学力検査	○												○			○		○		○		○	○	○	○	○

出題分析

★長文問題が中心で，設問は内容理解を問うものが多い。英文は標準よりもやや長く，会話文も含め例年2題出題されている。語形変化や空欄補充の設問では文法力が問われている。英作文は会話が成り立つように空欄を補充する問題が出題されている。

★リスニングテストは会話と質問を聞いて答えを選ぶ問題，会話に続く応答を選ぶ問題が出題されている。

来年度の対策

①長文になれておくこと！

日頃からできるだけたくさんの長文を読み，大意をつかみながらスピードをあげて読めるようになっておきたい。**英語の近道問題シリーズ**の「**長文基礎**」「**長文実践**」(ともに英俊社) を使って数多く練習をしておくことをおすすめする。

②リスニングに慣れておくこと！

リスニングは今後も実施されると思われるので，日頃からネイティブスピーカーの話す英語に慣れておこう。問題集では，上記シリーズの「**リスニング**」(英俊社) から始めるのがよい。

③書くことを習慣づけておくこと！

英作文が出題されている。日頃から読むだけでなく，書くことをくりかえし練習しておこう。

④効率的な学習を心がけること！

日常ではもちろん，入試間近では，特に大切なことである。これにピッタリな問題集が「**ニューウイング 出題率 英語**」(英俊社) だ。過去の入試問題を詳しく分析し，出題される傾向が高い形式の問題を中心に編集してあるので，仕上げておけば心強い。

❖傾向と対策〈国語〉

出題傾向

		現代文の読解									国語の知識									作文		古文・漢文								
		内容把握	原因・理由	接続語	適語挿入	脱文挿入	段落の働き・論の展開	要旨・主題	心情把握・人物把握	表現把握	漢字の読み書き	漢字・熟語の知識	ことばの知識	慣用句・ことわざ・四字熟語	文法	敬語	文学史	韻文の知識	表現技法	課題作文・条件作文	短文作成・表現力	読解問題	主語・動作主把握	会話文・心中文	要旨・主題	古語の意味・口語訳	仮名遣い	文法・係り結び	返り点・書き下し文	古文・漢文・漢詩の知識
2024年度	前期選抜・共通学力検査	○		○	○		○				○	○			○							○				○	○			
2023年度	前期選抜・共通学力検査	○			○		○				○	○	○		○							○	○			○	○			
2022年度	前期選抜・共通学力検査	○	○	○	○		○				○		○		○							○				○	○			
2021年度	前期選抜・共通学力検査	○			○		○				○	○	○		○							○		○		○	○			
2020年度	前期選抜・共通学力検査	○		○	○		○				○	○			○				○			○	○				○		○	

【出典】

2024年度　1論理的文章　湯川秀樹「湯川秀樹自選集　第一巻　学問と人生」
2論理的文章　今西錦司「今西錦司　生物レベルでの思考」
3古文「新譯花月草紙鬪の秋風」

2023年度　1論理的文章　李　禹煥「両義の表現」　2論理的文章　野間秀樹「言語存在論」
3古文「沙石集」

2022年度　1論理的文章　中村隆文「『正しさ』の理由」
2論理的文章　三浦　均「映像のフュシス」　3古文「十訓抄」

2021年度　1論理的文章　鷲田清一「〈ひと〉の現象学」
2論理的文章　鶴岡真弓「芸術人類学講義」　3古文「伊曾保物語」

2020年度　1論理的文章　松田雄馬「人工知能はなぜ椅子に座れないのか」
2論理的文章　今道友信「美について」　3古文「十訓抄」

出題分析

★現代文…………さほど長くはないものの，難解な論説文である。内容把握や接続語・適語の挿入，文章全体における論の展開，段落の構成などが出題されている。的確な読み取りと，細かい配慮が必要である。他に，漢字の読み書き，対義語や熟語の構成など，漢字や熟語の知識に関する問題も出される。解答形式は選択式が多く，選択肢をよく読んで内容を吟味する必要がある。20～40字程度の記述式も出題されている。また，話し合いなどに関する出題が毎年ある。

★漢　字…………書きとりや読みがなは1～2問と少ないが，日常の学習は不可欠。

★文　法…………出題は例年1～2問。品詞の識別や動詞の活用の種類などについて理解を深めておくこと。

★古　文…………文章の内容に関する問題の他に，口語訳，かなづかいなどがほぼ毎年出題される。主語が問われることもあるので，文章の細部で正確に理解することが必要になる。係り結びや返り点について，基本的なこともおさえておくとよい。

来年度の対策

論説文に加えて随筆のような文学的文章にも対応できることが望ましい。入試問題では，教科書の文章がそのまま出題文として利用されることはまずない。従って，教科書で学習した知識・読解力を他の文章にも活かせる国語力を養っておくために，多くの文章に接するよう日常から心がけておくことが大切である。さらに，身近なものでは，新聞の精読も国語力の向上につながる。社説・コラムなどを読んでその要旨をまとめたり，それに対する考え方を記述する練習を重ねたりすることで，読解力をつけてもらいたい。

古文は，まず教科書に出てきた作品や有名な作品に目を通しておくこと。さらに古文読解のための基礎知識を身につけておくことが望ましい。効率よい学習には「**国語の近道問題シリーズ**(全5冊)」(英俊社)を活用するのがよいだろう。薄手のジャンル別問題集だが，解説が詳しく，解法のキーポイントがまとめられている。特に「**古典**」と「**長文読解―攻略法の基本―**」「**長文読解―攻略法の実践―**」がおすすめ。入試直前には，出題率を分析し，入試でよく出る問題を集めた「**ニューウイング 出題率 国語**」(英俊社)を仕上げておけば，さらに自信がつくだろう。

~MEMO~

~MEMO~

~MEMO~

京都府公立高等学校
(前期選抜)
—共通学力検査—

2024年度
入学試験問題

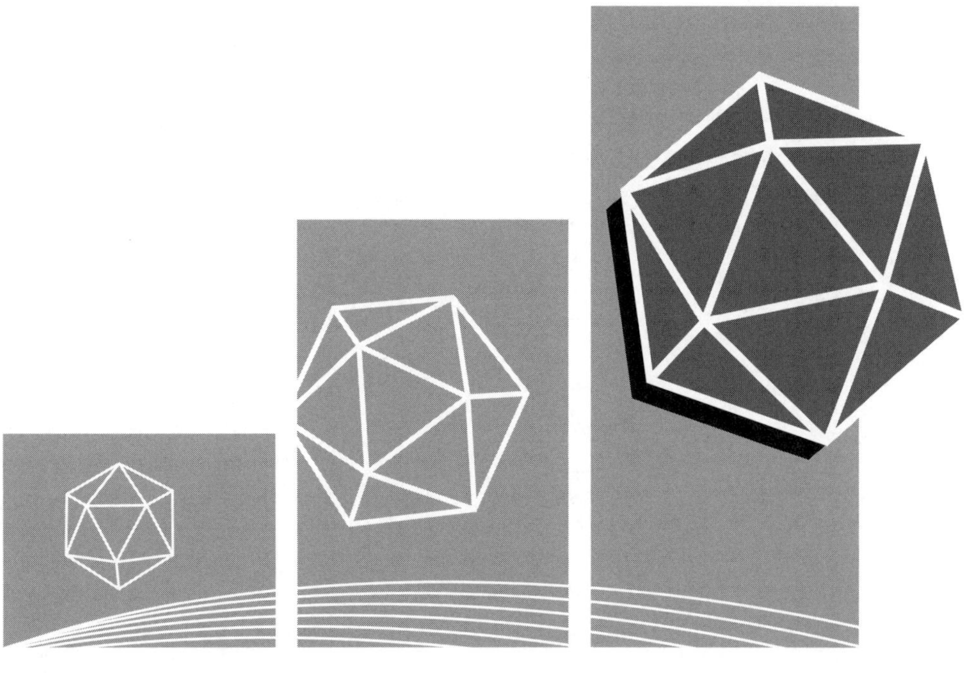

数学

時間　50分　　　満点　50点

(注)　円周率はπとしなさい。
答えの分数が約分できるときは，約分しなさい。
答えが$\sqrt{\ }$を含む数になるときは，$\sqrt{\ }$の中の数を最も小さい正の整数にしなさい。
答えの分母が$\sqrt{\ }$を含む数になるときは，分母を有理化しなさい。

1　次の問い(1)～(9)に答えよ。

(1)　$(-3)^3 + 4^2 \times \dfrac{9}{8}$ を計算せよ。(　　　)

(2)　$2x - 6 - \dfrac{x-7}{2}$ を計算せよ。(　　　)

(3)　$\dfrac{2}{5}x^3y^3 \div (-2y) \div \left(-\dfrac{1}{25}xy^2\right)$ を計算せよ。(　　　)

(4)　関数 $y = \dfrac{16}{x}$ について，x の値が2から4まで増加するときの変化の割合を求めよ。(　　　)

(5)　等式 $a - 6c = 8b$ を c について解け。(　　　)

(6)　$\sqrt{125}$ を小数で表したとき，整数部分の値を求めよ。(　　　)

(7)　2次方程式 $2x^2 - 18x + 12 = 0$ を解け。(　　　)

(8)　右の図のような，半径が4cmの半球の表面積を求めよ。(　　　cm^2)

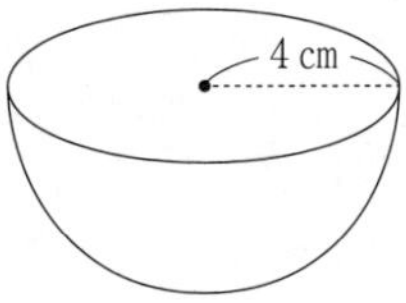

(9)　右の表は，ある中学校の2年生25人の上体起こしの記録について，度数および累積相対度数をまとめたものである。表中の X ～ Z に当てはまる数をそれぞれ求めよ。

X(　　　)　Y(　　　)　Z(　　　)

記録(回)	度数(人)	累積相対度数
以上　未満		
10 ～ 13	1	0.04
13 ～ 16	X	0.04
16 ～ 19	2	0.12
19 ～ 22	4	0.28
22 ～ 25	3	0.40
25 ～ 28	5	0.60
28 ～ 31	Y	Z
31 ～ 34	2	0.96
34 ～ 37	1	1.00
計	25	——

2 100円硬貨と50円硬貨がそれぞれ2枚ずつある。この4枚の硬貨を同時に投げる。

このとき，次の問い(1)・(2)に答えよ。ただし，それぞれの硬貨の表裏の出方は，同様に確からしいものとする。

(1) 100円硬貨が2枚とも表で，50円硬貨が少なくとも1枚は表となる確率を求めよ。(　　　)

(2) 表が出た硬貨の合計金額が100円以上250円未満になる確率を求めよ。(　　　)

3 右の図のように，関数 $y = ax^2$ のグラフ上に2点A，Bがあり，2点A，Bの x 座標はそれぞれ -6，8 である。また，2点O，Aを通る直線の傾きは $-\frac{3}{2}$ である。

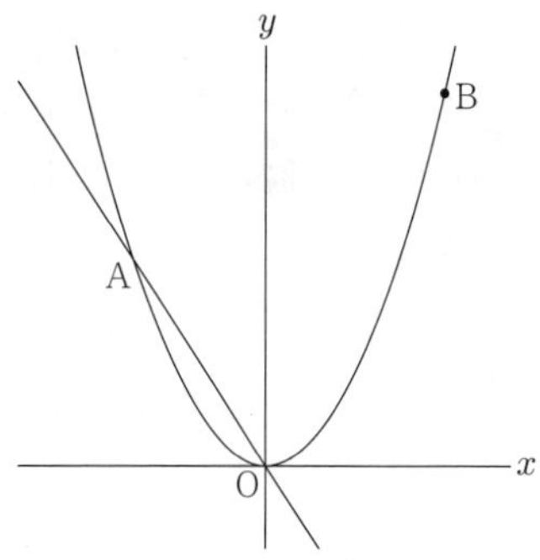

このとき，次の問い(1)～(3)に答えよ。

(1) a の値を求めよ。(　　　)

(2) 2点A，Bを通る直線の式を求めよ。(　　　)

(3) 点Aを通り，傾きが $-\frac{5}{6}$ である直線上に x 座標が正である点Cを，△AOBと△ACBの面積が等しくなるようにとるとき，点Cの座標を求めよ。(　　　)

4 右の図のように，△ABCがあり，AB = 5 cm，BC = 7 cm，∠ACB = 45°である。点Aから辺BCにひいた垂線と辺BCとの交点をDとすると，BD < CDであった。線分AD上に点Eを，AB = CEとなるようにとる。また，辺AC上に点Aと異なる点Fを，AB = BFとなるようにとり，線分ADと線分BFとの交点をGとする。

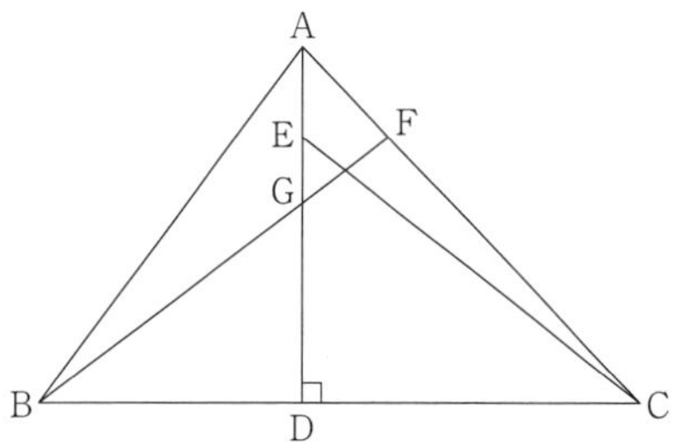

このとき，次の問い(1)・(2)に答えよ。

(1) △ABD ≡ △CEDであることを証明せよ。

(　　　　　　　　　　　　　　　　　　　　)

(2) 線分BDの長さを求めよ。また，線分EGの長さを求めよ。

BD = (　　　cm)　EG = (　　　cm)

5　右のⅠ図のように，底面が台形で，側面がすべて長方形である四角柱ABCD―EFGHの形をした透明な容器があり，AD∥BC，AB = AD = CD = 8cm，BC = 16cm，AE = 4cmである。この容器を右のⅡ図のように，長方形BCGFが底になるように水平な台の上に置き，容器の底から高さ$3\sqrt{3}$cmのところまで水を入れる。

Ⅰ図

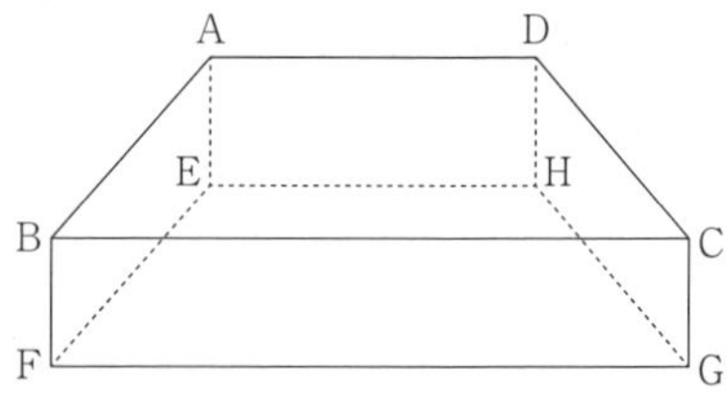

Ⅱ図

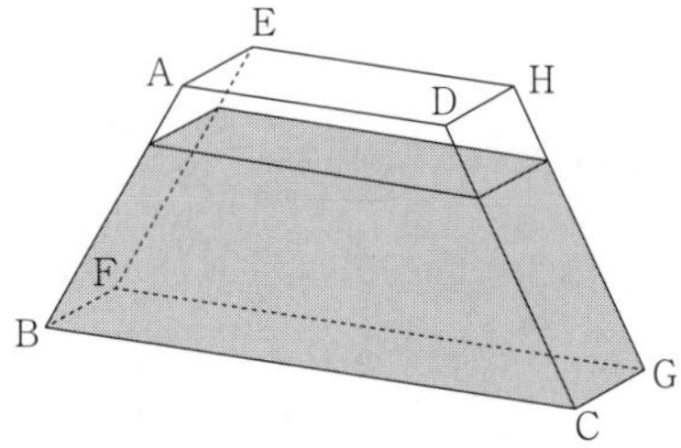

このとき，次の問い(1)～(3)に答えよ。ただし，容器から水はこぼれないものとし，容器の厚さは考えないものとする。

(1)　この容器の，長方形BCGFを底面としたときの高さを求めよ。(　　　　cm)

(2)　容器に入っている水の体積を求めよ。(　　　　cm^3)

(3)　この容器を長方形CDHGが底になるように水平な台の上に置いたとき，容器の底から水面までの高さは何cmになるか求めよ。(　　　　cm)

6　右のⅠ図は，アルトリコーダーの一部を模式的に表したものであり，Ⅰ図中の点線の丸（◌）と実線の丸（○）は，いずれも開いた状態のトーンホールを表している。それぞれのトーンホールは，吹き口に近い順にA，B，C，Dとする。また，右のⅡ図は，アルトリコーダーでド，レ，ミ，ファ，ソの各音を吹いたときの，閉じた状態のトーンホールを黒く塗りつぶされた丸（●）で表している。

アルトリコーダーで，ドをはじめの音として，1音ずつド，レ，ミ，ファ，ソの順にくり返し吹く。ただし，1音吹くごとに，吹いた後はすべてのトーンホールを開いた状態にするものとする。

はじめに吹いた音から順に，1音目，2音目，3音目，…とし，吹いた音およびそれぞれのトーンホールを1音目から数えて閉じた回数を考える。

Ⅰ図
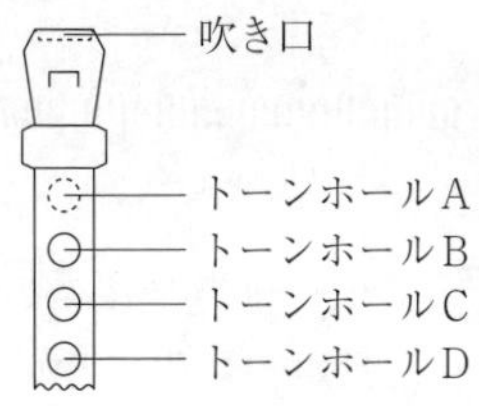

Ⅱ図
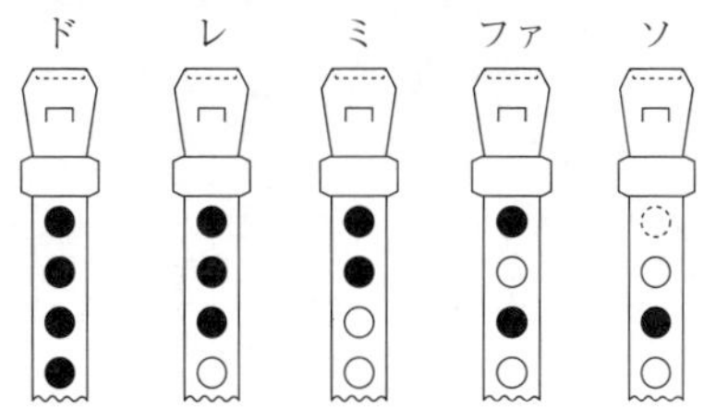

次の表は，1音目から7音目までについて，吹いた音およびそれぞれのトーンホールを1音目から数えて閉じた回数をまとめたものである。

このとき，次の問い(1)～(3)に答えよ。

		1音目	2音目	3音目	4音目	5音目	6音目	7音目
吹いた音		ド	レ	ミ	ファ	ソ	ド	レ
1音目から数えて閉じた回数(回)	トーンホールA	1	2	3	4	4	5	6
	トーンホールB	1	2	3	3	3	4	5
	トーンホールC	1	2	2	3	4	5	6
	トーンホールD	1	1	1	1	1	2	2

(1)　20音目を吹いたとき，吹いた音を，次の(ア)～(オ)から1つ選べ。また，そのときのトーンホールCを1音目から数えて閉じた回数を求めよ。(　　)(　　回)

(ア)　ド　(イ)　レ　(ウ)　ミ　(エ)　ファ　(オ)　ソ

(2)　113音目を吹いたとき，トーンホールAを1音目から数えて閉じた回数と，トーンホールDを1音目から数えて閉じた回数をそれぞれ求めよ。

トーンホールA(　　回)　トーンホールD(　　回)

(3)　nを自然数とする。$(5n^2+5n-7)$音目を吹いたとき，トーンホールAを1音目から数えて閉じた回数とトーンホールBを1音目から数えて閉じた回数の差が1258回であった。このときのnの値を求めよ。(　　)

英語

時間　50分　　　満点　50点

（編集部注）放送問題の放送原稿は英語の末尾に掲載しています。
音声の再生についてはもくじをご覧ください。

（注）問題[4]・[5]・[6]（リスニング）は，問題[1]・[2]・[3]の終了後に配布されます。

語数制限がある場合は，短縮形（I'm など）と数字（100 や 2024 など）は1語として数え，符号（, / . / ? / ! / “” など）は語数に含めないものとします。

[1]　次の問い(1)・(2)に答えよ。

(1)　次の絵の中の①～④の順に会話が成り立つように，［　　］に入る適切な英語を，**4語または5語**で書け。(　　　　　　　　　)

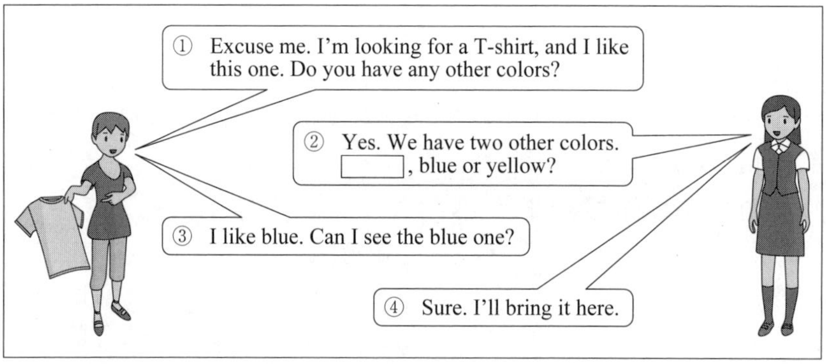

① Excuse me. I'm looking for a T-shirt, and I like this one. Do you have any other colors?
② Yes. We have two other colors. [　　], blue or yellow?
③ I like blue. Can I see the blue one?
④ Sure. I'll bring it here.

(2)　次の絵は，和樹（かずき）（Kazuki）が友人のアリス（Alice）と下の会話をしている一場面を表している。この絵をもとに，あとの問い(a)・(b)に答えよ。

Kazuki：Hi, Alice. Are you free tomorrow?

Alice　：I have to ［　①　］ in the morning, but I'm free in the afternoon.

Kazuki：OK. I'll go to Minami Zoo. Why don't we go there together?

Alice　：That's a good idea.

Kazuki：Oh, I think ［　②　］ tomorrow, so we will need an umbrella.

Alice　：All right. Thank you.

(a) 会話が成り立つように，［①］に入る適切な英語を，**3**語で書け。（　　　　　　　　）

(b) 会話が成り立つように，［②］に入る適切な英語を，**3**語または**4**語で書け。

（　　　　　　　　）

［2］ 次の英文は，高校生の真紀（Maki）と留学生のリリー（Lily）が交わしている会話である。外国人が道や駅で迷っていた場合の日本人の行動に関するあとのグラフ（graph）を参考にして英文を読み，あとの問い(1)～(4)に答えよ。

Maki： Did you enjoy Sakura Museum yesterday?

Lily ： Yes. I was happy to go there with you. The museum was near Sakura Station, so it was easy to go there.

Maki： You're right. Oh, before I went to Sakura Museum, a woman talked to me in Chinese at Sakura Station. I think she came to Japan alone ［①］ a tourist. She asked me something, but I couldn't say anything because I couldn't understand Chinese well.

Lily ： I see. If we don't know the language, it may be difficult for us to help.

Maki： That's true. I found some graphs on a website last night. Look at Graph 1. The graph shows what Japanese people do when they meet foreign people who *are lost.

Lily ： Let me see. *In total, more than sixty-five *percent of the people say that they want to help foreign people. Also, about ［②］ percent of the people say that they always want to do so. However, in total, about twenty percent of the people say that they *are unwilling to help or don't want to help foreign people. Why did about twenty percent of the people answer like that?

Maki： We can see the reasons in Graph 2. Look at it.

Lily ： Well, I can agree with this reason. It is the highest percent in Graph 2.

Maki： I felt the same thing when a woman talked to me at Sakura Station. Also, I can agree with another reason. I have met foreign people who needed help on the street. However, I couldn't help because ［③］.

Lily ： Do you mean about twenty-eight percent in Graph 2?

Maki： That's right. What should we do in that situation?

Lily ： Well, I have an idea. On my first day in Japan, I was lost on the street, and a Japanese man said something to me. I didn't understand what he was saying in Japanese, but I knew that he tried to help me. That made me *feel relieved. So, I think saying easy words such ［④］ "Hello." or "Are you OK?" is one way to help foreign people.

Maki： I see. I think saying something to foreign people may be difficult for us, but I'm sure they feel relieved if other people talk to them. I want to be a person who *gives other people a hand.

グラフ（graph）

Graph 1

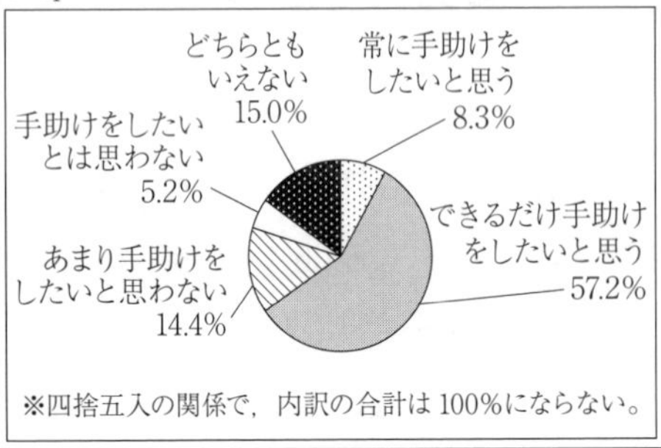

Graph 2

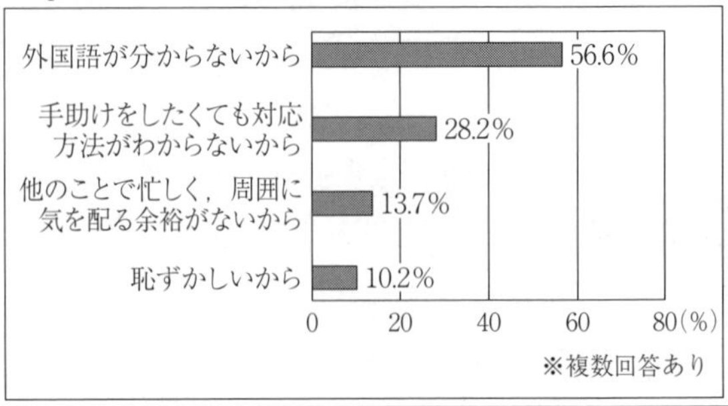

内閣府「令和４年度バリアフリー・ユニバーサルデザインに関する意識調査報告書」より作成

（注）　be lost　道に迷っている　　in total　合計で　　percent　パーセント

are unwilling to ～　～するのを好まない　　feel relieved　安心する

give ～ a hand　～に手を差しのべる

(1)　［①］・［④］に共通して入る最も適当な１語を書け。(　　　)

(2)　本文の内容とグラフ（graph）から考えて，［②］に入る語として最も適当なものを，次の(ア)～(エ)から１つ選べ。(　　　)

(ア)　five　　(イ)　eight　　(ウ)　fourteen　　(エ)　twenty

(3)　本文の内容とグラフ（graph）から考えて，［③］に入る表現として最も適当なものを，次の(ア)～(エ)から１つ選べ。(　　　)

(ア)　I didn't know what I should do　　(イ)　I was busy then

(ウ)　I couldn't understand foreign languages　　(エ)　I was sad at that time

(4)　本文の内容と一致する英文として最も適当なものを，次の(ア)～(エ)から１つ選べ。(　　　)

(ア)　Lily thinks that Sakura Museum is far from Sakura Station.

(イ)　Maki met a woman who spoke Chinese at Sakura Museum.

(ウ)　Lily felt relieved because a man talked to her on the street on her first day in Japan.

(エ)　Maki wants foreign people to use easy words when they talk to Japanese people.

3 次の英文は，中学３年生の実花（Mika）が英語の授業で書いた作文である。これを読んで，問い(1)～(10)に答えよ。

When I was a first year student in junior high school, we had a school chorus contest in October. In July, my class chose a song ①(sing) by a famous singer. I became the *accompanist for my class because I practiced the piano when I was an elementary school student. After I *entered a junior high school, I didn't play the piano much. But I thought I could play the song when I saw the *musical score.

During the summer vacation, I practiced the piano every day. I also thought ②[(ア) someone / (イ) I / (ウ) teach / (エ) to / (オ) me / (カ) needed], so I decided to visit Ms. Oki. She was my piano teacher when I was an elementary school student. I visited her every Wednesday and Saturday during the vacation. After the vacation, I visited her only on Saturdays, but I thought I could play the song well. 【 A 】

One Friday in September, we had the first *rehearsal. Many students who were going to have a rehearsal after my class were waiting and watching my class. After realizing that, I couldn't *concentrate on playing the piano and made many *mistakes.

③The next day, I visited Ms. Oki and said, "I made a lot of mistakes at the rehearsal." She said, "I'm sorry to hear that. Have you thought about the reasons for your mistakes?" I said, "No. I don't want to think about them." She said, "Well, if you don't think about the reasons, you'll make the same mistakes again. Let me help you understand what to do." I said, "I could usually play well when I practiced alone. 【 B 】 However, I couldn't play the song in the same way at the rehearsal." She said, "You got nervous, right?" I answered, "Yes." She said, "When we become nervous, we are in a different *state and we sometimes cannot do the things we can usually do. But there are some ways to relax. Imagining that you are *successful is one example. Practicing a lot is another important way. 【 C 】 If you do so, you'll be sure that you can play well. Having [④] that helps you relax is also a good way. For example, you can bring your favorite thing with you. You can also bring a message that helps you relax." Then, she *took out a small message card from her desk and wrote, "You have practiced hard. You can do it." She gave the message card to me, and I found ⑤one thing when I read her message. I realized that when I try hard, people around me understand that.

After I visited Ms. Oki that day, I tried the ways I learned from Ms. Oki. Before I ⑥(sleep), I always imagined that I was playing well at the chorus contest. I always took the message card with me and looked at it before I played the song. I also thought about my mistakes again. Then, I realized that there were a few difficult parts I couldn't play well in the song. 【 D 】 One week later, I was sure that I could play the song better.

One Friday in October, we had the second rehearsal. It was four days before the chorus contest. On the morning of the rehearsal, I remembered Ms. Oki's face and read the message card at home. After that, I put it into my *pocket and went to school. I remembered her message some times before playing the song. I was nervous at the second rehearsal too, but I [⑦] that I could do well. Then, I played well at the second rehearsal. I learned a lot from the first rehearsal, and that helped me play well at the second rehearsal. I learned how to improve *myself, and I was successful at the chorus contest, too. The day after the chorus contest, I visited Ms. Oki and talked about it. She said, "You really tried hard to do better. I'm glad to see your happy face now."

At first, the first rehearsal was just a bad experience for me, but I learned a lot from that experience. I learned that thinking about the reasons for mistakes is important. Doing that is sometimes not easy because when we make mistakes, we become sad and don't want to think about them. However, now I understand that doing so is important to improve myself.

(注) accompanist 伴奏者　enter ～ ～に入学する　musical score 楽譜
rehearsal リハーサル　concentrate on ～ing ～することに集中する　mistake 間違い
state 状態　successful 成功した　take out ～ ～を取り出す　pocket ポケット
myself 私自身を

(1) 下線部① (sing)・⑥ (sleep) を，文意から考えて，それぞれ正しい形にかえて１語で書け。
①(　　　) ⑥(　　　)

(2) 下線部②の［　　］内の(ア)～(カ)を，文意が通じるように正しく並べかえ，記号で書け。
(　　)→(　　)→(　　)→(　　)→(　　)→(　　)

(3) 次の英文を本文中に入れるとすればどこが最も適当か，本文中の【 A 】～【 D 】から１つ選べ。
(　　　)

I practiced them a lot.

(4) 次の英文は，下線部③について説明したものである。本文の内容から考えて，[i]・[ii] に入る最も適当なものを，[i] は下のⅠ群(ア)～(エ)から，[ii] はⅡ群(カ)～(ケ)からそれぞれ１つずつ選べ。Ⅰ群(　　　) Ⅱ群(　　　)

> Mika visited Ms. Oki and talked about the first rehearsal. Ms. Oki felt sorry that [i] at the rehearsal. Ms. Oki found Mika's problem and told Mika [ii].

Ⅰ群
(ア) Mika couldn't play the song well
(イ) Mika played the song without mistakes
(ウ) Mika didn't want to play the piano
(エ) Mika had to play the piano for her classmates

Ⅱ群
(カ) how our body will be when we relax
(キ) what happens to us when we get nervous
(ク) what we should not do after getting nervous
(ケ) why we get nervous and when we should relax

(5) [④]・[⑦] に入る語句の組み合わせとして最も適当なものを，次の(ア)～(エ)から１つ選べ。
( )

(ア) ④ someone ⑦ believed (イ) ④ someone ⑦ wasn't sure

(ウ) ④ something ⑦ believed (エ) ④ something ⑦ wasn't sure

(6) 下線部⑤が表す内容として最も適当なものを，次の(ア)～(エ)から１つ選べ。( )

(ア) 私のことを理解する人が周りにいれば，私はがんばれるということ。

(イ) 私ががんばっているときは，周りの人はそのことをわかってくれるということ。

(ウ) 私のことを理解するために，周りの人もがんばっているということ。

(エ) 私ががんばっているときは，周りにもそのようにしている人がいるということ。

(7) 次のできごとがあった曜日を英語１語で書け。( )

Mika's class had the chorus contest.

(8) 本文の内容に合うように，次の質問(a)・(b)に対する適当な答えを，下の〈条件〉にしたがい，それぞれ英語で書け。

(a) Were there many students who were watching Mika's class at the first rehearsal?
( )

(b) On the day of the second rehearsal, where did Mika read the message card?
( )

〈条件〉・(a)は**3**語で書くこと。
・(b)は**5**語で書くこと。

(9) 本文の内容と一致する英文として適当なものを，次の(ア)～(オ)から**すべて**選べ。( )

(ア) Mika visited her piano teacher Ms. Oki once a week during the summer vacation.

(イ) The day after the first rehearsal, Ms. Oki said Mika was nervous at the rehearsal, but Mika didn't agree.

(ウ) After Mika was given the message card from Ms. Oki, Mika always brought it with her.

(エ) Mika played well at the second rehearsal because of the things she learned from the first rehearsal.

(オ) On the day of the chorus contest, Ms. Oki said that she was glad to see Mika's happy face.

(10) 次の英文は，この作文（essay）を読んだ中学生の陸（Riku）と留学生のマーク（Mark）が交わしている会話の一部である。これを読んで，あとの問い(a)・(b)に答えよ。

Riku ： How was my speech at today's English lesson?

Mark ： I think it was good. You spoke English well.

Riku ： Thank you. But I made many mistakes. I hope I can speak [i] than this time when I make another speech in the future.

Mark ： Well, in Mika's essay, she told you how to make yourself [ii] at something.

Riku ： That's right. I learned a lot from her essay. She said that it is [iii] when we make mistakes. I'll do so to improve myself.

(a) [i]・[ii] に共通して入る最も適当な語を，本文中から１語で抜き出して書け。
(　　　)

(b) [iii] に入る適当な英語を，本文の内容にそって **5 語以上 8 語以内**で書け。
(　　　　　　　　　　　　　　　　　　　　　)

【リスニングの問題について】 放送中にメモをとってもよい。

4 それぞれの質問に対する答えとして最も適当なものを，次の(ア)～(エ)から１つずつ選べ。
(1)(　　) (2)(　　)

(1) (ア) Two cakes.　(イ) Three cakes.　(ウ) Four cakes.　(エ) Five cakes.

(2) (ア) Go to Momiji Station by subway, and then take another subway.
(イ) Go to Momiji Station by subway, and then take a bus.
(ウ) Go to Momiji Station by bus, and then take another bus.
(エ) Go to Momiji Station by bus, and then take the subway.

5 それぞれの質問に対する答えとして最も適当なものを，次の(ア)～(エ)から１つずつ選べ。
(1)(　　) (2)(　　)

(1) (ア) 午前８時　(イ) 午前８時 30 分　(ウ) 午前９時　(エ) 午前９時 30 分

(2) (ア) スギノ選手がイベントに来るのは，今回が初めてである。
(イ) 子どものチケットの料金は，大人の料金の半額である。
(ウ) かつてスギノ選手が使っていたサッカーボールを，手に入れることができる。
(エ) イベントの参加者は，イベント中に写真を撮ることはできない。

6 それぞれの会話のチャイム音のところに入る表現として最も適当なものを，下の(ア)～(エ)から１つずつ選べ。(1)(　　　) (2)(　　　)

(例題) A： Hi, I'm Hana.

B： Hi, I'm Jane.

A： Nice to meet you.

B： 〈チャイム音〉

(ア) I'm Yamada Hana. (イ) Nice to meet you, too. (ウ) Hello, Jane.

(エ) Goodbye, everyone.

(解答例) (イ)

(1) (ア) He is a science teacher. (イ) He isn't in any clubs. (ウ) He knows volleyball well.

(エ) He wants to be a math teacher.

(2) (ア) Sure, let's find a book written in Japanese.

(イ) Sure, it is interesting to choose a book in a library.

(ウ) Sure, I'll look for a good book for other students.

(エ) Sure, you can also take it home to try it.

〈放送原稿〉

2024 年度京都府公立高等学校前期選抜入学試験英語リスニングの問題を始めます。

これから，問題4・5・6を放送によって行います。問題用紙を見なさい。

それでは，問題4の説明をします。

問題4は(1)・(2)の 2 つがあります。それぞれ短い会話を放送します。次に，Question と言ってから英語で質問をします。それぞれの質問に対する答えは，問題用紙に書いてあります。最も適当なものを，(ア)・(イ)・(ウ)・(エ)から 1 つずつ選びなさい。会話と質問は 2 回放送します。

それでは，問題4を始めます。

(1) A： Look, Meg. This small cake looks delicious. I'll buy one cake. How about you?
B： It looks good, Nami. I'll buy one cake, too.
A： Oh, my family likes cake, so I'll buy two more cakes for them.
B： That's a good idea. I'll also buy four more cakes for my family.

Question：How many cakes will Meg buy?

もう一度放送します。〈会話・質問〉

(2) A： Excuse me. Could you tell me how to get to Wakaba Temple from this station?
B： Sure. First, take the subway and go to Momiji Station. From that station, take Bus Number 7 (seven). That bus goes to Wakaba Temple.
A： Thank you. Can I find the bus easily?
B： Yes, look for the green one.

Question：What should people do to go to Wakaba Temple from this station?

もう一度放送します。〈会話・質問〉

これで，問題4を終わります。

次に，問題5の説明をします。

これから，ガイドによるスポーツイベントの案内を放送します。つづいて，英語で 2 つの質問をします。それぞれの質問に対する答えは，問題用紙に日本語で書いてあります。最も適当なものを，(ア)・(イ)・(ウ)・(エ)から 1 つずつ選びなさい。案内と質問は 2 回放送します。

それでは，問題5を始めます。

Guide： Good morning, everyone. Welcome to Nagisa Park. Thank you for coming here today. We have a sport event for you. We will tell you the information about it. You can meet a soccer player. His name is Mr. Sugino. He has come to the event twice before. At the event, you can enjoy playing soccer with him. The event starts at nine a.m. It's eight a.m. now. You can buy a ticket from eight-thirty a.m. If you want to join the event, you have to buy a ticket. It is eight hundred yen for adults and four hundred yen for children. When you buy a ticket, you can get a new soccer ball as a present. Then, you can ask Mr. Sugino to write his name on the ball. Also, during the event, you can take pictures with him. If you have any questions, please ask our staff members. Thank you.

Question (1)：What time does the event start?

Question (2)：Which one is true about the event?

もう一度放送します。〈案内・質問〉

これで，問題5を終わります。

次に，問題6の説明をします。

問題6は(1)・(2)の２つがあります。それぞれ短い会話を放送します。それぞれの会話の，最後の応答の部分にあたるところで，次のチャイム音を鳴らします。〈チャイム音〉このチャイム音のところに入る表現は，問題用紙に書いてあります。最も適当なものを，(ア)・(イ)・(ウ)・(エ)から１つずつ選びなさい。

問題用紙の例題を見なさい。例題をやってみましょう。

（例題）　A：　Hi, I'm Hana.

B：　Hi, I'm Jane.

A：　Nice to meet you.

B：　〈チャイム音〉

正しい答えは(イ)の Nice to meet you, too.となります。ただし，これから行う問題の会話の部分は印刷されていません。

それでは，問題6を始めます。会話は２回放送します。

(1)　A：　Aya, what club are you in?

B：　I'm in the volleyball club. Mr. Wada teaches us.

A：　I see. Do you know what subject he teaches?

B：　〈チャイム音〉

もう一度放送します。〈会話〉

(2)　A：　Hello, Ms. Brown. I want to read an English book. Do you know a good one?

B：　Yes. How about this book? Many students like it.

A：　I want to read it if I can understand the English in the book. May I see it for a few minutes?

B：　〈チャイム音〉

もう一度放送します。〈会話〉

これで，リスニングの問題を終わります。

啓太　そうだね。「実だにあらば、花はなくてもありなんとはいはじ」という表現で本文はまとめられているけれど、「実さえあれば花はなくてもよいとはいえない」という意味だったね。実と花はそれぞれ順に［B］のことを指していることがわかるね。

真由　実と花を［B］の［C］として用いて、他の事物を引き合いに出して表現することで本文をまとめているんだね。

啓太　そう考えると、中国の古典が引用されている部分において、［D］は実に対応していると解釈できるね。

(一) 会話文中の［A］に入る最も適当な表現を、次の(ア)～(エ)から一つ選べ。（　）

(ア) 高祖に対して命令を受け入れないという意志を伝えた
(イ) 高祖に対して心を迷わせるような問いかけをした
(ウ) 人々に対して高祖を惑わせることを言ってはいけないと忠告した
(エ) 人々に対して高祖が皆の意見を受け入れる気がないことを知らせた

(二) 会話文中の［B］・［C］に入る適当な表現を、本文の内容を踏まえて、それぞれ**三字以内**で書け。B［　　　］　C［　　　］

(三) 会話文中の［D］に入る最も適当な表現を、次の(ア)～(エ)から一つ選べ。（　）

(ア) 周勃の態度　　(イ) 人々の発言
(ウ) 高祖の態度　　(エ) 人々の態度

3 次の文章は、「花月草紙」の一節である。注を参考にしてこれを読み、問い(1)～(4)に答えよ。

やまと歌は、人の心よりあめつち鬼神をも感ぜしむるなど a いふは、和歌の道にかぎることにはあらず。ただ一の誠もてこそ、b 大ぞらをもうごかしつべけれ。漢の高祖の太子うごかすべきわたくしの御心を、さまざまことわり尽して、人々諫むれどもうけがひ給はず。さるに周勃といふ人が、「口にはいひ得ねども、c よからぬ事としれればそのみことのりをばうけじ」といひし一言にて、さばかりの御心まどひもはれ給ひしとか。さればよし詞のはなをさかせたりとも、誠のつらぬくにあらざれば、えうなき事なり。まこともつらぬきて、詞の色もそなはりなば、いとど人の心をもうごかし、やはらぎつべければ、一やうに実だにあらば、花はなくてもありなんとはいはじ。

（「新譯花月草紙闕の秋風」より。一部表記の変更がある）

注

＊感ぜしむる…感動させる。
＊漢の高祖…中国の漢の初代皇帝。
＊太子うごかすべき…世継ぎを替えようとする。
＊わたくしの…自分勝手な。
＊うけがひ給はず…承知なさらなかった。
＊周勃…高祖の臣下。
＊心まどひ…心が迷うこと。
＊えうなき…役に立たない。
＊いとど…いっそう。

(1) 本文中の a いふはをすべて現代仮名遣いに直して、平仮名で書け。また、次の(ア)～(エ)のうち、波線部（～～）が現代仮名遣いで書いた場合と同じ書き表し方であるものを一つ選べ。［　　］（　　）

(ア) 祈りけるこそをかしけれ　(イ) 奥へぞ入りにける
(ウ) わが身ものぐるほしや　(エ) のたまひ明かす

(2) 本文中の b 大ぞらをもうごかしつべけれの解釈として最も適当なものを、次の(ア)～(エ)から一つ選べ。（　　）

(ア) 大空をも動かそうとは思わない
(イ) 大空をも動かすことができるのだろうか
(ウ) 大空をも動かさないといけない
(エ) 大空をも動かすことができるだろう

(3) 本文中の c よからぬ事とは、どのようなことを指しているのか、最も適当なものを、次の(ア)～(エ)から一つ選べ。（　　）

(ア) 高祖を諫めるような発言を人々がしたこと。
(イ) 高祖の世継ぎを人々が受け入れなかったこと。
(ウ) 高祖が世継ぎを変更しようとしていること。
(エ) 高祖を納得させる話を人々ができなかったこと。

(4) 次の会話文は、真由さんと啓太さんが本文を学習した後、本文について話し合ったものの一部である。これを読み、後の問い㊀～㊂に答えよ。

真由　本文では、和歌以外のことにおいても通じる、感動をもたらすものについて述べられていたね。
啓太　それが本文全体の大きなテーマになっているんだね。
真由　筆者は、中国の古典が引用されている部分を踏まえて、実と花の話につなげているよ。中国の古典が引用されている部分において、周勃は［ A ］ことが読み取れるね。

になっている。

(7)　桜さんのクラスでは、本文を学習した後、本文に関する発表を班ごとに行うことになった。次の会話文は、桜さんの班で話し合ったものの一部である。これを読み、後の問い㈠〜㈢に答えよ。

桜　本文では、相似と相異について述べられていたね。
真治　相異は［A］ものだと本文から読み取れるね。
佳奈　そうだね。本文中では「もともとからの関係」という言葉が複数回出てくるけれど、これは一つのものから分化発展したものの間に備わった、ある関係のことを指しているんだよね。
桜　うん。[6]段落の「われわれに備わった一つの本能」とは、「もともとからの関係」、つまり、一つのものから分化発展したものの間に備わった［B］することが容易にできる力だといえると本文から読み取れるよ。
佳奈　うん。その力が私たちに生まれつき備わっているのは、私たちも分化発展を経験してきたからだよね。
真治　なるほど。本文の理解をさらに深めるため、本やインターネットで情報を探すことにしようよ。

㈠　会話文中の［A］に入る最も適当な表現を、次の(ア)〜(エ)から一つ選べ。（　　）
(ア)　相似の中に含まれる
(イ)　相似の不足部分を埋める
(ウ)　相似があってこそ成立する
(エ)　相似と同時には存在できない

㈡　会話文中の［B］に入る適当な表現を、本文の内容を踏まえて、**十字以上、十五字以内**で書け。

㈢　本やインターネットで情報を探すときの一般的な注意点として**適当でないもの**を、次の(ア)〜(エ)から一つ選べ。（　　）
(ア)　本の中の情報を探すときは、目次や索引を利用して目的の情報が書かれている部分の見当をつけるとよい。
(イ)　本を用いて年度ごとの統計を調べるときは、国語辞典と歳時記の両方を利用するとよい。
(ウ)　インターネットで目的の情報のキーワードを入力して検索する際、検索の結果が多すぎるときは、キーワードを増やして絞り込むとよい。
(エ)　ウェブサイトから情報を得る際、目的の情報に関する複数の情報源を確認して正しいかどうかを判断するとよい。

ないこと。

(エ)　あるものに似た他のものが、この世界のどこかにかならず存在していること。

(2)　本文中の b起因しについて、本文では、なにはなにに起因していると述べられているか。最も適当なものを、次の(ア)～(エ)から一つ選べ。（　　）

(ア)　この世界がいろいろなもので構成されていることは、この世界のものがそれぞれ偶然の結果発生したという過程をもつこと。

(イ)　この世界がいろいろなもので構成されていることは、単数的存在と複数的存在がなんらかの関係で結びついていたこと。

(ウ)　この世界のものが複数的存在で構成されていることは、この世界のものはもとは一つのものから分かれていったこと。

(エ)　この世界のものが複数的存在で構成されていることは、一つのものに占有されたある空間を他のものが占有できないこと。

(3)　本文中の cにの品詞として最も適当なものを、次のⅠ群(ア)～(エ)から一つ選べ。また、cにと同じ意味・用法でにが用いられているものを、後のⅡ群(カ)～(ケ)から一つ選べ。Ⅰ（　　）Ⅱ（　　）

Ⅰ群　(ア)　副詞　(イ)　形容動詞　(ウ)　助動詞　(エ)　助詞

Ⅱ群　(カ)　向かい風が吹いていたのに、走り幅跳びで新記録が出た。

(キ)　着替えが終わったら、運動場に集合しよう。

(ク)　寒い日が続いているけれど、元気に過ごしている。

(ケ)　ゆっくり作業を進めているので、まだ完成しそうにない。

(4)　本文中の□には、□の前に述べられていることと、後に述べられていることとの間で、どのような働きをする語が入るか。最も適当なものを、次のⅠ群(ア)～(エ)から一つ選べ。また、本文中の□に入る語として最も適当なものを、後のⅡ群(カ)～(ケ)から一つ選べ。

Ⅰ（　　）Ⅱ（　　）

Ⅰ群　(ア)　後に述べられていることが、前に述べられていることの付け加えであることを表す働きをする語。

(イ)　後に述べられていることが、前に述べられていることとは逆の内容であることを表す働きをする語。

(ウ)　後に述べられていることが、前に述べられていることの対比であることを表す働きをする語。

(エ)　後に述べられていることが、前に述べられていることとは別の話題であることを表す働きをする語。

Ⅱ群　(カ)　または　(キ)　そして　(ク)　ところで　(ケ)　ところが

(5)　本文中の d根テイの片仮名の部分を**漢字**に直し、**楷書**で書け。

（根　　）

(6)　本文の構成を説明した文として最も適当なものを、次の(ア)～(エ)から一つ選べ。（　　）

(ア)　1段落で筆者の考えを示し、2段落で別の角度から考えを述べ、3・4段落で考察を加え、5・6段落で主張を述べるという構成になっている。

(イ)　1段落で問題提起し、2段落で新たな展望を示し、3・4段落で主張を述べ、5・6段落で具体例を挙げて補足するという構成になっている。

(ウ)　1段落で話題を提示し、2段落で述べた一般論を3・4段落で批判し、5・6段落で筆者の考えを述べるという構成になっている。

(エ)　1段落で主張を述べ、2段落で根拠を示し、3・4段落で筆者の経験を踏まえて補足し、5・6段落で再度主張を述べるという構成

も、未だ識別という結果の現(あら)われぬ、識別以前の状態にさかのぼって、われわれが直接ものを認めるという立場を考えてみると、それは鏡 c <u>に</u>ものの映るような無意味な、機械的なものではなくて、われわれがものを認めるということは、つまりわれわれが、この世界を構成しているものの間に備わった、このもともとからの関係において、それらのものを認めていることだと私は思う。いい換えるならばわれわれはつねに、相似たところも相異なるところも、同時に認めているのである。

6 私は哲学者でもないくせに、認識論*に立ち入るつもりはないのだから、われわれがものを認めるというこの子供にでも可能なことに対して、ここで私が認識という言葉を使ったからといって、深く咎(とが)めないでほしいのである。何故(なぜ)それなら知覚というような言葉を用いずにあえて認識という言葉を用いるのかといえば、それは私の気持ちの問題である。世界観はいかに素朴であっても、それは認識という言葉をもって一貫されるべきものと考えるからである。［　］私のここで意味するような素朴な認識というのがかくのごとく、ものとものとを比較し、その上で判断するというような過程を踏まなくても、いわば直観的にものをその関係において把握するということであるとすれば、ものが互いに似ているとか異なっているとかいうことのわかるのは、われわれの認識そのものに本来備わった一種の先験*的な性質である、といいたいのである。そして、それというのもこの世界を成り立たせているいろいろなものが、もとは一つのものから分化発展したものであるというところに、深い d <u>根テイ</u>があるのであって、それはすなわちこのわれわれさえが、けっして今日のわれわれとして突発したものでもなく、また他の世界からやって来た、その意味でこの世界とは異質な存在でもなくて、われわれ自身もまた身をもってこの世界の分化発展を経験してきたものであればこそ、こうした性質がいつのまにかわれわれにまで備わるようになった。世界を成り立たせているいろいろなものが、われわれにとって異質なものでないというばかりでなくて、それらのものの生成とともに、われわれもまた生成していった。そう考えればそれらのものの間に備わったもともとからの関係を、われわれがなんの造作もなく認識しうるということは、むしろわれわれ自身に備わった遺伝的な素質であり、むずかしいことをいいたくなければ、われわれに備わった一つの本能であるといっても、まちがってはいないであろうと思う。

（今西錦司(いまにしきんじ)「今西錦司　生物レベルでの思考」より）

注

＊さきに…本文より前の部分。本文は文章の途中から引用している。

＊しからば…そうであるならば。

＊どうせどこかもっと適切なところで…本文より後の文章で、本文で論じた内容について再び言及し、考察を深めている箇所がある。

＊認識論…認識の起源・構造・妥当性・限界などを論じる学問。

＊先験的…経験に先立ち、経験から得られたのではない生まれつきのものであるさま。

(1) 本文中の a <u>愉快なこと</u>について、本文では、どのようなことが愉快だと述べられているか。最も適当なものを、次の(ア)～(エ)から一つ選べ。（　　）

(ア) 他と異なったものが生じる原因が、世界じゅうのものを見れば判明すること。

(イ) 他と切り離された特異なものばかりが、世界じゅうで見つかること。

(ウ) 他とどこか似た部分をもつものが、この世界のどこにも見当たら

2 次の文章を読み、問い(1)～(7)に答えよ。（1～6は、各段落の番号を示したものである。）

1 *さきにわれわれの世界はじつにいろいろなものから成り立っているといったが、それはわれわれがいろいろなものを識別しえているからこそいえることなのである。しかしいろいろなものといったが、この世界には結局厳密に同じものは二つとはないはずである。一つのものによって占有されたその同じ空間を、他のいかなるものといえども絶対に占有できないものである以上、空間の分割はものの存在を規定するとともに、またもってそれがものの相異を生ぜしめている根本的原因であるともいえるであろう。

2 このように相異ということばかりを見て行けば、世界じゅうのものはついにみな、異なったものばかりということになるが、それにもかかわらずこの世界には、それに似たものがどこにも見当たらない、すなわちそれ一つだけが全然他とは切り離された、特異な存在であるというようなものが、けっして存在していないということは、たいへんa愉快なことでなかろうか。もしも世界を成り立たせているものが、どれもこれも似ても似つかぬ特異なものばかりであったならば、世界は構造を持たなかったかもしれぬ。あるいは構造はあってもわれわれの理解しえないものであったかもしれない。それよりもそんなにすべてのものが異なっていたら、もはや異なるという意味さえなくなってしまっただろう。異なるということは似ているということがあってはじめてその意味を持つものと考えられるからである。似ているものがあってこそ異なるものが区別されるのであり、似ているところがあってこそ異なるところが明らかにされるのである。

3 *しからばこの世界はいろいろなものから成り立っているといっても、そのいろいろなものというのが、お互いに絶対孤立の単数的存在でなくて、この広い世界のどこかには、かならずそれに似たものが見いだされるという複数的存在であることは、いったいなににb起因し、またなにを意味しているであろうか。この問題についてはどう*せどこかもっと適切なところで詳しく論ずるつもりであるが、ただわれわれはこのような事実、すなわち世界を構成しているものの複数的存在という事実を前にして、この複数的存在の内容となっているところの似たもの同士が、お互いに全然無関係に発生した、偶然の結果であるというようにはどうしても考えられないのであるからして、この点から見ればわれわれは、世界がその生成発展の過程において、お互いになんらかの関係で結ばれた相異なるものに分かれていったといいうるのと同じように、世界はその生成発展の過程において、お互いになんらかの関係で結ばれた相似たものに分かれていったともいいうるのである。

4 すると相似と相異ということは、もとは一つのものから分かれたものの間に、もともとから備わった一つの関係であって、子は親に似ているといえばどこまでも似ているけれども、また異なっているといえばどこまでも異なっているといえるように、そういったものの間の関係は、似ているのも当然だし、異なっているのもまた当然だということになる。そしてこの世界を構成しているすべてのものが、もとは一つのものから分化発展したものであるというのであれば、それらのものの間には、当然またこの関係が成り立っていなければならないと思う。

5 だからはじめにもどって、われわれの世界がいろいろなものから成り立っているというのは、われわれがいろいろなものを識別しうるからだといったが、識別というような言葉を用いるから、なんだかわれわれが相異ばかりに注意しているような印象を与えるけれど

(6)　本文に書かれている内容と一致している文として適当なものを、次の(ア)～(オ)から**二つ**選べ。(　　)

(ア)　科学は有用な知識を蓄積してきたため、すべての問題は解決できるようになったと現在の科学者たちは考えている。

(イ)　科学といわれるものは、人間の多様な活動の中のある部分が、ある方向に発展してきたことによって成立した。

(ウ)　科学に対する明確な定義づけが難しいのは、大多数の人が漠然とした科学の限界を予想しているからである。

(エ)　事実を抽象化していく過程で抜け落ちてしまうものが、科学的知識を豊富にさせ、科学の正確さを生み出した。

(オ)　科学が哲学や宗教に置き換わることはできないが、それらに大きな影響を与えることはあると考えられる。

(7)　次の会話文は、亜実さんと修一さんが本文を学習した後、本文について話し合ったものの一部である。これを読み、後の問い㊀～㊂に答えよ。

亜実　本文では、「科学には限界があるかどうか」ということについて言及されていたね。

修一　そうだね。[A]についてはどこまでも拡大していくことが予測され、限界を見出すことができない可能性があると述べられていたね。

亜実　うん。でも科学にはできないこともあるんだよね。できないこともあるけれど、「多くの大切なもの」と本文で表現されている、個人的体験に内包されている[B]ことを反省することで、人類の進歩に科学はますます寄与することができるとも述べられていたね。

修一　だからこそ科学の限界と呼ぶべきその宿命が、[C]になる可能性があるんだね。

㊀　会話文中の[A]に入る最も適当な表現を、本文中から**十字**で抜き出して書け。

㊁　会話文中の[B]に入る適当な表現を、本文の内容を踏まえて、**二十五字以上、三十五字以内**で書け。

㊂　会話文中の[C]に入る最も適当な表現を、本文中から**十六字**で抜き出し、**初めと終わりの三字**を書け。　～

によって捕えられないところにしか見出されないであろう。

　一言にしていえば、私どもの体験には必ず他と比較したり、客観化したりすることのできないある絶対的なものが含まれている。人間の自覚ということ自体がその最も著しい例である。哲学や宗教の根がここにある以上、*上記のごとき意味における科学が完全にそれらに取って代る(かわ)ことは不可能であろう。科学の適用される領域はいくらでも広がってゆくであろう。このいわば*遠心的な方面には恐らく限界を見出し得ないかも知れない。それは哲学や宗教にも著しい影響を及ぼすでもあろう。しかし、科学が自己発展を続けてゆくためには、その出発点において、またその途中において、故意に、もしくは気がつかずに、多くの大切なものを見のがすほかなかったのである。このような科学の宿命をその限界と呼ぶべきであるならば、それは科学の弱点であるよりもむしろ長所でもあるかも知れない。なぜかといえば、この点を反省することによって、科学は人間の他の諸活動と相補いつつ、人類の全面的な進歩向上に、より一層大きなe貢献をなし得ることになるからである。

（湯川秀樹(ゆかわひでき)「湯川秀樹自選集　第一巻　学問と人生」より）

注

*厖大…広がって大きくなるさま。

*背馳…背き離れること。

*定立…ある判断や主張を法則として定めること。

*如何とも…どうにも。

*上記…前に記してあること。

*遠心的…中心から遠ざかるさま。

(1) 本文中のa しばしば受けるは、二つの文節に区切ることができる。この文節どうしの関係として最も適当なものを、次の(ア)～(エ)から一つ選べ。（　　）

(ア) 修飾・被修飾の関係　(イ) 補助の関係

(ウ) 主・述の関係　(エ) 並立の関係

(2) 本文中のb 見るの活用の種類として最も適当なものを、次のⅠ群(ア)～(ウ)から一つ選べ。また、b 見ると同じ活用の種類である動詞を、後のⅡ群(カ)～(サ)からすべて選べ。Ⅰ（　　）Ⅱ（　　）

Ⅰ群　(ア) 五段活用　(イ) 上一段活用　(ウ) 下一段活用

Ⅱ群　(カ) 座る　(キ) 詰める　(ク) 借りる

(ケ) 徹する　(コ) 報いる　(サ) 結わえる

(3) 本文中の［　］に入る最も適当な表現を、次の(ア)～(エ)から一つ選べ。（　　）

(ア) 具体性を帯びた内容へと焦点化される

(イ) 一人の人の個人的体験であると確認される

(ウ) 自己の体験が自分の中だけで忠実に再現される

(エ) 広い意味での事実にまで客観化される

(4) 本文中のc 伴ってとe 貢献の漢字の部分の読みをそれぞれ**平仮名**で書け。c（　　って）e（　　）

(5) 本文中のd 貴重の熟語の構成を説明したものとして最も適当なものを、次のⅠ群(ア)～(エ)から一つ選べ。また、d 貴重と同じ構成の熟語を、後のⅡ群(カ)～(ケ)から一つ選べ。Ⅰ（　　）Ⅱ（　　）

Ⅰ群　(ア) 上の漢字と下の漢字が似た意味を持っている。

(イ) 上の漢字と下の漢字の意味が対になっている。

(ウ) 上の漢字が下の漢字を修飾している。

(エ) 下の漢字が上の漢字の目的や対象を表している。

Ⅱ群　(カ) 辛勝　(キ) 抜群　(ク) 郷里　(ケ) 出没

国語

時間　五〇分
満点　五〇点

(注)　字数制限がある場合は、句読点や符号なども一字に数えなさい。

1　次の文章を読み、問い(1)～(7)に答えよ。

「科学には限界があるかどうか」という質問をaしばしば受ける。科学が自分自身の方法にしたがって確実なそして有用な知識を絶え間なく増加し、人類のために*厖大かつ永続的な共有財産を蓄積しつつあるのをb見ると、科学によってすべての問題が解決される可能性を、将来に期待してもよさそうに思われる。しかしまたその反面において人間のさまざまな活動の中のある部分が、ある方向に発展していった結果として、今日科学といわれるものができ上がったこと、したがってつねに科学と多かれ少なかれ独立する他の種類の他の方向に向っての人間活動が存在し、それらと科学とがある場合には提携し、ある場合には*背馳しつつ発展するものであること、現在の科学者にとってまだ多くの未知の領域が残っていることなどを考慮すると、素朴な科学万能論を信ずることはできないのである。

大多数の人は、恐らく何等かの意味において漠然とした科学の限界を予想しているに違いないのであるが、この問題に多少なりとも具体的な解答を与えようとすると、まず科学に対するはっきりした定義を与えることが必要になってくる。ところがそれは決して容易でなく、どんな定義に対してもいろいろな異論が起り得るのである。しかし科学の本質的な部分が事実の確認と、諸事実の間の関連を表わす法則の*定立にあることだけは何人も認めるであろう。事実とは何か、法則とは何かという段になると、また意見の違いを生ずるであろう。しかしいずれにしても、とにかく事実という以上は一人の人の個人的体験であるに止まらず、同時に他の人々の感覚によっても捕え得るという意味における客観性を持たねばならぬ。したがって自分だけにしか見えない夢や幻覚などは、一応「事実」でないとして除外されるであろう。もっとも心理学などにとっては、夢や幻覚でも研究対象となり得るが、その場合にもやはり、体験内容が言葉その他の方法で表現ないし記録されることによって、□ことが必要であろう。この辺までくると、科学と文学との境目は、もはやはっきりとはきめられない。自己の体験の忠実な表現は、むしろ文学の本領だともいえるであろう。

それが科学の対象として価値を持ち得るためには、体験の中から引出され客観化された多くの事実を相互に比較することによって、共通性ないし差違が見出され、法則の定立にまで発展する可能性がなければならぬ。赤とか青とかいう私の感じは、そのままでは他の人の感じと比較しようがない。物理学の発達にc伴って、色の感じの違いが、光の波長の違いにまで抽象化され客観化されることによって、はじめて色や光に関する一般的な法則が把握されることになるのである。その反面においてしかし、私自身にとって最も生き生きした体験の内容であった赤とか青とかいう色の感じそのものは、この抽象化の過程の途中で脱落してしまうことを免れないのである。科学的知識がますます豊富となり、正確となってゆく代償として、私どもにとって別の意味で極めてd貴重なものが、随分たくさん科学の網目からもれてゆくのを*如何ともできないのである。科学が進歩するにしたがって、芸術の種類や形態にも著しい変化が起るであろう。しかし芸術的価値の本質は、つねに科学の網

2024年度／解答

数学

1 【解き方】(1) 与式 $= -27 + 16 \times \frac{9}{8} = -27 + 18 = -9$

(2) 与式 $= \frac{2(2x-6)-(x-7)}{2} = \frac{4x-12-x+7}{2} = \frac{3x-5}{2}$

(3) 与式 $= \frac{2x^3y^3 \times 25}{5 \times 2y \times xy^2} = 5x^2$

(4) $x = 2$ のとき，$y = \frac{16}{2} = 8$　$x = 4$ のとき，$y = \frac{16}{4} = 4$　よって，変化の割合は，$\frac{4-8}{4-2} = -2$

(5) a を移項して，$-6c = -a + 8b$　両辺を -6 で割って，$c = \frac{a-8b}{6}$

(6) $\sqrt{121} < \sqrt{125} < \sqrt{144}$ より，$11 < \sqrt{125} < 12$　よって，整数部分の値は，11。

(7) 両辺を2で割って，$x^2 - 9x + 6 = 0$　解の公式より，$x = \frac{-(-9) \pm \sqrt{(-9)^2 - 4 \times 1 \times 6}}{2 \times 1} = \frac{9 \pm \sqrt{57}}{2}$

(8) 曲面の部分の面積は，$4\pi \times 4^2 \times \frac{1}{2} = 32\pi\,(\text{cm}^2)$　平面の部分の面積は，$\pi \times 4^2 = 16\pi\,(\text{cm}^2)$　よって，表面積は，$32\pi + 16\pi = 48\pi\,(\text{cm}^2)$

(9) 13回以上16回未満の階級の相対度数は，$0.04 - 0.04 = 0$ だから，$\text{X} = 25 \times 0 = 0$　よって，$\text{Y} = 25 - (1 + 0 + 2 + 4 + 3 + 5 + 2 + 1) = 7$　28回以上31回未満の階級の相対度数は，$7 \div 25 = 0.28$ だから，$\text{Z} = 0.60 + 0.28 = 0.88$

【答】 (1) -9　(2) $\frac{3x-5}{2}$　(3) $5x^2$　(4) -2　(5) $c = \frac{a-8b}{6}$　(6) 11　(7) $x = \frac{9 \pm \sqrt{57}}{2}$　(8) $48\pi\,(\text{cm}^2)$

(9) X. 0　Y. 7　Z. 0.88

2 【解き方】(1) 硬貨の表裏の出方は全部で，$2 \times 2 \times 2 \times 2 = 16$（通り）　50円硬貨は2枚とも表か，どちらか一方だけが表となる場合の3通りだから，求める確率は，$\frac{3}{16}$。

(2) 250円以上になるのは(1)の3通り。100円未満になるのは，100円硬貨が2枚とも裏で，50円硬貨が少なくとも1枚は裏となる場合の3通りだから，100円以上250円未満になるのは，$16 - 3 \times 2 = 10$（通り）　よって，求める確率は，$\frac{10}{16} = \frac{5}{8}$

【答】 (1) $\frac{3}{16}$　(2) $\frac{5}{8}$

3 【解き方】(1) 直線OAの式は，$y = -\frac{3}{2}x$　これに，$x = -6$ を代入すると，$y = -\frac{3}{2} \times (-6) = 9$ だから，A $(-6,\ 9)$　$y = ax^2$ に，点Aの座標を代入して，$9 = a \times (-6)^2$ より，$a = \frac{1}{4}$

(2) $y = \frac{1}{4}x^2$ に，$x = 8$ を代入すると，$y = \frac{1}{4} \times 8^2 = 16$ だから，B $(8,\ 16)$　直線ABは傾きが，$\frac{16-9}{8-(-6)} = \frac{1}{2}$ だから，式を $y = \frac{1}{2}x + b$ とおいて，点Bの座標を代入すると，$16 = \frac{1}{2} \times 8 + b$ より，$b = 12$　よって，$y = \frac{1}{2}x + 12$

(3) 直線ABに平行で点Oを通る直線の式は $y = \frac{1}{2}x$……①で，この直線上に点Cをとると，△AOB＝△ACB　また，点Aを通り，傾きが$-\frac{5}{6}$である直線の式を$y = -\frac{5}{6}x + c$とおく。点Aの座標を代入すると，$9 = -\frac{5}{6} \times (-6) + c$より，$c = 4$　よって，$y = -\frac{5}{6}x + 4$……②　①と②を連立方程式として解くと，$x = 3$，$y = \frac{3}{2}$　よって，$C\left(3,\ \frac{3}{2}\right)$

【答】 (1) $\frac{1}{4}$　(2) $y = \frac{1}{2}x + 12$　(3) $\left(3,\ \frac{3}{2}\right)$

4 **【解き方】** (2) $BD = x$ cmとすると，$AD = CD = 7 - x$ (cm)なので，△ABDにおいて三平方の定理より，$x^2 + (7 - x)^2 = 5^2$　左辺を展開して整理すると，$2x^2 - 14x + 24 = 0$より，$x^2 - 7x + 12 = 0$となるから，$(x - 3)(x - 4) = 0$　よって，$x = 3, 4$　BD＜CDより，$x = 3$　したがって，$AD = 7 - 3 = 4$ (cm)　また，AB＝BFより，△BAFは二等辺三角形であるから，∠BFA＝∠BAF　よって，∠FBC＝∠BFA－∠FCB＝∠BAF－∠DAC＝∠BAD　したがって，△BDGと△ADBにおいて，∠GBD＝∠BAD，∠BDG＝∠ADBより，2組の角がそれぞれ等しいので，△BDG∽△ADB　よって，GD：BD＝BD：ADより，GD：3＝3：4であるから，$GD = \frac{9}{4}$　△ABD≡△CEDより，ED＝BD＝3cmであるから，$EG = 3 - \frac{9}{4} = \frac{3}{4}$ (cm)

【答】 (1) △ABDと△CEDで，仮定より，∠ADB＝∠CDE＝90°……①　AB＝CE……②　また，∠ADC＝90°，∠ACB＝45°だから，∠DAC＝180°－(∠ADC＋∠ACB)＝45°　∠DAC＝∠DCAより，△DCAは二等辺三角形であるから，AD＝CD……③　①，②，③から，直角三角形の斜辺と他の1辺がそれぞれ等しいので，△ABD≡△CED

(2) (BD＝) 3 (cm)　(EG)＝$\frac{3}{4}$ (cm)

5 **【解き方】** (1) 右図1のように，点A，Dから辺BCにそれぞれ垂線AI，DJをひくと，長方形BCGFを底面としたときの高さは，AIである。IJ＝AD＝8cmで，四角形ABCDは等脚台形より，$BI = CJ = (16 - 8) \div 2 = 4$ (cm)　よって，AB：BI＝8：4＝2：1と∠AIB＝90°より，△ABIは30°，60°の直角三角形だから，$AI = \sqrt{3}BI = 4\sqrt{3}$ (cm)

図1

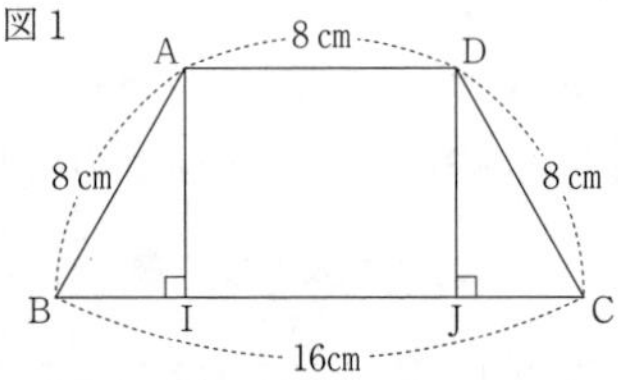

(2) 右図2のように，水面と辺AB，DCとの交点をそれぞれK，Lとし，点K，Lから辺BCにそれぞれ垂線KM，LNをひくと，△KBMは30°，60°の直角三角形だから，$BM = CN = \frac{1}{\sqrt{3}}KM = 3$ (cm)　よって，$KL = 16 - 3 \times 2 = 10$ (cm)　したがって，台形KBCLの面積は，$\frac{1}{2} \times (10 + 16) \times 3\sqrt{3} = 39\sqrt{3}$ (cm^2)であるから，容器に入っている水の体積は，$39\sqrt{3} \times 4 = 156\sqrt{3}$ (cm^3)

図2

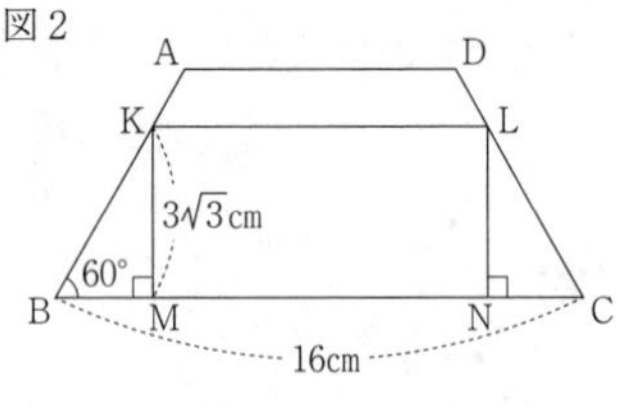

(3) 右図3のように，点Aを通り辺CDに平行な直線と辺BCとの交点をP，辺ABの延長と辺CDの延長との交点をQとする。AP∥DCより，∠BPA＝∠BCD＝∠CBA＝60°だから，△BPA，△BCQはともに正三角形となる。図2で，台形$AKLD = \frac{1}{2} \times (8 + 10) \times (4\sqrt{3}$ －

図3

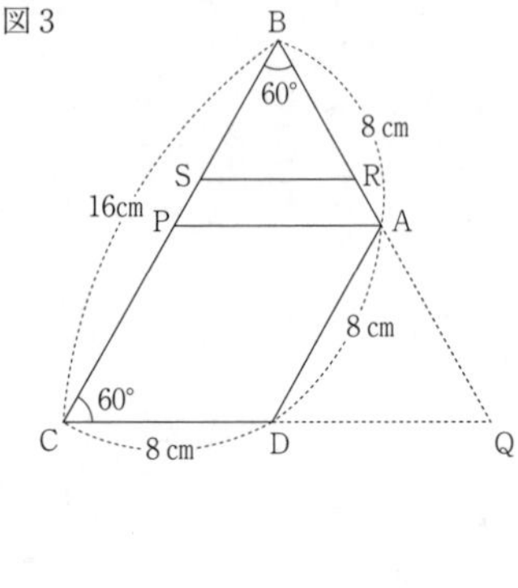

$3\sqrt{3}) = 9\sqrt{3}$ (cm^2) 図3で，$\triangle BPA = \frac{1}{2} \times 8 \times \left(8 \times \frac{\sqrt{3}}{2}\right) = 16\sqrt{3}$ (cm^2)だから，$16\sqrt{3} > 9\sqrt{3}$ より，水面は線分 AP よりも上にある。水面と辺 BA，BC との交点をそれぞれ R，S とすると，$\triangle BSR \backsim \triangle BPA \backsim \triangle BCQ$ ここで，$\triangle BSR$ の 1 辺を x cm とすると，$\frac{1}{2} \times x \times \frac{\sqrt{3}}{2}x = 9\sqrt{3}$ が成り立つから，$\frac{\sqrt{3}}{4}x^2 = 9\sqrt{3}$ より，$x^2 = 36$ よって，$x > 0$ より $x = 6$ したがって，$\triangle BSR$ と $\triangle BCQ$ の相似比は，BS : BC = 6 : 16 = 3 : 8 $\triangle BCQ$ の高さは，$16 \times \frac{\sqrt{3}}{2} = 8\sqrt{3}$ (cm)より，水面の高さは，$8\sqrt{3} \times \frac{8-3}{8} = 5\sqrt{3}$ (cm)

【答】 (1) $4\sqrt{3}$ (cm) (2) $156\sqrt{3}$ (cm^3) (3) $5\sqrt{3}$ (cm)

6 **【解き方】** (1) 5 音ごとに同じ音をくり返すので，5 音を 1 組とすると，$20 \div 5 = 4$ より，20 音目は 5 音目と同じソである。また，5 音ごとにトーンホール C を 4 回閉じ，それを 4 回くり返すので，閉じた回数は全部で，$4 \times 4 = 16$ (回)

(2) $113 \div 5 = 22$ あまり 3 より，5 音の組を 22 回くり返し，さらにド，レ，ミの 3 音を吹いた。よって，トーンホール A を閉じた回数は，$4 \times 22 + 3 = 91$ (回) また，トーンホール D を閉じた回数は，$1 \times 22 + 1 = 23$ (回)

(3) $5n^2 + 5n - 7 = 5(n^2 + n - 2) + 3$ より，5 音の組を $(n^2 + n - 2)$ 回くり返し，さらにド，レ，ミの 3 音を吹いた。よって，トーンホール A を閉じた回数は，$4(n^2 + n - 2) + 3 = 4n^2 + 4n - 5$ (回) トーンホール B を閉じた回数は，$3(n^2 + n - 2) + 3 = 3n^2 + 3n - 3$ (回) したがって，$(4n^2 + 4n - 5) - (3n^2 + 3n - 3) = 1258$ より，$n^2 + n - 1260 = 0$ 左辺を因数分解して，$(n + 36)(n - 35) = 0$ よって，$n = -36$，35 $n > 0$ より，$n = 35$

【答】 (1) (オ)，16 (回) (2) (トーンホール A) 91 (回) (トーンホール D) 23 (回) (3) 35

英　語

1 **【解き方】** (1) 客の I like blue.という返答に着目する。「あなたは青色と黄色のどちらが好きですか？」などの疑問文が入る。「あなたは A と B ではどちらが好きですか？」= Which do you like〔better〕, A or B?。

(2) (a) 机やベッドから，自室と思われる部屋を掃除している絵に着目する。「自分の部屋を掃除する」= clean my room。(b) 雨が降っている絵に着目する。「雨が降るだろう」= it will be rainy。または，it will rain。

【答】（例）(1) Which do you like　(2) (a) clean my room　(b) it will be rainy

◀全訳▶　(2)

和樹　：こんにちは，アリス。明日あなたは暇ですか？

アリス：私は午前中に自分の部屋を掃除しなければなりませんが，午後は暇です。

和樹　：わかりました。私はみなみ動物園に行くつもりです。そこにいっしょに行きませんか？

アリス：それはいいアイデアですね。

和樹　：ああ，明日は雨が降ると思うので，私たちは傘が必要でしょう。

アリス：わかりました。ありがとう。

2 **【解き方】** (1) ①は「～として」，④は such as ～で「～のような」という意味。

(2) 空欄を含む文の do so（そうする）は直前の文の「外国人の手助けをする」を指している。グラフ 1 の中で「常に手助けをしたいと思う」は約 8 パーセント。

(3) 直後にあるリリーの「グラフ 2 の約 28 パーセントのことを言っているのですか？」というせりふに着目する。真紀は「手助けをしたくても対応方法がわからないから」という理由について話した。「『何をするべきかわからなかった』ので，私は手助けができなかった」となる。

(4) (ア) リリーの最初のせりふを見る。リリーは博物館がさくら駅の近くだと言っている。(イ) 真紀の 2 番目のせりふを見る。真紀が中国語を話す女性と出会ったのはさくら駅。(ウ)「日本での初日に，男性が通りで話しかけてくれたのでリリーは安心した」。リリーの最後のせりふを見る。内容と一致する。(エ)「外国人が日本人と話すときには簡単な言葉を使ってほしい」と真紀が言っている場面はない。

【答】 (1) as　(2) (イ)　(3) (ア)　(4) (ウ)

◀全訳▶

真紀　：あなたは昨日，さくら博物館を楽しみましたか？

リリー：はい。あなたといっしょにそこに行って私はうれしかったです。その博物館はさくら駅の近くにあったので，そこに行くのは簡単でした。

真紀　：その通りですね。ああ，私がさくら博物館へ行く前に，さくら駅で 1 人の女性が中国語で私に話しかけました。彼女は旅行者として 1 人で日本に来たのだと思います。彼女は私に何か尋ねたのですが，私は中国語がよく理解できなかったので何も言うことができませんでした。

リリー：なるほど。もし私たちがその言語を知らなければ，私たちにとって手助けすることは難しいかもしれません。

真紀　：その通りです。昨夜，私はウェブサイトでいくつかのグラフを見つけました。グラフ 1 を見てください。そのグラフは道に迷っている外国人に会ったとき，日本人は何をするかを示しています。

リリー：見せてください。合計で，65 パーセント以上の人が外国人の手助けをしたいと言っています。また，約 8 パーセントの人は常にそうしたいと言っています。しかし，合計で，約 20 パーセントの人は外国人を手助けするのを好まない，あるいは手助けをしたくないと言っています。なぜ約 20 パーセントの人がそのように答えたのですか？

真紀　：私たちはグラフ 2 でその理由を見ることができます。それを見てください。

リリー：ええと，私はこの理由に同意できます。それはグラフ 2 で最も高い割合です。

真紀　：さくら駅で女性が私に話しかけてきたとき，私は同じことを感じました。また，私は別の理由にも同意できます。私は通りで手助けを必要としていた外国人に会ったことがあります。けれども，何をするべきかわからなかったので，私は手助けができませんでした。

リリー：グラフ2の約28パーセントのことを言っているのですか？

真紀　：その通りです。その状況で私たちは何をするべきなのでしょう？

リリー：ええと，私にアイデアがあります。日本での初日に，私が通りで道に迷っていると，1人の日本人男性が私に何か言いました。私は彼が日本語で何を言っているのか理解できませんでしたが，彼が私の手助けをしようとしていることがわかりました。それは私を安心させてくれました。だから「こんにちは」や「大丈夫ですか」のような簡単な言葉を言うことは外国人の手助けをするための1つの方法だと思います。

真紀　：なるほど。私たちにとって外国人に何か言うのは難しいかもしれないと思いますが，もし他の人が彼らに話しかけたら彼らはきっと安心すると思います。私は他人に手を差しのべる人になりたいと思います。

3 **【解き方】** (1) ①「有名な歌手によって歌われた曲」。過去分詞の後置修飾。sing の過去分詞は sung。⑥ 時制が過去の文。sleep の過去形は slept。

(2)「私は誰か私を教える人が必要だとも思った」。「誰か私を教える人」= someone to teach me。I also thought I needed someone to teach me となる。

(3)「私はそれらをたくさん練習しました」という文。曲の中で上手に演奏できない箇所が少しあることに実花が気づいた場面の直後Dに入る。them は a few difficult parts I couldn't play well を指す。

(4) (Ⅰ群) 第4段落の1・2文目を見る。オキ先生は実花がリハーサルで上手に曲を演奏できなかったと聞いて残念に思った。(Ⅱ群) 第4段落の中ほどでオキ先生は「緊張すると，私たちは違った状態になり，ふだんできることができなくなることがあります」と述べている。what happens to us when we get nervous =「緊張するときに私たちに何が起こるか」。

(5) ④「あなたがリラックスするのを助けてくれる『何か』を持つのもよい方法です」。⑦「私は上手にできると『信じていました』」。

(6) 直後に「自分が熱心にがんばっているとき，周りの人はそのことをわかってくれることに私は気づきました」と，one thing の具体的な内容が述べられている。

(7) 第6段落の1・2文目を見る。金曜日のリハーサルが合唱コンテストの4日前だったので，合唱コンテストが行われたのは火曜日。

(8) (a) 質問は「最初のリハーサルで，実花のクラスを見ている生徒はたくさんいましたか？」。第3段落の2文目を見る。Yes で答える。(b) 質問は「2回目のリハーサルの日，実花はどこでメッセージカードを読みましたか？」。第6段落の3文目を見る。実花は家でメッセージカードを読んだ。

(9) (ア) 第2段落の4文目を見る。夏休み中，実花は毎週水曜日と土曜日にオキ先生を訪ねた。(イ) 第4段落の6・7文目を見る。オキ先生の「あなたは緊張したのですね？」という言葉に対して，実花は「はい」と答えた。(ウ)「オキ先生からメッセージカードをもらったあと，実花はいつもそれを持ち歩いていた」。第5段落の3文目を見る。内容と一致する。(エ)「最初のリハーサルから学んだことのおかげで，実花は2回目のリハーサルで上手に演奏した」。第6段落の8文目を見る。内容と一致する。(オ) 第6段落の最後の2文を見る。オキ先生が実花の幸せそうな顔を見たのは合唱コンテストの翌日。

(10) (a)「将来別のスピーチをするときは，今回より上手に話すことができたらいいなと思う」,「実花の作文の中で，彼女はあなたに何かがより上手になる方法を伝えました」という意味。i は well の比較級，ii は good の比較級の better が入る。(b) 最終段落の2文目を見る。実花は「間違いの理由について考えることが大切だ」と述べている。「～することは大切だ」= it is important to ～。「～について考える」= think about ～。「間違いの理由」= the reasons〔for mistakes〕。

【答】 (1) ① sung　⑥ slept　(2) (イ)→(カ)→(ア)→(エ)→(ウ)→(オ)　(3) D　(4) (Ⅰ群) (ア)　(Ⅱ群) (キ)　(5) (ウ)　(6) (イ)

(7) Tuesday (8) (例) (a) Yes, there were. (b) She read it at home. (9) (ウ)・(エ)

(10) (a) better (b) (例) important to think about the reasons

◀全訳▶ 私が中学1年生だったとき，10月に学校の合唱コンテストがありました。7月に，私のクラスは有名な歌手によって歌われた曲を選びました。小学生のときにピアノを練習していたため，私はクラスの伴奏者になりました。中学校に入学したあと，私はあまりピアノを弾きませんでした。でも楽譜を見たとき，私はその曲を演奏することができると思いました。

夏休み中，私は毎日ピアノを練習しました。私は誰か私を教える人が必要だとも思ったため，オキ先生を訪ねようと決心しました。彼女は私が小学生だったとき私のピアノの先生でした。休み中，私は毎週水曜日と土曜日に彼女を訪ねました。休みのあとは，土曜日にしか彼女を訪ねませんでしたが，私は上手にその曲を演奏することができると思いました。

9月のある金曜日に，私たちは最初のリハーサルを行いました。私のクラスのあとにリハーサルをする予定だった多くの生徒たちが待っていて私のクラスを見ていました。それに気づいたあと，私はピアノを演奏することに集中できず，多くの間違いをしました。

翌日，私はオキ先生を訪ね，「私はリハーサルでたくさん間違えました」と言いました。彼女は「それを聞いて残念です。あなたは間違いの理由について考えましたか？」と言いました。私は「いいえ。私はその理由について考えたくありません」と言いました。彼女は「ええと，もしその理由について考えないなら，あなたは再び同じ間違いをするでしょう。あなたが何をするべきか理解する手伝いを私にさせてください」と言いました。私は「1人で練習していたとき，私はたいてい上手に演奏することができました。しかし，リハーサルでは同じように曲を演奏することができませんでした」と言いました。彼女は「あなたは緊張したのですね？」と言いました。私は「はい」と答えました。彼女は「緊張すると，私たちは違った状態になり，ふだんできることができなくなることがあります。しかしリラックスする方法がいくつかあります。あなたが成功したと想像するのは1つの例です。たくさん練習することも，もう1つの重要な方法です。そのようにすれば，あなたは上手に演奏できると確信できるでしょう。あなたがリラックスするのを助けてくれる何かを持つのもよい方法です。例えば，あなたはお気に入りのものを持ち歩くことができます。あなたがリラックスするのを助けてくれるメッセージを持ち歩くこともできます」と言いました。そして，彼女は机から小さなメッセージカードを取り出し，「あなたは一生懸命練習してきた。あなたはできる」と書きました。彼女はそのメッセージカードを私にくれ，彼女のメッセージを読んだとき，私は1つのことがわかりました。自分が熱心にがんばっているとき，周りの人はそのことをわかってくれることに私は気づきました。

その日，オキ先生を訪ねたあと，私はオキ先生から学んだ方法を試してみました。眠る前に，私はいつも自分が合唱コンテストで上手に演奏しているのを想像しました。私はいつもメッセージカードを持ち歩き，曲を演奏する前にそれを見ました。私はまた，もう一度自分の間違いについて考えました。そのとき，私は曲の中で上手に演奏できない難しい箇所が少しあることに気づきました。私はそれらをたくさん練習しました。1週間後，私は自分がより上手に曲を演奏できることを確信しました。

10月のある金曜日，私たちは2回目のリハーサルを行いました。それは合唱コンテストの4日前でした。リハーサルの日の朝，私はオキ先生の顔を思い出し，家でメッセージカードを読みました。その後，私はそれを自分のポケットに入れ，学校に行きました。曲を演奏する前に，私は何度か彼女のメッセージを思い出しました。2回目のリハーサルでも私は緊張しましたが，私は上手にできると信じていました。そして，私は2回目のリハーサルで上手に演奏しました。私は最初のリハーサルから多くのことを学び，そしてそのことが2回目のリハーサルで私が上手に演奏するのを助けてくれました。私は私自身を向上させる方法を学び，合唱コンテストでも成功しました。合唱コンテストの翌日，私はオキ先生を訪ね，そのことについて話しました。彼女は「あなたはより上手になるために，とても熱心に努力しました。今，あなたの幸せな顔を見て私はうれしいです」と言いました。

最初，1回目のリハーサルは私にとって悪い経験にすぎませんでしたが，私はその経験から多くのことを学びました。私は間違いの理由について考えることが大切だと学びました。間違ってしまったとき，私たちは悲しくなってそれらについて考えたくないため，そうすることが簡単ではないこともあります。しかし，今ではそうすることが私自身を向上させるために大切であると私は理解しています。

(⑽の訳)

陸　　：今日の英語の授業での僕のスピーチはどうでしたか？

マーク：よかったと思います。あなたは上手に英語を話しましたね。

陸　　：ありがとう。でも僕はたくさん間違えました。将来別のスピーチをするときは，今回より上手に話すことができたらいいなと思います。

マーク：ええと，実花の作文の中で，彼女はあなたに何かがより上手になる方法を伝えました。

陸　　：その通りです。私は彼女の作文から多くのことを学びました。彼女は僕たちが間違えたときにはその理由について考えることが大切だと言いました。僕は自分自身を向上させるためにそうしようと思います。

4 **【解き方】**⑴ メグは自分の分に加えて，「あと4つケーキを買う」と言っている。

⑵ 地下鉄に乗ってもみじ駅まで行き，そこからバスに乗るように言っている。

【答】⑴ (エ)　⑵ (イ)

◀全訳▶　⑴

A：見て，メグ。この小さなケーキはおいしそうです。私はケーキを1つ買うことにします。あなたはどうですか？

B：それはおいしそうですね，ナミ。私もケーキを1つ買います。

A：ああ，私の家族はケーキが好きなので，彼らのためにケーキをあと2つ買うことにします。

B：それはいい考えです。私も家族のためにあと4つケーキを買うことにします。

質問：メグはいくつのケーキを買うつもりですか？

⑵

A：すみません。この駅からわかば寺までどうやって行けばいいか教えていただけますか？

B：わかりました。まず，地下鉄に乗ってもみじ駅まで行ってください。その駅から7番のバスに乗ってください。そのバスがわかば寺まで行きます。

A：ありがとう。私はそのバスを簡単に見つけることができますか？

B：はい，緑色のバスを探してください。

質問：この駅からわかば寺に行くために，人々はどうすればいいですか？

5 **【解き方】**⑴ イベントは午前9時に始まると言っている。

⑵ チケット料金は大人が800円で，子どもが半額の400円。

【答】⑴ (ウ)　⑵ (イ)

◀全訳▶

ガイド：おはようございます，みなさん。なぎさ公園にようこそ。今日はここに来ていただいてありがとうございます。あなたたちのためのスポーツイベントがあります。それについての情報をあなたたちにお伝えします。あなたたちはサッカー選手に会うことができます。彼の名前はスギノさんです。彼はこれまでに2回イベントに来たことがあります。そのイベントで，あなたたちは彼とサッカーをして楽しむことができます。そのイベントは午前9時に始まります。今，午前8時です。午前8時30分からチケットを買うことができます。そのイベントに参加したい場合は，チケットを買う必要があります。チケットは大人が800円で，子どもが400円です。チケットを買うとき，あなたたちはプレゼントとして新しいサッカーボールがもらえます。その後，そのボールに名前を書いてもらうようスギノさんに頼むことができます。また，イベント中に，彼と写真を撮ることもできます。何か質問があれば，スタッフメンバーに聞いてください。ありがとうございました。

質問(1) イベントは何時に始まりますか？

質問(2) イベントについてどれが正しいですか？

6 **【解き方】**(1)「あなたは彼がどの教科を教えているのか知っていますか？」に対する返答。He is a science teacher.＝「彼は理科の先生です」。

(2)「少しの間それを見てもいいですか？」に対する返答。Sure, you can also take it home to try it.＝「もちろんです，試してみるためにそれを家に持ち帰ってもいいですよ」。

【答】(1)(ア)　(2)(エ)

◀全訳▶　(例題)

A：こんにちは，私はハナです。

B：こんにちは，私はジェーンです。

A：はじめまして。

B：こちらこそはじめまして。

(1)

A：アヤ，あなたは何のクラブに入っているのですか？

B：私はバレーボール部に入っています。和田先生が私たちを教えてくれます。

A：なるほど。あなたは彼がどの教科を教えているのか知っていますか？

B：彼は理科の先生です。

(2)

A：こんにちは，ブラウン先生。私は英語の本を読みたいです。よい本をご存じですか？

B：はい。この本はどうですか？　多くの生徒がそれを気に入っています。

A：その本の英語を理解できるなら，私はそれが読みたいです。少しの間それを見てもいいですか？

B：もちろんです，試してみるためにそれを家に持ち帰ってもいいですよ。

国　語

1 【解き方】(1)「しばしば」は主に用言を修飾する副詞である。

(2) Ⅰ.「ない」をつけると，直前の音が「イ段」の音になる。Ⅱ.(カ)は，「ない」をつけると，直前の音が「ア段」の音になる五段活用。(キ)・(サ)は，「ない」をつけると，直前の音が「エ段」の音になる下一段活用。(ケ)は，サ行の音をもとにして，変則的な変化をするサ行変格活用。

(3)「科学の本質的な部分」になる「事実」について，「個人的体験」であるだけでなく，「他の人々の感覚によっても捕え得る」という意味での「客観性」を持つ必要があることに着目する。

(5) Ⅱ.(カ)は(ウ)，(キ)は(エ)，(ケ)は(イ)の構成である。

(6)「科学によってすべての問題が解決される可能性」の「反面」を指摘する中で，「人間のさまざまな活動の中のある部分が…発展していった結果」として「科学といわれるものができ上がった」と述べている。また，人間の体験には「他と比較したり，客観化したりすることのできないある絶対的なもの」が含まれているため，科学が「哲学や宗教」に完全に取って代ることは「不可能であろう」とする一方で，「科学の適用される領域は…広がってゆく」と考えられるので，「哲学や宗教にも著しい影響を及ぼすでもあろう」と述べている。

(7) ㊀「どこまでも拡大していく」と続くことに注目。「哲学や宗教」を例に挙げて，科学が「取って代ること」はできなくても，「遠心的な方面」には「限界を見出し得ないかも知れない」という考えをおさえる。㊁「個人的体験に内包されている」ものと，科学が「反省する」べきことをおさえる。「個人的体験に内包されている」ものについては，「私どもの体験には…絶対的なものが含まれている」と述べている。さらに，そうしたものを「科学が自己発展を続けてゆくためには…多くの大切なものを見のがすほかなかった」として，「この点を反省することによって…より一層大きな貢献をなし得ることになる」と述べていることに着目する。㊂「なぜかといえば，この点を反省することによって…なし得ることになるからである」という理由説明の前に，「科学の宿命」でもある「その限界」について，むしろ強みであるかも知れないと述べていることに着目する。

【答】(1)(ア)　(2) Ⅰ.(イ)　Ⅱ.(ク)・(コ)　(3)(エ)　(4) c. ともな(って)　e. こうけん　(5) Ⅰ.(ア)　Ⅱ.(ク)

(6)(イ)・(オ)

(7) ㊀ 科学の適用される領域　㊁ 他と比較したり，客観化したりできないある絶対的なものを見のがしてきた(34字)(同意可)　㊂ 科学の～ろ長所

2 【解き方】(1)「それ一つだけが…特異な存在であるというようなものが，けっして存在していない」ことについて，「似ているものがあってこそ異なるものが区別されるのであり…異なるところが明らかにされる」と説明していることをおさえる。

(2)「なには」は，世界のいろいろなものが，「かならずそれに似たものが見いだされるという複数的存在」であることを示す。「なにに」は，世界が「お互いになんらかの関係で結ばれた相異なるものに分かれていった」ことであり，さらには「この世界を構成しているすべてのものが，もとは一つのものから分化発展したものである」ことを示す。

(3) Ⅰ. 活用のない付属語である。Ⅱ. 場所を表す格助詞である。(カ)は，接続助詞「のに」の一部。(ク)は，形容動詞「元気だ」の活用語尾。(ケ)は，助動詞「そうだ」の活用語尾である。

(4) Ⅰ. 世界観が素朴であるのは，「認識」という言葉で「一貫されるべきもの」と考えるからと述べた後に，その「素朴な認識」について具体的に説明し，「ものが互いに似ているとか異なっているとかいうこと」がわかることについて述べている。Ⅱ.(カ)は(ウ)，(ク)は(エ)，(ケ)は(イ)の働きをする語である。

(6) 1段落で，世界に「厳密に同じものは二つとはない」と述べたことに対し，2段落で，「似ても似つかぬ特異なもの」ばかりであれば，世界は「構造」を持たなかったかもしれないとして，「似ているものがあってこそ異なるものが区別されるのであり…明らかにされるのである」と述べている。3段落で，「世界を構成しているものの複数的存在」は，「お互いになんらかの関係で結ばれた相異なるものに…相似たものに分かれていっ

た」という考え方を示し，その考え方を受けて4段落で，「相似」と「相異」の関係についての考えを述べている。5段落で，「われわれ」がつねに「相似」も「相異」も「同時に認めている」こと，6段落で，「われわれ自身」も「身をもってこの世界の分化発展を経験してきたもの」であり，「遺伝的な素質」や「一つの本能」によって，ものの間の関係を認識しうることなどを，筆者の考えとして示している。

(7) ㊀「相異」について，「異なるということは似ているということがあってはじめてその意味を持つものと考えられる」とある。㊁「ものが互いに似ているとか異なっているとかいうこと」がわかるのは，「われわれの認識そのものに本来備わった一種の先験的な性質」であると述べている。また，「それらのものの間に備わったもともとからの関係」を「なんの造作もなく認識しうる」ことが，「われわれに備わった一つの本能」であると述べていることもあわせて考える。㊂「国語辞典」や「歳時記」に，「年度ごとの統計」は載っていない。

【答】 (1) (エ)　(2) (ウ)　(3) Ⅰ．(エ)　Ⅱ．(キ)　(4) Ⅰ．(ア)　Ⅱ．(キ)　(5) (根)底　(6) (ア)

(7) ㊀ (ウ)　㊁ 相似と相異ということを認識（13字）(同意可)　㊂ (イ)

3 **【解き方】** (1) 語頭以外の「は・ひ・ふ・へ・ほ」は「わ・い・う・え・お」にする。また，助詞以外の「を」は「お」にする。助詞の「へ」は，現代仮名遣いでも「へ」と書き表す。

(2)「つべし」は，ここでは「きっと～ことができそうだ」という意味。「一の誠」があれば，難しくみえることも可能になることを表している。

(3) 漢の高祖の「太子うごかすべき」という自分勝手な考えを指している。

(4) ㊀ 高祖は人々の助言を承知しなかったが，「よからぬ事としれればそのみことのりをばうけじ」という周勃の「一言」で，それまでの「御心まどひ」が晴れている。㊁ B.「詞のはな」を咲かせても「誠」が貫いていなければ，「えうなき事」であることと，「実」さえあれば「花」はなくてもよいとはいえないということを対比させて考える。C.「他の事物を引き合いに出して」という表現方法に着目する。㊂「本文全体の大きなテーマ」である「感動をもたらすもの」については，本文の最後で「まこともつらぬきて，詞の色もそなはりなば，いとど人の心をもうごかし」と述べている。「実」は「まこと」を指すので，「漢の高祖の太子うごかすべきわたくしの御心を…さばかりの御心まどひもはれ給ひしとか」という引用部分において，「まこと」つまり誠実なものを考える。

【答】 (1) いうは，(イ)　(2) (エ)　(3) (ウ)　(4) ㊀ (ア)　㊁ B．誠と詞　C．たとえ（それぞれ同意可）　㊂ (ア)

◀口語訳▶　やまと歌は，人の心から生まれて天地や鬼神をも感動させるというのは，和歌の道に限ったことではない。ただ一つの誠の心があれば，大空をも動かすことができるだろう。漢の高祖が世継ぎを替えようとする自分勝手なお気持ちを，さまざまな道理を説いて，人々は忠告したが（高祖は）承知なさらなかった。そこで周勃という臣下が，「口では言えませんが，よくないことと知られれば皇帝のお言葉も受け入れてもらえなくなるでしょう」と言った一言で，それほどお心が迷ったことも晴れなさったとか。このようによい言葉の花を咲かせたとしても，誠実さが貫いていなければ，役に立たないのである。誠実さも貫いて，言葉の色も備わっていれば，いっそう人の心を動かし，気持ちを和らげるはずなので，一言に実さえあれば，花はなくてもよいとはいえないのである。

~MEMO~

~MEMO~

~MEMO~

~MEMO~

京都府公立高等学校
（前期選抜）
—共通学力検査—

2023年度
入学試験問題

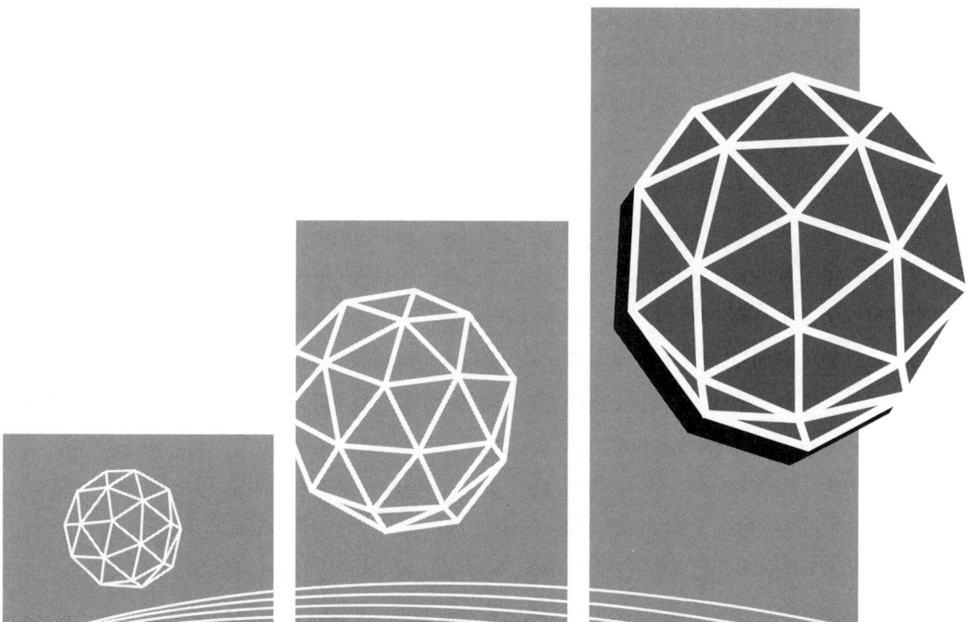

数学

時間　50分　　　　満点　50点

(注)　円周率はπとしなさい。
答えの分数が約分できるときは，約分しなさい。
答えが$\sqrt{\ }$を含む数になるときは，$\sqrt{\ }$の中の数を最も小さい正の整数にしなさい。
答えの分母が$\sqrt{\ }$を含む数になるときは，分母を有理化しなさい。

1　次の問い(1)〜(9)に答えよ。

(1)　$-3^2 \times \{7-(-4)^2\}$を計算せよ。(　　　)

(2)　$\dfrac{3x-2y}{6}-\dfrac{4x-y}{8}$を計算せよ。(　　　)

(3)　$3\sqrt{50}-\sqrt{2}-\sqrt{54}\div\sqrt{3}$を計算せよ。(　　　)

(4)　次の連立方程式を解け。(　　　　　)

$$\begin{cases} 2x-3y=5 \\ 3x-(4x-6y)=-1 \end{cases}$$

(5)　関数$y=-2x^2$について，xの値がaから$a+2$まで増加するときの変化の割合が-40である。このとき，aの値を求めよ。(　　　)

(6)　$(2x+y+5)(2x+y-5)$を展開せよ。(　　　)

(7)　2次方程式$6x^2+2x-1=0$を解け。(　　　)

(8)　右の図のように，正三角形ABCと正五角形DEFGHがあり，頂点Eは辺AB上に，頂点Gは辺BC上に，頂点Hは辺CA上にある。このとき，$\angle x$の大きさを求めよ。(　　　)

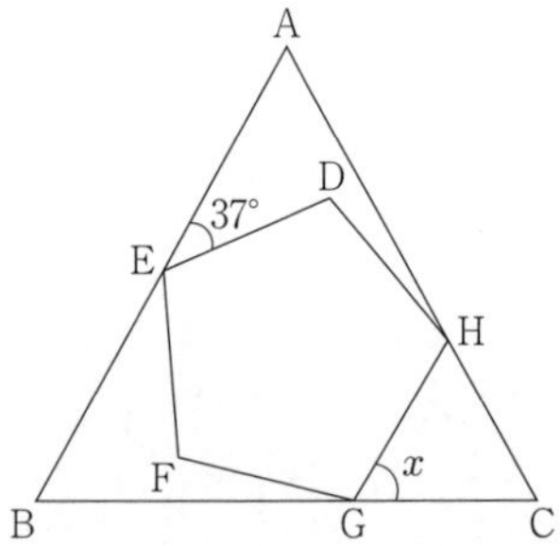

(9)　あたりくじが2本，はずれくじが2本の合計4本のくじが入った箱がある。この箱から，太郎さん，次郎さん，花子さんが，この順に1本ずつくじをひく。このとき，花子さんだけがあたりくじをひく確率を求めよ。ただし，ひいたくじは箱にもどさず，どのくじがひかれることも同様に確からしいものとする。(　　　)

2　ある中学校のボランティア部に所属する生徒9人と，先生1人の合計10人がごみ拾いのボランティア活動に参加した。次の資料は，生徒9人がそれぞれ拾ったペットボトルの本数を示したものである。資料中のa，bは$0 < a < b$であり，生徒9人がそれぞれ拾ったペットボトルの本数はすべて異なっていた。また，生徒9人がそれぞれ拾ったペットボトルの本数の平均値はちょうど8本であった。

資料　生徒9人がそれぞれ拾ったペットボトルの本数(本)

3，9，15，6，11，8，4，a，b

このとき，次の問い(1)・(2)に答えよ。

(1)　a，bの値をそれぞれ求めよ。a =（　　　）　b =（　　　）

(2)　資料に，先生が拾ったペットボトルの本数を追加すると，生徒と先生の合計10人がそれぞれ拾ったペットボトルの本数の四分位範囲はちょうど9本であった。このとき，先生が拾ったペットボトルの本数を求めよ。（　　　本）

3　右の図のように，正八面体ABCDEFがある。また，AF = 4 cm である。

このとき，次の問い(1)～(3)に答えよ。

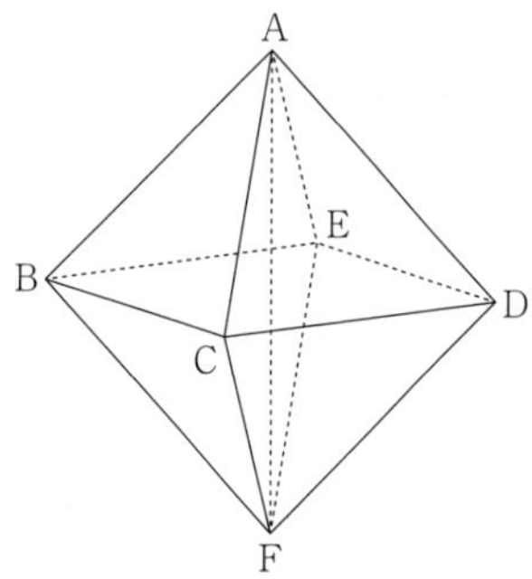

(1)　この正八面体の1辺の長さを求めよ。（　　　cm）

(2)　線分BDの中点をHとするとき，三角錐（すい）HBFEの体積を求めよ。
（　　　cm^3）

(3)　点Aと平面BFCとの距離を求めよ。（　　　cm）

4　右の図のように，関数$y = \frac{a}{x}$のグラフ上に3点A，B，Cがあり，点Aの座標は(2，6)，点Bのx座標は4，点Cのx座標は－4である。また，2点A，Bを通る直線とy軸との交点をDとする。

このとき，次の問い(1)・(2)に答えよ。

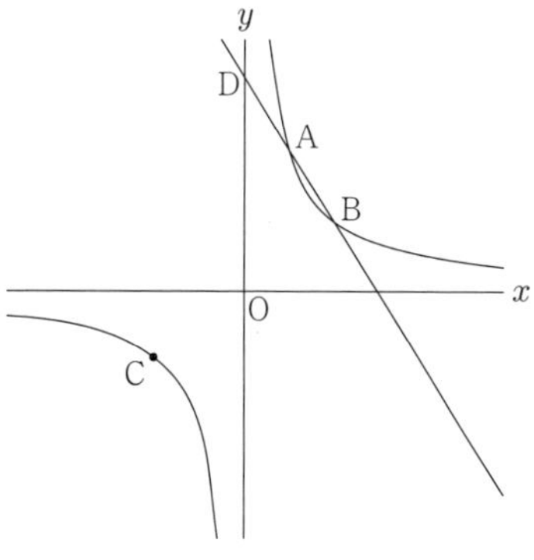

(1)　aの値を求めよ。また，△BDCの面積を求めよ。

a =（　　　）　面積（　　　）

(2)　点Bを通りx軸に平行な直線と2点C，Dを通る直線との交点をEとする。また，線分BE上に点Fを，四角形COFEの面積が△BDCの面積の$\frac{2}{5}$倍となるようにとる。このとき，点Fのx座標を求めよ。（　　　）

5　次のⅠ図のように，AB ＝ 6 cm，AD ＝ 8 cm の長方形 ABCD を，対角線 BD を折り目として折り返し，点 A が移った点を E，辺 BC と線分 DE との交点を F とする。さらに，次のⅡ図のように，点 D が点 E と重なるように折り，折り目となる直線と線分 BD，辺 CD との交点をそれぞれ G，H とする。また，辺 BC と線分 EG との交点を I とする。

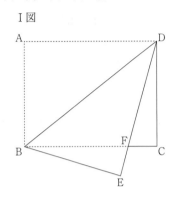

このとき，次の問い(1)～(3)に答えよ。

Ⅰ図

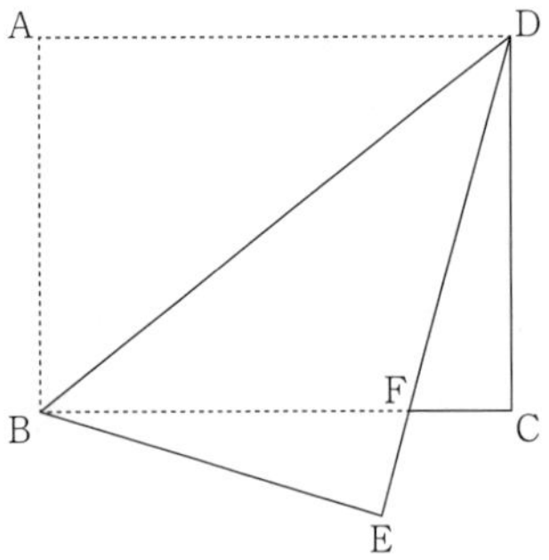

Ⅱ図

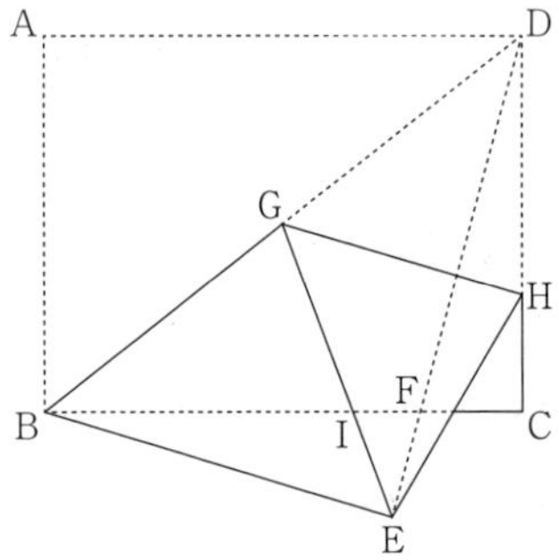

(1)　△IGB ∽ △IFE であることを証明せよ。

(　　　　　　　　　　　　　　　　　　　　　　　　　　　　　　　　　　　)

(2)　線分 EF の長さを求めよ。(　　　　cm)

(3)　線分 BI の長さを求めよ。(　　　　cm)

6　プログラミング教室で，規則的に図形を表示するプログラムをつくった。右のⅠ図は，タブレット端末でこのプログラムを実行すると，初めに表示される画面を表している。画面上の数値ボックスに自然数を入力すると，入力した数に応じて，右のⅡ図のような，右矢印，上矢印，左矢印，下矢印の４種類の矢印が規則的に表示される。次のⅢ図は，数値ボックスに１，２，３，…をそれぞれ入力したときの画面を表している。

Ⅰ図

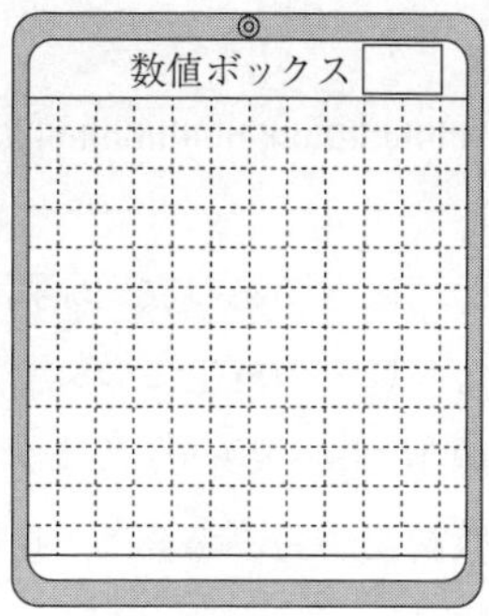

Ⅱ図

Ⅲ図

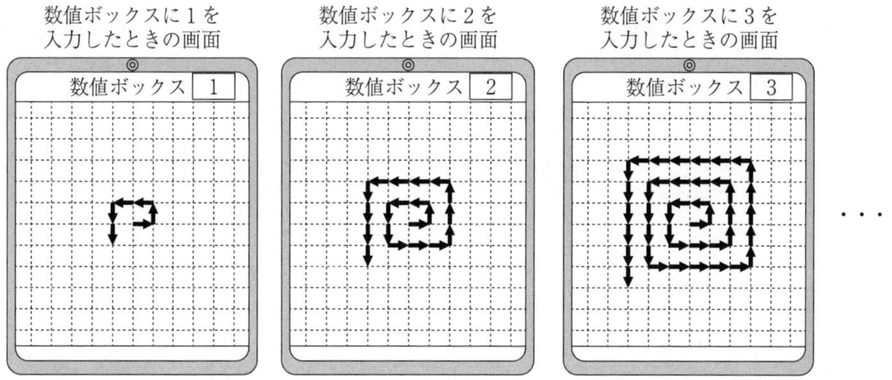

このとき，次の問い(1)～(3)に答えよ。ただし，数値ボックスにどのような自然数を入力しても，すべての矢印は表示されるものとする。

(1)　数値ボックスに４を入力したとき，表示される４種類の矢印の個数の合計を求めよ。

(　　　個)

(2)　数値ボックスに20を入力したとき，表示される左矢印の個数を求めよ。(　　　個)

(3)　表示されている４種類の矢印のうち，上矢印，左矢印，下矢印の個数の合計と右矢印の個数の差が6160個となるとき，数値ボックスに入力した自然数を求めよ。(　　　)

英語

時間　50分　　　　満点　50点

（編集部注）放送問題の放送原稿は英語の末尾に掲載しています。
音声の再生についてはもくじをご覧ください。

（注）問題[4]・[5]・[6]（リスニング）は，問題[1]・[2]・[3]の終了後に配布されます。
語数制限がある場合は，短縮形（I'm など）と数字（100 や 2023 など）は1語として数え，符号（, / . / ? / ! / “” など）は語数に含めないものとします。

[1] 次の問い(1)・(2)に答えよ。

(1) 次の絵の中の①～④の順に会話が成り立つように，[　　　] に入る適切な英語を，**3語または4語**で書け。(　　　　　　　　　　)

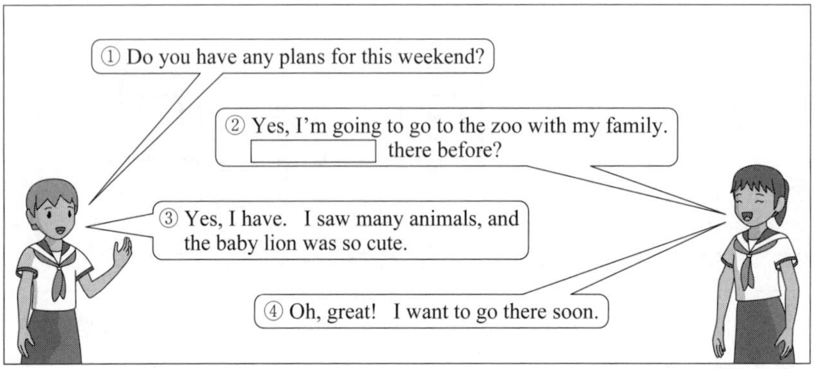

① Do you have any plans for this weekend?
② Yes, I'm going to go to the zoo with my family. [　　　] there before?
③ Yes, I have. I saw many animals, and the baby lion was so cute.
④ Oh, great! I want to go there soon.

(2) 次の絵は，大騎（Daiki）が留学生のケイト（Kate）と下の会話をしている一場面を表している。この絵をもとに，後の問い(a)・(b)に答えよ。

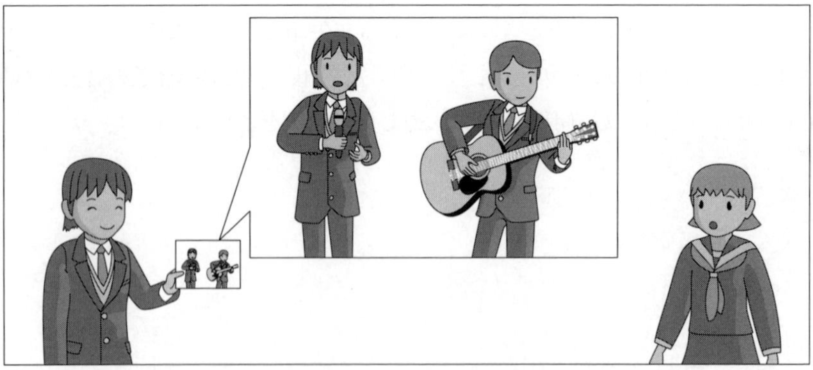

Kate：　How was your winter vacation?

Daiki：　It was nice. I had a music event and I enjoyed it.

Kate：　Sounds good. [①] it?

Daiki：　I had it in our school. Look. This is the picture of it.

Kate：　Wow! You are singing! Who is the boy [②] next to you?

Daiki： He is Kenta. He is good at it and he also sings well.

(a) 会話が成り立つように，［ ① ］に入る適切な英語を，**4語**で書け。(　　　　　　)

(b) 会話が成り立つように，［ ② ］に入る適切な英語を，**3語**で書け。(　　　　　　)

[2] 次の英文は，中学生の広斗（Hiroto）と留学生のルーシー（Lucy）が交わしている会話である。次のアプリ（app）を参考にして英文を読み，後の問い(1)～(4)に答えよ。

アプリ (app)

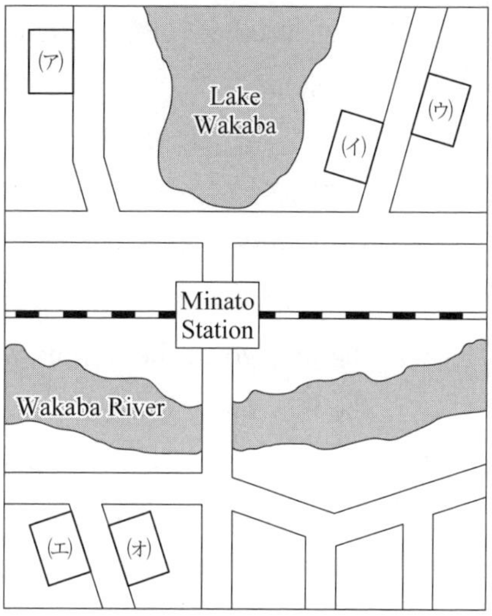

Lucy ： Hi, Hiroto. What are you looking at?

Hiroto： Hi, Lucy. I'm looking at an app called "Wakaba" on my phone.

Lucy ： What is it?

Hiroto： This is an app made by Wakaba City. This app introduces places for *sightseeing in this city.

Lucy ： I see. Do you often use the app?

Hiroto： Yes, ［ ① ］ example, I went to Lake Wakaba and Wakaba Temple last week after checking them on the app. That was fun.

Lucy ： That's great. I also want to use the app, but I can't understand Japanese well.

Hiroto： You can get the information in English on the app. I'll choose English for you now.

Lucy ： Thank you. I am happy that I can get the information in English on this app. My sister is going to come to Wakaba City from her country next month, but I don't know the places for sightseeing here. I have lived here ［ ② ］ two months. So, I want to use the app and walk around the city with her.

Hiroto： What kind of place do you want to visit?

Lucy ： Well, I heard there is a famous *railway in this city.

Hiroto： It is Wakaba Railway. It was built about forty years ago, and trains on this railway run from Sakura Station to Kaede Station. There are fifteen other stations between the two stations. The trains run along the Wakaba River, so you can enjoy the *scenery from the train.

Lucy ： You know a lot about the railway.

Hiroto： I got the information about the railway on the app. We can listen to the *audio guide.

Lucy ： I think it is a great app. My sister likes art, and I want to visit an art museum with her.

Hiroto： Well, how about ③Wakaba Art Museum? It is near Minato Station.

Lucy ： I see. How do we get there from the station?

Hiroto：　Well, let's look at the app. From the station, walk *toward Lake Wakaba. Turn right at the first corner and walk along the street. You can see the lake on the left. Then, turn left at the corner. You will find the museum on the right.

Lucy　：　I see. Do you know any other places for sightseeing around the museum?

Hiroto：　Well, how about Wakaba Temple? It is a popular place for foreign people.

Lucy　：　Good. She is interested in Japanese culture, so [④].

Hiroto：　I hope you will enjoy Wakaba City by using the app.

（注）sightseeing　観光　railway　鉄道　scenery　景色　audio guide　音声案内
toward ～　～の方へ

(1) [①]・[②] に共通して入る最も適当な１語を書け。(　　　)

(2) 本文の内容とアプリ（app）から考えて，下線部③にあたるものとして最も適当なものを，アプリ（app）中の(ア)～(オ)から１つ選べ。(　　　)

(3) [④] に入る表現として最も適当なものを，次の(ア)～(エ)から１つ選べ。(　　　)

(ア) she may go to the temple with me and enjoy Japanese culture there
(イ) she may enjoy using the app when we are walking around other cities
(ウ) I am going to use the app and take her to the temple this month
(エ) I want you to go to the temple to learn about Japanese culture

(4) 本文の内容と一致する英文として最も適当なものを，次の(ア)～(エ)から１つ選べ。(　　　)

(ア) Hiroto tells Lucy he went to two places last week and checked them on the app later.
(イ) Hiroto tells Lucy Wakaba Railway was built about forty years ago and has only fifteen stations.
(ウ) Lucy knows well the places to visit with her sister in Wakaba City because she has already got the app.
(エ) Lucy can't understand Japanese well, so she is glad to get the information in English on the app.

3 次の英文は，中学生の良（Ryo）が行ったスピーチである。これを読んで，問い(1)～(9)に答えよ。

I have an uncle, and he lives with his family near the sea. When I visit him with my family, I always swim with him and his son Ken. We have our favorite *spots in the sea and we can see many beautiful *corals there.

Last year, we swam in one of our favorite spots in summer. However, I was surprised that I didn't see corals. I said to my uncle, "I saw many beautiful corals at the spot two years ago, but I didn't see them today. Why? If you know, please ① [(ア) happened / (イ) what / (ウ) in / (エ) me / (オ) the sea / (カ) tell]." He said, "Well, many corals died last year. The sea became too hot during summer because of the *extreme weather. Many corals died in other places too, and now many people are ② (try) hard to *bring back corals to the sea." I said, "【　A　】 I want to know more." He said, "One thing is to *transplant corals after the sea *temperature returns to *normal. Some people transplant corals on a *tour, and Ken and I sometimes work as a *guide on the tour during summer. We will do it again next week." I said, "If there is something I can do to bring back corals to the sea, I want to do it." "Then, let's join the tour together," he said, and I decided to join it.

It was sunny on the day of the tour. I visited a small *building near the sea with my uncle and Ken, and we met some other guides there. We also met other people who joined the tour there, and my uncle said, "Today, we are going to go to two spots. 【　B　】 At those spots, the sea became too hot five years ago and a lot of corals died. However, we transplanted corals three years ago at ③ the first spot on this tour, and now we can see beautiful corals there. At the second spot, we are going to transplant corals." He showed us some small corals and said, "These are the corals we will transplant."

At the first spot, we saw many beautiful corals. 【　C　】 There were many small fish around them. I realized that we can see beautiful corals again and we can also see many fish again if we transplant corals. I didn't imagine ④ that before the tour. At the second spot, we *dived into the sea and transplanted the corals. When I finished transplanting the corals and looked at them again, I thought about stars. The corals were like them. I wanted to transplant corals at our favorite spot too and see beautiful corals again in the future.

When I returned to the boat, I said to Ken, "Will the corals we transplanted today die if it becomes too hot in the sea again?" He said, "Yes. However, if we do nothing, we can't bring back corals. When we find problems, we should try to do something. Of course, the most important thing is to protect the environment for them." I said, "I see. 【　D　】 Is there anything I can do to save corals?" He said, "Yes. Today, extreme weather happens more often because of *global warming. Also, it is getting hot in the sea because of global warming. If we want to save corals, we have to think about global warming. What can we do to stop it?" I answered, "I think we should not use too much *electricity." I also said, "We should bring our own bags when we go shopping and we should not use too many plastic bags.

Oh, now I understand that I can do many things in my daily life to save corals." Ken said, "I'm glad that you have realized that. We *emit *greenhouse gases when we make electricity and other things. So, it is important to think about our actions." I said, "⑤ I'll think more about my actions."

When I swam in our favorite spot last summer, I ⑥ (feel) sad. I didn't think that corals were dying because of global warming. Now, I think that the same thing may happen to many beautiful things around us, and we may not see those things in the future. We all should realize that and take action. Since last summer, I've changed my actions a little, and I want you to do that too. I'm sure you can save a lot of things around you if you do that.

(注) spot　地点　　coral　サンゴ　　extreme weather　異常気象
bring back ～ (to …)　(…に)～を取り戻す　　transplant ～　～を移植する
temperature　温度　　normal　正常　　tour　ツアー　　guide　ガイド　　building　建物
dive　潜る　　global warming　地球温暖化　　electricity　電気　　emit ～　～を排出する
greenhouse gas　温室効果ガス

(1) 下線部①の［　　］内の(ア)～(カ)を，文意が通じるように正しく並べかえ，記号で書け。
(　　)→(　　)→(　　)→(　　)→(　　)→(　　)

(2) 下線部② (try)・⑥ (feel)を，文意から考えて，それぞれ正しい形にかえて1語で書け。
②(　　　) ⑥(　　　)

(3) 次の英文を本文中に入れるとすればどこが最も適当か，本文中の【 A 】～【 D 】から1つ選べ。
(　　)

What do they do?

(4) 次の(ア)～(オ)は，下線部③に関することについて述べたものである。(ア)～(オ)を時間の経過にそって古いものから順に並べかえ，記号で書け。(　　)→(　　)→(　　)→(　　)→(　　)

(ア) Many corals died at the first spot.
(イ) Ryo heard about the first spot on the tour.
(ウ) Ryo saw beautiful corals at the first spot.
(エ) People transplanted corals at the first spot.
(オ) The sea became too hot at the first spot.

(5) 下線部④が表す内容として最も適当なものを，次の(ア)～(エ)から1つ選べ。(　　)

(ア) サンゴを移植するときには，他の場所から魚も連れてくる必要があるということ。
(イ) サンゴを移植すれば，サンゴだけでなく，魚も再び見られるようになるということ。
(ウ) 魚がいれば，人々がサンゴを移植しなくてもサンゴは自然とよみがえるということ。
(エ) たくさんの魚を見ることができるならば，その場所には移植されたサンゴがあるということ。

(6) 次の英文は，下線部⑤について説明したものである。本文の内容から考えて，[i]・[ii]に入る最も適当なものを，[i]は後のⅠ群(ア)～(エ)から，[ii]はⅡ群(カ)～(ケ)からそれぞれ1つずつ選べ。Ⅰ群(　　)　Ⅱ群(　　)

Ken told Ryo that it is [i] to think about global warming if they want to save corals.

Ryo told Ken [ii], and then Ryo found that he can do many things to save corals. So, he decided to think more about his actions.

Ⅰ群　(ア) difficult　(イ) impossible　(ウ) interesting　(エ) necessary

Ⅱ群　(カ) some facts about extreme weather

(キ) some examples to stop global warming

(ク) something special for Ryo and Ken

(ケ) something new about the environment

(7) 本文の内容に合うように，次の質問(a)・(b)に対する適当な答えを，下の〈条件〉にしたがい，それぞれ英語で書け。

(a) Do Ryo's uncle and Ken work as a guide on the tour in all seasons?

(　　　　　　　　　)

(b) What were the corals like to Ryo when he finished transplanting them?

(　　　　　　　　　)

〈条件〉・(a)は**3**語で書くこと。

・(b)は**4**語で書くこと。

(8) 本文の内容と一致する英文として適当なものを，次の(ア)〜(オ)からすべて選べ。(　　　)

(ア) Last summer, Ryo visited his uncle because he wanted to transplant corals with his uncle and Ken.

(イ) On the day of the tour, people who joined the tour transplanted large corals at the second spot.

(ウ) The corals Ryo transplanted on the tour will die if the sea becomes too hot again in the future.

(エ) Ken thinks the best way to save corals is to transplant them and believes it is important to do so.

(オ) Ryo found that he can do a lot of things in his daily life to save corals and that made Ken happy.

(9) 次の英文は，このスピーチを聞いた後，中学生の康太（Kota）と留学生のエミリー（Emily）が苔（こけ）（moss）を話題にして交わしている会話の一部である。これを読んで，後の問い(a)〜(c)に答えよ。

Kota：I watched TV yesterday and the news said that moss is dying in some temples in Kyoto because of global warming.

Emily：Really? I like visiting temples in Kyoto, and there are many gardens [i] look really nice because of moss. I didn't think global warming is a big problem for the beautiful gardens with moss. Now, I think global warming is really a problem for many things.

Kota ： I think Ryo found the same thing. Ryo enjoys seeing corals, but he didn't think global warming is a big problem for corals. Now, he thinks we should take action, because we may lose [ii] in the future. You think moss or a beautiful garden with moss is one of them, right?

Emily： Yes. I think I need to take action.

Kota ： Well, I think you should [iii]. Ryo says if you do that, you can save many things. One thing you should do is to bring your own bags when you go shopping.

(a) [i] に入る語として最も適当なものを，次の(ア)～(エ)から１つ選べ。(　　　)

(ア) that　(イ) there　(ウ) they　(エ) to

(b) [ii] に入る最も適当な部分を，本文中から **5 語**で抜き出して書け。

(　　　　　　　　　　)

(c) [iii] に入る適当な英語を，本文の内容にそって **5 語以上 7 語以内**で書け。

(　　　　　　　　　　)

【リスニングの問題について】 放送中にメモをとってもよい。

4 それぞれの質問に対する答えとして最も適当なものを，次の(ア)～(エ)から１つずつ選べ。

(1)(　　　) (2)(　　　)

(1) (ア) For fifteen minutes.　(イ) For twenty minutes.　(ウ) For thirty five minutes.

(エ) For forty minutes.

(2) (ア) She will ask him to help her with her homework.

(イ) She will ask him to bring an umbrella to her mother.

(ウ) She will ask him to come home early with her mother.

(エ) She will ask him to take her to the post office.

5 それぞれの質問に対する答えとして最も適当なものを，次の(ア)～(エ)から１つずつ選べ。

(1)(　　　) (2)(　　　)

(1) (ア) 自然や，科学の歴史を学ぶことができる。　(イ) 科学についての本を買うことができる。

(ウ) 科学の映画を見ることができる。　(エ) 食事をすることができる。

(2) (ア) １本　(イ) ２本　(ウ) ３本　(エ) ４本

6 それぞれの会話のチャイム音のところに入る表現として最も適当なものを，下の(ア)～(エ)から１つずつ選べ。(1)(　　　) (2)(　　　)

（例題） A： Hi, I'm Hana.

B： Hi, I'm Jane.

A： Nice to meet you.

B： 〈チャイム音〉

(ア) I'm Yamada Hana.　(イ) Nice to meet you, too.　(ウ) Hello, Jane.

(エ) Goodbye, everyone.

（解答例） (イ)

(1) (ア) I agree. I'm sure she will be happy.　(イ) Don't worry. I think she likes Japan.

(ウ) Thank you. You're always kind to me.　(エ) Really? I miss you so much.

(2) (ア) I'll be happy to know where I can find her.

(イ) I'll go shopping to buy a birthday present for you.

(ウ) I'll introduce you to her when they finish talking.

(エ) I'll talk with the teacher about you after school today.

〈放送原稿〉

2023年度京都府公立高等学校前期選抜入学試験英語リスニングの問題を始めます。

これから，問題[4]・[5]・[6]を放送によって行います。問題用紙を見なさい。

それでは，問題[4]の説明をします。

問題[4]は(1)・(2)の2つがあります。それぞれ短い会話を放送します。次に，Question と言ってから英語で質問をします。それぞれの質問に対する答えは，問題用紙に書いてあります。最も適当なものを，(ア)・(イ)・(ウ)・(エ)から1つずつ選びなさい。会話と質問は2回放送します。

それでは，問題[4]を始めます。

(1)　A：　Hi, Yuka. I have been waiting for you.

B：　Hi, Emma. The movie we are going to see starts at ten thirty five. What time did you get to this theater?

A：　I got here at nine forty. I thought the movie started at ten, but I was wrong.

B：　You have been waiting for a long time. It's ten fifteen now. We have to wait a little.

Question：How long does Yuka have to wait for the movie with Emma?

もう一度放送します。〈会話・質問〉

(2)　A：　What's the matter, Emily?

B：　Mom, I'm doing my homework, but it's difficult. Can you help me now?

A：　Sorry, I can't. I want to go to the post office before it starts to rain. But your brother will come home soon, so you can ask him.

B：　OK. I'll do that. I hope you will come home before it starts to rain.

Question：What will Emily ask her brother to do?

もう一度放送します。〈会話・質問〉

これで，問題[4]を終わります。

次に，問題[5]の説明をします。

これから，ガイドによる科学館の案内を放送します。つづいて，英語で2つの質問をします。それぞれの質問に対する答えは，問題用紙に日本語で書いてあります。最も適当なものを，(ア)・(イ)・(ウ)・(エ)から1つずつ選びなさい。案内と質問は2回放送します。

それでは，問題[5]を始めます。

Guide：　Hello everyone. Welcome to Midori Science Museum. At this science museum, you can get a lot of information about science. Now, I'll tell you about each floor in this science museum. There is a restaurant on the first floor. And there are two rooms on the second floor. You can learn about nature and the history of science in each room. There is also a bookstore on that floor. You can buy books about science in the bookstore. There is one room on the third floor. You can watch three different science movies in that room. The first movie starts at ten a.m. and it is about twenty minutes. The second movie starts at eleven a.m., and the third one starts at one p.m. They are about forty minutes. But you can't watch the movie in the afternoon today because we will clean the room.

You can't eat anything on the second and the third floor. If you want to eat something, please use the restaurant. Thank you.

Question (1)：What can people do on the first floor in the science museum?

Question (2)：How many movies will the science museum show today?

もう一度放送します。〈案内・質問〉

これで，問題5を終わります。

次に，問題6の説明をします。

問題6は(1)・(2)の２つがあります。それぞれ短い会話を放送します。それぞれの会話の，最後の応答の部分にあたるところで，次のチャイム音を鳴らします。〈チャイム音〉このチャイム音のところに入る表現は，問題用紙に書いてあります。最も適当なものを，(ア)・(イ)・(ウ)・(エ)から１つずつ選びなさい。

問題用紙の例題を見なさい。例題をやってみましょう。

（例題） A： Hi, I'm Hana.

B： Hi, I'm Jane.

A： Nice to meet you.

B： 〈チャイム音〉

正しい答えは(イ)の Nice to meet you, too.となります。ただし，これから行う問題の会話の部分は印刷されていません。

それでは，問題6を始めます。会話は２回放送します。

(1) A： Have you heard Kate will leave Japan this March?

B： Yes. I think we should do something for her.

A： Let's take a picture with her and write messages for her on it. What do you think?

B： 〈チャイム音〉

もう一度放送します。〈会話〉

(2) A： Who is the girl talking with our English teacher by the window? I see her at the park every weekend.

B： She is Saki. I often study with her after school.

A： She always wears cute clothes. I want to talk to her and ask her where she bought them.

B： 〈チャイム音〉

もう一度放送します。〈会話〉

これで，リスニングの問題を終わります。

［C］必要があるということを伝えているんだね。

誠司　うん。さらに、二つ目の「法愛の者にも、多く説くべからず」という言葉を用いて、［D］ということを伝えているね。私たちも、これらの二つの言葉を受けて、人前で話をするときは気をつけていきたいね。

(一) 会話文中の［A］に入る最も適当な表現を、次の(ア)～(エ)から一つ選べ。（　　）

(ア) 聖人は他者のことを気にかけるため、自分の感情を他者に伝えない

(イ) 聖人は他者の意見を自分の意見とするため、全ての意見に優劣をつけない

(ウ) 聖人は他者の判断を信頼しているため、自分の判断を押しつけない

(エ) 聖人は他者の考えを自分の考えとするため、固執した考えを持たない

(二) 会話文中の［B］・［C］に入る適当な表現を、本文の内容を踏まえて、［B］は**三字以上、五字以内**で、［C］は**五字以上、八字以内**で書け。B［　　　　　］ C［　　　　　　　　］

(三) 会話文中の［D］に入る最も適当な表現を、次の(ア)～(エ)から一つ選べ。（　　）

(ア) すばらしい話も、聞く人が満足すれば、普及しない

(イ) すばらしい話も、聞く人が嫌気がさせば、ためにならない

(ウ) すばらしい話も、人に話すことに満足すれば、役に立たない

(エ) すばらしい話も、人に話すことに嫌気がさせば、価値がなくなる

3　次の文章は、「沙石集」の一節である。注を参考にしてこれを読み、問い(1)～(4)に答えよ。

常州に、観地房の阿闍梨と云ふ真言師、説経なんどもなびらかにせし、ありき。但し、機嫌も知らぬ程の長説法なり。堂供養の導師にて、例のa長説法するに、舞楽の結構して、童舞なれば、殊に見物の男女多かりけり。説法の果つるを待つ程に、余りに長くして、b日景かたぶきければ、見物の者共も、「いかにも、説法は果つるか」と問ひければ、「この災ひが、未だ高座にあるぞ」とぞ、人云ひ合ひける。さて日暮れければ、「cただ舞へ」とて、舞楽計りしてけり。

「聖人に心無し。万物の心を以て心とす」と云ひて、万事、人の心を守り、時により、機に随ふべし。仏法の理を聞きたかる機に、心閑かなる道場にては、丁寧にも説くべし。舞楽の供養には心あるべかりけり。法華には、「法愛の者にも、多く説くべからず」と見えたり。目出たき事も、人の心に飽く程になれば、益無し。ただ心に随はすべきにや。

（「新編日本古典文学全集」より）

注

＊常州…現在の茨城県の一部。

＊観地房の阿闍梨と云ふ真言師…観地房の阿闍梨という呼び名の、真言宗の作法によって祈祷をする僧。

＊説経…仏の教えを説き聞かせること。　＊なびらかに…流ちょうに。

＊堂供養の導師…寺堂を建てて供養する際に、中心となる僧。

＊舞楽…舞を伴う雅楽。　＊結構…準備。

＊童舞…子どもが舞う舞。　＊法華…法華経。

＊法愛の者…仏法に対する深い思いがある者。

(1)　本文中のa長説法するの主語である人物と、同じ人物が主語であるものは、本文中の二重傍線部（＝）のうちどれか、最も適当なものを、次の(ア)～(エ)から一つ選べ。（　　）

(ア)　ありき　(イ)　多かりけり

(ウ)　問ひければ　(エ)　云ひ合ひける

(2)　本文中のb日景かたぶきければの解釈として最も適当なものを、次の(ア)～(エ)から一つ選べ。（　　）

(ア)　日が傾いたのは　(イ)　日が傾いたとすれば

(ウ)　日が傾いたので　(エ)　日が傾いたとしても

(3)　本文中のcただ舞への平仮名の部分をすべて**現代仮名遣い**に直して、**平仮名**で書け。また、次の(ア)～(エ)のうち、波線部（～～）が現代仮名遣いで書いた場合と同じ書き表し方であるものを一つ選べ。

□□舞□　（　　）

(ア)　股引の破れをつづり　(イ)　心に思ふことを

(ウ)　雨など降るもをかし　(エ)　白波の上に漂ひ

(4)　次の会話文は、里絵さんと誠司さんが本文を学習した後、本文について話し合ったものの一部である。これを読み、後の問い㈠～㈢に答えよ。

里絵　本文では、二つの言葉を引用することによって話がまとめられていたね。

誠司　そうだね。一つ目の「聖人に心無し。万物の心を以て心とす」という言葉は、［A］と解釈できるから、本文に登場する観地房の阿闍梨の行動を受けて、教訓として示した言葉だと言えるね。

里絵　つまり、話をするときは、人の気持ちを［B］ことに加え、

[B] において実現するからだと本文から読み取れるね。人がそのように異なるから意味の振幅は必然的で、言語が共生性を持つんだね。

友香　うん。だからこそ、私たちは他者のことばを学びたくなるんだね。

拓弥　そうだね。本文をよく理解できたし、グループディスカッションのテーマは「ことばを学ぶことについて」にしようよ。

(一) 会話文中の [A] に入る最も適当な表現を、次の(ア)～(エ)から一つ選べ。（　　）

(ア) 意味を交換するために交わされるさまざまなことばは、その中に〈教える〉〈学ぶ〉といった契機を持っており、そのことばを用いることは人と人とが互いに異なることを感じ取らせる

(イ) 異なる人たちがそれぞれに用いることばは、その基礎に人と人とが互いの存在を知覚する契機を持っており、互いのことばの形が異なることを認識することでことばの意味が異なることを教え＝学ぶことができる

(ウ) 人と人とが言語場において意味を伝え合うことばは、本源的な共生性を持っており、相手のことばと自分のことばが同じ意味で実現することが〈教える〉〈学ぶ〉きっかけとなる

(エ) 人が発し得るさまざまなことばは、世界のうちに存在する言語場において人ごとに異なる意味で実現され、言語場でことばが発されること自体に教え＝学ぶきっかけを含む

(二) 会話文中の [B] に入る適当な表現を、本文の内容を踏まえて、**二十字以上、三十字以内**で書け。

(三) グループディスカッションをするときの一般的な注意点として**適当でないもの**を、次の(ア)～(エ)から一つ選べ。（　　）

(ア) 話し合いの目的を理解したうえで発言するとよい。

(イ) 疑問点があっても質問せずに他者の意見に同意するとよい。

(ウ) 自分の意見との共通点を探しながら他者の意見を聞くとよい。

(エ) 他者の発言を聞いて自分の考えを深めていくとよい。

はことばを用いる遊びを生み出す力があることを自然と理解できるということ。

(エ) 幼い子どもが言語を習得していく姿を見ることで、幼い子どもの言語の習得がどれほど難しいかを自然と理解できるということ。

(2) 本文中の b 創っているは、二つの文節に区切ることができる。この文節どうしの関係として最も適当なものを、次の(ア)～(エ)から一つ選べ。（　）

(ア) 修飾・被修飾の関係　(イ) 補助の関係

(ウ) 主・述の関係　(エ) 並立の関係

(3) 本文中の c 教え＝学ぶという永き係わりについて述べた文として最も適当なものを、次の(ア)～(エ)から一つ選べ。（　）

(ア) 言語場において、言語を遂行することによってもたらされるものである。

(イ) 言語場において、いま・ここでの言語の実践に基づいたものである。

(ウ) 言語場において、言語が反復されることによって成り立ったものである。

(エ) 言語場において、過去の経験をうちに蔵する言語を書き換えるものである。

(4) 本文中の d 生物的は漢字一字の接尾語が二字の熟語に付いて構成されている三字熟語である。d 生物的と同じ構成の三字熟語が波線部（〰〰）に用いられているものを、次の(ア)～(オ)からすべて選べ。（　）

(ア) 社会の情報化が進んでいる。　(イ) この作品は未完成だ。

(ウ) 季節感が伝わる表現だ。　(エ) 衣食住は生活の基本だ。

(オ) 今週は不安定な天気が続く。

(5) 本文中の e 膨という漢字を、「膨れる」と表記して訓で読むとする。このときの「膨れる」の漢字の部分の読みを**平仮名**で書け。（　れる）

(6) 本文における段落どうしの関係を説明した文として最も適当なものを、次の(ア)～(エ)から一つ選べ。（　）

(ア) 2段落では、1段落で述べた内容を具体例を使って示した後、1段落の内容を要約してわかりやすく説明している。

(イ) 4段落では、3段落で述べた内容を比喩を用いて言い換えた後、異なる立場から主張を提示している。

(ウ) 6段落では、5段落で述べた主張を簡潔に言い直したうえで、5段落の問題提起に対する答えを導き出している。

(エ) 8段落では、7段落までの主張を踏まえつつ、7段落で繰り返し述べた内容をもとに話題を広げている。

(7) 冬馬さんのクラスでは、本文を学習した後、各班でテーマを決めてからグループディスカッションをすることになった。次の会話文は、冬馬さんの班で話し合ったものの一部である。これを読み、後の問い㊀～㊂に答えよ。

冬馬 「あらゆることばは社会的な存在である」とは、どういうことだったかな。
友香 本文から［ A ］ものだということだとわかるよ。
冬馬 なるほど。社会的な存在であることばは、意味の振幅が必然的だとも述べられていたね。
麻由 そうだね。意味の振幅が起こる理由は、言語場において人々がたとえ同じ形のことばを使っていても、言語の意味が

のであることだけを意味しない。社会的とは、たとえいかに画一的な性質を要求される集団であろうと、個が互いに同じではないことの謂*(い)いである。人が互いに異なり、その言語が異なる。ことばが人ごとに異なって、そして意味もまた、人ごとに異なって実現する。繰り返そう。私とあなたが異なる——これが全ての始まりである。それが言語の本源的な共生性の根拠である。

[7] 言語の能力。ことば自体が、他者との係わりという e 膨大な変数に満ちたありようの中に、培われたものである。言語の実践。さらにそうした変数に溢(あふ)れた言語の可能性を用いて、ことばによって語ること、ことばを形にして発すること自体が、意識的にせよ、無意識的にせよ、未(いま)だ実現していない、またしても他者との、膨大な変数に満ちた新たなる係わりへと、触手を延ばす営みである。言語能力と言語実践の変数の海にあって、言語的意味は振幅せざるを得ない。自らが用い得ることばの形は同じでも、その使用の経験の蓄積は人ごとに皆異なっている。ことばの形自体はたとえ同じであっても、ことばが係わりのうちに実現する以上、意味は常に係わりの向こうにある。言うまでもなく、係わりとは、対他的なありようであって、予(あらかじ)め形の定まらぬものである。そのことばがいかに教えられ、学ばれるかは、いつも即興的で、未知のもの、その時々に揺れ動くものである。私たちはことばによって〈既に在る意味〉をやりとりしているのでは、決してない。意味とは〈いま・ここに・新たに・実現する意味〉のことである。〈既に在る意味〉が受け渡されるのではなく、意味は常に〈係わり〉という不定の形の向こうにあって、意味にとっての振幅はいよいよ本源的な性質である。この点で、ことば結節環*として築かれる係わりの向こうに、大いなる幸運と共にあるいは実現するかもしれないもの、それが〈意味〉である。〈意味〉——それはいつも可能性の方に立ち現れる。

[8] さらに言えば、母語と非母語を問わず、私たちが他者のことばを学ぶ根拠、学びたい根拠といったものも、まさにこうした〈言語がいかに在るか〉という問いから照らし出される、言語の本源的な共生性といったありようのなかに、存する。

(野間秀樹(のまひでき)「言語存在論」より。一部表記の変更がある)

注

*反覆…本文より前の部分で、ことばが、受け手・発し手の間で表される場ごとに異なった意味となることだと述べられており、本文では「反復」と区別して使用されている。

*而して…そうして。

*点景…風景画や風景写真で、趣を出すために加えられるもの。

*言語場…本文より前の部分で、受け手・発し手の間で音や文字を用いてことばが表される場だと述べられている。

*間主観性…自己の認識のみならず、他者の認識も含めた共同的な作用によって成り立つ主観の在り方。

*の謂い…という意味。

*結節環…ある物と他の物とを結び付ける手がかり。

(1) 本文中の a それは知れる についての説明として最も適当なものを、次の(ア)～(エ)から一つ選べ。(　　)

(ア) 幼い子どもがことばを教え＝学ぶ姿を見ることで、自分は言語をいつどのように習得したかを自然と理解できるということ。

(イ) 幼い子どもがことばを教え＝学ぶ姿を見ることで、自分もまだことばを学ぶ必要があることを自然と理解できるということ。

(ウ) 幼い子どもが言語を習得していく姿を見ることで、幼い子どもに

２ 次の文章を読み、問い(1)～(7)に答えよ。（１～８は、各段落の番号を示したものである。）

１ いつでも、そしてどこにあっても、あらゆることばは、幼き自らが当該の時間までに他者から学び、他者に教えてきたことばである。発することば自身が、常に、既に数多（あまた）の反覆*を経てきたものである。言語の起源ははかり知ることができない。*而（しか）して自らの言語の起源は誰もがうっすらと思い描き得る。他者としての乳飲み子を見遣（みや）ることで、ａそれは知れる。遠き日に、乳飲み子であった自らの歴史、幼き日に遊んだ自らの歴史には、教え＝学ぶものとしてのことばが点景*として鏤（ちりば）められているであろう。

２ あらゆる言語場*が世界のうちに在る限り、あらゆることばもまた、世界のうちに実現する。言語の起源に立ち会うことはできないが、言語の今は常に自らがｂ創っている。あらゆる〈話されたことば〉、ありとあらゆる〈書かれたことば〉は、他者との係（かか）わりのうちにのみ、位置を占める存在である。その係わりとは、常に二重の係わりである。一つは、言語を用い得るということ自体が、教え＝学ぶという永き係わりに培（つちか）われたものであるということ。いま一つは、言語場における言語の実践それ自体が、その言語場における他ならぬ教え＝学ぶという係わりであるということ：

　言語は他者との二重の係わりのうちに在る

　言語を発し得ること自体が、ｃ教え＝学ぶという永き係わりに培われている

　言語を発すること自体が、教え＝学ぶという新たな係わりの実践である

３ 教え＝学ぶという係わりをめぐるこの二重性は、言語にとって本質的なものである。言語場において実現されたことばは、たとえたった一つの単語からなることばであっても、二つの性質を本質的に持つ。第一に、ことばは、教え＝学んだ、形と意味と機能の経験という、過去の言語場における他者との係わりをうちに蔵しているという性質。第二に、ことばはまた新たな言語場における教え＝学ぶ係わりを自（おのずか）ら求めるという性質。第一の係わりは言語の能力を支え、第二の係わりは言語の遂行からもたらされる。個にあっては、第一の係わりは生まれてからこれまでの実践に基礎づけられ、第二の係わりはいま・ここでの実践に基礎づけられる。第一の係わりは反復に支えられ、第二の係わりは反復を執行する。第二の係わりは言語の新たな書き換えである。

４ 言語的な実践とは、単に人から人への一般的な係わりを意味しない。互いの知覚の圏内に入る、といったｄ生物的な係わりでもない。言語の実現、ことばが言語場に形として現れるということ、言語が言語場に行われる、即（すなわ）ちまさに言語がそこに〈在る〉ということ、そのこと自体が、原理的に、人と人とのこうした教え＝学ぶという人間的＝社会的な二重の係わりの果実であり、花であり、また同時に種子なのである。

５ あらゆることばは社会的な存在である。ことばは他者とことばを交わすことができるがゆえに社会的な存在なのではない。自らがことばを発し得るということ自体が、既に社会的なのである。そしてことばを発する営み自体もまた、社会的である。それも単なる価値の交換のような社会性ではなく、〈教える〉〈学ぶ〉といった契機を内包する、いかにも人間的な社会性である。言語の間主観性*といったものを語り得るとしたら、その基礎はここにある。

６ 言語は社会的なものだと人は言う。社会的なものとは、集団的なも

(ウ)　キャンバス自体が物体性を持ちつつ、それを用いる人のイメージを受け取る非物質性も持つということ。

(エ)　キャンバス自体が空間を占めるものとして対象性を持ちつつ、支持体であることを超えた物体性も持つということ。

(6)　本文中の f 広げるの活用の種類として最も適当なものを、後のⅠ群(ア)～(ウ)から一つ選べ。また、f 広げると同じ活用の種類である動詞を、後のⅡ群(カ)～(サ)からすべて選べ。Ⅰ(　　)　Ⅱ(　　)

Ⅰ群　(ア)　五段活用　(イ)　上一段活用　(ウ)　下一段活用

Ⅱ群　(カ)　射る　(キ)　発する　(ク)　詣でる　(ケ)　跳ねる　(コ)　消す　(サ)　省みる

(7)　本文中の g うと同じ意味・用法でうが用いられているものを、次の(ア)～(エ)から一つ選べ。(　　)

(ア)　午後からピアノの練習をしようかな。

(イ)　きっとうまくいくだろうが気は抜けない。

(ウ)　君が歩くのなら私も駅まで歩こう。

(エ)　主体的に行動できる人になろうと思う。

(8)　本文中の h ソウの片仮名の部分を**漢字**に直し、**楷書**で書け。(一　　)

(9)　次の会話文は、春彦さんと華世さんが本文を学習した後、本文について話し合ったものの一部である。これを読み、後の問い㈠・㈡に答えよ。

春彦　「キャンバスの在りよう用い方はさまざま」とあるけれど、キャンバスの「在りよう」と「用い方」は、それぞれ［A］だと本文から読み取れるね。

華世　「在りよう」がさまざまな理由は、「人間の考えや感じることの展開性や伝達性に由来する」からだったよね。「用い方」は、その時々や人によって変わるんだね。

春彦　そうだね。それに、画家は、イメージを有形のキャンバスに表現していると述べられていたね。そうして表現されたものは、筆者にとって、人間がそうであるように、［B］だと言うことができるね。

㈠　会話文中の［A］に入る適当な表現を、本文の内容を踏まえて、**二十字以上、三十字以内**で書け。

㈡　会話文中の［B］に入る最も適当な表現を、本文中から**十二字**で抜き出し、**初めと終わりの三字**を書け。［　　　］～［　　　］

び付きつつ、想像の羽を f 広げる、身体を持つ表現になった。こうしてキャンバス絵画は、物体性対象性を持ちつつ、非対象的超越的な広がりの現象としてあらわれる。人間が想像の羽を持つ身体的存在であるように、キャンバス絵画もまた想像の羽を持つ身体的存在ということになろ g う。

人は誰しも、有形無形のキャンバスを用意している。それは多分、人間の考えや感じることの展開性や伝達性に由来する。それを意識的に用いる者もいれば、ほとんど無意識のまま用いる者もいる。白いノートもキャンバスであれば、無形の想像の野もまたキャンバスである。キャンバスの在りよう用い方はさまざまであろう。思いつきや沸き立つイメージを、そのまま口でしゃべったり手振りで示すこともあるが、脳のキャンバスに映し直したり、白いノートに書き起こしたり、コンピューターに入力することもある。大抵、人は無形の想像の野から出発して、有形のキャンバスにイメージを表（あら）わす展開となる。画家の表現の手順がまさにそうであるが、一般の人もまた似た道を歩む。詩人、作曲家の表現はもちろん、一般の人も無形から有形のキャンバスに表現を行う。画家の経験から言うと、刺激的な有形のキャンバスの用意によって、表現が h 一ソウ鮮明になり、輝きが広がるわけである。

（李（り）　禹煥（うふぁん）「両義の表現」より）

注

＊支持体…絵画を描く土台とする紙・板・布・金属板などの物質。

＊ミニマル・アート…あらゆる装飾を取り去った最小限の手段での制作を試みる造形芸術。

＊抽象絵画…事物の写実的再現ではなく、点・線・面・色彩による表現を目指した絵画。

＊二次的…それほど重要でないさま。

---

(1) 本文中の［　　］に入る最も適当な表現を、本文中から**四字**で抜き出して書け。［　　　　］

(2) 本文中の a 素材の読みを**平仮名**で書け。（　　）

(3) 本文中の b 一律の意味として最も適当なものを、次のⅠ群(ア)～(エ)から一つ選べ。また、本文中の d 浮き彫りにするの意味として最も適当なものを、後のⅡ群(カ)～(ケ)から一つ選べ。Ⅰ（　）Ⅱ（　）

Ⅰ群　(ア) 例外なく全て同じ　(イ) はっきりしていて確か
　　　(ウ) 深みがなく単純　(エ) 秩序立って厳格

Ⅱ群　(カ) 新たにする　(キ) 目立たせる
　　　(ク) 華やかにする　(ケ) ゆがませる

(4) 本文中の c 古い時代の絵について、本文で述べられている原始時代から農耕時代の絵の特徴とはどのような特徴か。その説明として最も適当なものを、次の(ア)～(エ)から一つ選べ。（　）

(ア) 周りの空間とは関係を持たず、それ自体を見る対象として描かれる。
(イ) 周りの空間との調和を保ち、移動性を重視した様式になっている。
(ウ) 周りの空間と混ざりあうことで、だんだんと場所性を喪失する。
(エ) 周りの空間と融合して場所性を持ち、その場所を際立たせる。

(5) 本文中の e キャンバスの両義性について説明したものとして最も適当なものを、次の(ア)～(エ)から一つ選べ。（　）

(ア) キャンバス自体が物体性を持ちつつ、それを用いる人の心に作用する非物質性も持つということ。
(イ) キャンバス自体が空間を占めるものとして対象性を持ちつつ、周りの壁や空間と連動する可能性のある物体性も持つということ。

国語

時間　五〇分
満点　五〇点

(注)　字数制限がある場合は、句読点や符号なども一字に数えなさい。

1　次の文章を読み、問い(1)～(9)に答えよ。

原始時代は洞窟壁画に見られるように、絵は自然の暗い岩壁に描かれた。そして農耕時代では神殿の壁、時が下ると教会の壁そして宮殿の壁になった。その後産業社会が興(おこ)り、住居の概念が変わりつつ移動する壁つまり板や布、紙などによるキャンバスが登場し、幾度の変化を経て今日のそれに至っている。絵画は、自然の洞窟や神殿、教会、宮殿までは空間と絵が一体化し特定な場所性を持つものであった。中世から近世にかけて移動性が重視されると、絵は徐々に場所性を失い、独自の存在様式に向かう。キャンバスのような移動可能な軽い支持体*とさまざまなフレームの発明である。場所を引き立てる絵画であった時は、住居の空間構成そのものがフレームの役割を担(にな)っていたものだが、移動式の絵となるや、いわゆるフレームの囲いで内側を聖域視する仕組みができた。つまりキャンバスに描かれた絵はフレームに閉じ込められ、外部から遮断された独立空間として成立したというわけである。

そしてようやく現代美術になって、閉じた絵画様式が解体され、支持体が多様化し□もはずれた。同時に絵は裸となり、それ自体を見る対象(object)になった。絵はキャンバスによるものであろうと他のa素材によるものであろうと、ミニマル・アート*が示すように、絵を持つ物体として新たな存在性を獲得した。とはいえ、現代美術においてフレームのない絵の意味は決してb一律的ではない。c古い時代の絵のように、それが場所または観念として、周りの空間と連なったり溶けあうものである場合は少ない。むしろ作品が閉鎖的自立的でありながら、共存的刺激的な対象(object)として、空間や観客と直(じか)に結び付く。絵は元は非対象的な空間だったのが、抽象絵画*の観念空間の時期を経て、見る対象(object)と化したと言うこと。絵はそれ自体として見るものとなると同時に、空間を占めるものとして仕組まれるや対象(object)性が強まり、平面性は二次的*になった。この傾向は明らかに、キャンバスの物体性つまりその存在性をd浮き彫りにする性格を強めた。

描かれる対象(object)ということは、平面のキャンバスを用いたとしても、絵が三次元性の物体であることを意味する。キャンバスが支持体であることを超えて、独自な存在性を獲得する上で、この三次元の物体の性格は重要である。しかしそれは単なる物体ではない。奇妙な生きもののような物体でいわば矛盾的存在なのだ。キャンバスはれっきとした物体でありながら、その白い表面の広がりや緊張感のある張り具合などから、こちらの精神や感覚を刺激する不思議な非物質性を帯びる。私はそこに二次元的なフィールドとして捉え直すことのできるeキャンバスの両義性、矛盾律を読み取る。こうしてキャンバスは、その物体性と非物質的性格の結合による新たな平面次元として蘇(よみがえ)った。だから私にとってキャンバスは、物体であると同時に非物質であり、三次元であると同時に二次元なのだ。私とキャンバスとの関わり次第で、周りの壁や空間と連動する可能性が開かれた。

キャンバスは、その二重性故に周りの空間との連動性と、非物質的なイメージを呼び起こす、特殊なフィールドの性格を持つに至った。この奇妙な存在性こそが、絵画を生きものにする。つまり絵画は、物質性と結

2023年度／解答

数　学

① 【解き方】(1) 与式＝$-9\times(7-16)=-9\times(-9)=81$

(2) 与式＝$\dfrac{4(3x-2y)-3(4x-y)}{24}=\dfrac{12x-8y-12x+3y}{24}=-\dfrac{5}{24}y$

(3) 与式＝$3\times5\sqrt{2}-\sqrt{2}-\sqrt{18}=15\sqrt{2}-\sqrt{2}-3\sqrt{2}=11\sqrt{2}$

(4) 与式を順に①，②とする。②より，$-x+6y=-1$……③　①＋③×2より，$9y=3$だから，$y=\dfrac{1}{3}$　$y=\dfrac{1}{3}$を①に代入して，$2x-3\times\dfrac{1}{3}=5$より，$2x=6$　よって，$x=3$

(5) $x=a$のとき，$y=-2a^2$，$x=a+2$のとき，$y=-2(a+2)^2=-2a^2-8a-8$だから，変化の割合について，$\dfrac{-2a^2-8a-8-(-2a^2)}{a+2-a}=-40$が成り立つ。$\dfrac{-8a-8}{2}=40$より，$a=9$

(6) $2x+y=\mathrm{A}$とすると，与式＝$(\mathrm{A}+5)(\mathrm{A}-5)=\mathrm{A}^2-25$　Aを$2x+y$に戻して，$(2x+y)^2-25=4x^2+4xy+y^2-25$

(7) 解の公式より，$x=\dfrac{-2\pm\sqrt{2^2-4\times6\times(-1)}}{2\times6}=\dfrac{-2\pm\sqrt{28}}{12}=\dfrac{-2\pm2\sqrt{7}}{12}=\dfrac{-1\pm\sqrt{7}}{6}$

(8) 右図のように，EFの延長線と辺BCとの交点をIとする。正五角形の1つの内角の大きさは，$180°\times(5-2)\div5=108°$だから，$\angle\mathrm{BEF}=180°-(37°+108°)=35°$　△EBIの内角と外角の関係より，$\angle\mathrm{FIG}=\angle\mathrm{BEF}+\angle\mathrm{EBI}=35°+60°=95°$　△GFIの内角と外角の関係より，$\angle\mathrm{FGI}=\angle\mathrm{EFG}-\angle\mathrm{FIG}=108°-95°=13°$　よって，$\angle x=180°-(13°+108°)=59°$

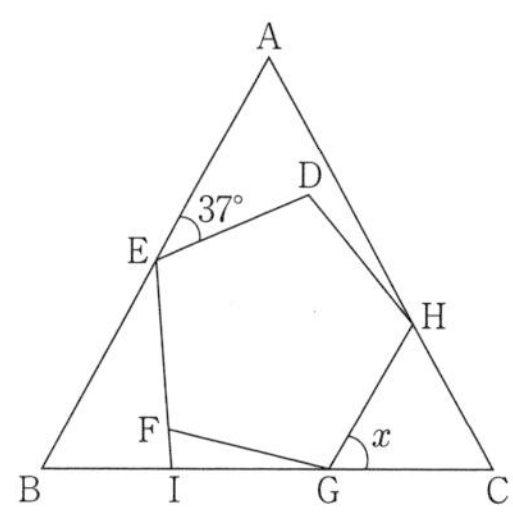

(9) 3人のくじの引き方は，太郎さんが4本，次郎さんは3本，花子さんは2本からそれぞれ1本を引くので，全部で，$4\times3\times2=24$(通り)　このうち，花子さんだけがあたりくじを引く場合は，2本のあたりくじをA，B，2本のはずれくじをC，Dとすると，(太郎，次郎，花子)＝(C，D，A)，(C，D，B)，(D，C，A)，(D，C，B)の4通り。よって，求める確率は，$\dfrac{4}{24}=\dfrac{1}{6}$

【答】(1) 81　(2) $-\dfrac{5}{24}y$　(3) $11\sqrt{2}$　(4) $x=3$，$y=\dfrac{1}{3}$　(5) 9　(6) $4x^2+4xy+y^2-25$　(7) $x=\dfrac{-1\pm\sqrt{7}}{6}$　(8) 59°　(9) $\dfrac{1}{6}$

② 【解き方】(1) 拾ったペットボトルの本数の合計から，$3+9+15+6+11+8+4+a+b=8\times9$が成り立つ。整理して，$a+b=16$　$0<a<b$より，$(a,\ b)=(1,\ 15)$，$(2,\ 14)$，$(3,\ 13)$，$(4,\ 12)$，$(5,\ 11)$，$(6,\ 10)$，$(7,\ 9)$が考えられる。生徒9人がそれぞれ拾ったペットボトルの本数はすべて異なっていたので，$a=2$，$b=14$

(2) 先生を除いた9人が拾ったペットボトルの本数を少ない順に並べると，2，3，4，6，8，9，11，14，15となる。人数が10人のとき，第1四分位数は少ない方から3番目，第3四分位数は多い方から3番目になる。先生も加えた10人のとき，第1四分位数として考えられる本数は3本か4本となる。第1四分位数が3本のとき，先生が拾ったペットボトルの本数は3本以下となるので，このときの四分位範囲は，$11-3=8$(本)

となり，条件に合わない。第1四分位数が4本のとき，先生が拾ったペットボトルの本数は4本以上で，第3四分位数は，$4 + 9 = 13$（本）となる。よって，先生が拾ったペットボトルの本数は13本。

【答】(1) (a =) 2　(b =) 14　(2) 13（本）

3【解き方】(1) AE = EF = FC = CA，∠AEF = ∠EFC = ∠FCA = ∠CAE より，四角形ACFEは正方形で，AFはその正方形の対角線だから，$AC = \frac{1}{\sqrt{2}}AF = 2\sqrt{2}$ (cm)　よって，正八面体の1辺の長さは $2\sqrt{2}$ cm。

(2) 点Hは正方形BCDEの対角線の交点になるので，BD = 4 cm より，$BH = EH = \frac{1}{2}BD = 2$ (cm)　また，点HはAFの中点でもあるので，$FH = \frac{1}{2}AF = 2$ (cm)　よって，三角錐HBFEの底面を△BEHとしたとき，高さがFHなので，その体積は，$\frac{1}{3} \times \frac{1}{2} \times 2 \times 2 \times 2 = \frac{4}{3}$ (cm^3)

(3) 点Aと平面BFCとの距離は，三角錐ABFCで，面BFCを底面としたときの高さになる。三角錐ABFCは三角錐HABCと三角錐HBFCを合わせた立体で，三角錐HABCと三角錐HBFCの体積は三角錐HBFEの体積と等しいから，三角錐ABFCの体積は，$\frac{4}{3} \times 2 = \frac{8}{3}$ (cm^3)　△BCFは1辺の長さが $2\sqrt{2}$ cmの正三角形だから，高さは，$\frac{\sqrt{3}}{2} \times 2\sqrt{2} = \sqrt{6}$ (cm)　よって，$△BCF = \frac{1}{2} \times 2\sqrt{2} \times \sqrt{6} = 2\sqrt{3}$ (cm^2)　ここで，点Aと平面BFCとの距離，つまり，三角錐ABFCで，面BFCを底面としたときの高さを h とすると，$\frac{1}{3} \times 2\sqrt{3} \times h = \frac{8}{3}$ が成り立つ。これを解くと，$h = \frac{4\sqrt{3}}{3}$　よって，点Aと平面BFCとの距離は $\frac{4\sqrt{3}}{3}$ cm。

【答】(1) $2\sqrt{2}$ (cm)　(2) $\frac{4}{3}$ (cm^3)　(3) $\frac{4\sqrt{3}}{3}$ (cm)

4【解き方】(1) 点Aは関数 $y = \frac{a}{x}$ 上の点だから，$y = \frac{a}{x}$ に，$x = 2$，$y = 6$ を代入して，$6 = \frac{a}{2}$ より，$a = 12$　2点B，Cは関数 $y = \frac{12}{x}$ 上の点で，それぞれの x 座標から，原点Oについて対称だとわかるので，線分BCは原点Oを通る。点Bの y 座標は，$y = \frac{12}{4} = 3$ だから，直線ABの傾きは，$\frac{3 - 6}{4 - 2} = -\frac{3}{2}$　よって，直線ABの式を $y = -\frac{3}{2}x + b$ として，点Aの座標を代入すると，$6 = -\frac{3}{2} \times 2 + b$ より，$b = 9$　よって，点Dの y 座標は9だから，$△BDC = △OBD + △OCD = \frac{1}{2} \times 9 \times 4 + \frac{1}{2} \times 9 \times 4 = 36$

(2) $y = \frac{12}{-4} = -3$ より，点Cの y 座標は -3，点Eの y 座標は点Bと等しく3だから，DE : EC = $(9 - 3) : \{3 - (-3)\} = 1 : 1$ より，点Eは線分CDの中点である。したがって，$△BCE = △BDE = △BDC \times \frac{1}{2} = 18$　四角形 $COFE = △BDC \times \frac{2}{5} = \frac{72}{5}$ より，$△BOF = 18 - \frac{72}{5} = \frac{18}{5}$　△BOFの底辺をBFとしたときの高さは，$3 - 0 = 3$ だから，$BF = \frac{18}{5} \times 2 \div 3 = \frac{12}{5}$ より，Fの x 座標は，$4 - \frac{12}{5} = \frac{8}{5}$

【答】(1) (a =) 12　(面積) 36　(2) $\frac{8}{5}$

5【解き方】(2) △DBEと△BDCにおいて，∠BED = ∠DCB = 90°，BD共通，BE = DCだから，△DBE ≡ △BDC　よって，∠BDE = ∠DBCとなるから，∠CDF = ∠EBF　△CDFと△EBFにおいて，DC =

BF，$\angle CDF=\angle EBF$，$\angle DCF=\angle BEF$だから，$\triangle CDF\equiv\triangle EBF$　よって，$CF=EF$　ここで，$CF=EF=x$ cmとすると，$BF=(8-x)$ cm　直角三角形BEFにおいて，三平方の定理より，$BF^2=BE^2+EF^2$だから，$(8-x)^2=6^2+x^2$　これを解くと，$x=\frac{7}{4}$　よって，$EF=\frac{7}{4}$cm

(3) GHとDEの交点をJとすると，$DE\perp GH$より，$\angle DJG=90°$だから，GJ∥BE　また，点JはDEの中点だから，$DG:DB=DJ:DE=1:2$より，GはDBの中点。△ABDにおいて，三平方の定理より，$DB=\sqrt{8^2+6^2}=10$ (cm)　よって，$DG=GB=10\div 2=5$ (cm)　折り返しているので，$GE=GD=5$ cm　ここで，$BI=a$ cmとすると，$\triangle IGB\backsim\triangle IFE$より，相似比は，$GB:FE=5:\frac{7}{4}=20:7$だから，$BI:EI=20:7$より，$EI=\frac{7}{20}a$ (cm)　これより，$GI=\left(5-\frac{7}{20}a\right)$cmで，$GI:FI=20:7$だから，$FI=\frac{7}{20}\left(5-\frac{7}{20}a\right)=\frac{7}{4}-\frac{49}{400}a$ (cm)　$BI=BF-FI$で，$BF=8-\frac{7}{4}=\frac{25}{4}$ (cm)だから，BIの長さについて，$a=\frac{25}{4}-\left(\frac{7}{4}-\frac{49}{400}a\right)$が成り立つ。これを解くと，$a=\frac{200}{39}$　よって，$BI=\frac{200}{39}$cm

【答】(1) △IGBと△IFEで，対頂角は等しいから，$\angle BIG=\angle EIF$……①　長方形ABCDにおいて，AD∥BCより，平行線の錯角は等しいから，$\angle ADB=\angle IBG$……②　線分EDは，線分BDを対称の軸として，線分ADを対称移動させたものだから，$\angle ADB=\angle GDF$……③　線分EGは，線分GHを対称の軸として，線分DGを対称移動させたものだから，$\angle GDF=\angle IEF$……④　②，③，④から，$\angle IBG=\angle IEF$……⑤　①，⑤より，2組の角がそれぞれ等しいので，$\triangle IGB\backsim\triangle IFE$

(2) $\frac{7}{4}$ (cm)　(3) $\frac{200}{39}$ (cm)

6 **【解き方】**(1) 数値ボックスに1を入力すると，右矢印が1個，上矢印が1個，左矢印が2個，下矢印が2個表示される。数値ボックスに2を入力すると，数値ボックスに1を入力したときの矢印に加えて，右矢印が3個，上矢印が3個，左矢印が4個，下矢印が4個表示される。以下，数値ボックスに3を入力すると，新たに右矢印が5個，上矢印が5個，左矢印が6個，下矢印が6個，数値ボックスに4を入力すると，新たに右矢印が7個，上矢印が7個，左矢印が8個，下矢印が8個表示されるから，表示される矢印の個数の合計は，$1+1+2+2+3+3+\cdots+8+8=(1+8)\times\frac{8}{2}\times 2=72$ (個)

(2) 数値ボックスに20を入力したとき，左矢印は，2個，4個，6個，8個…，40個表示されるから，その個数は，$2+4+\cdots+40=(2+40)\times\frac{20}{2}=420$ (個)

(3) 右矢印の個数と上矢印の個数は常に等しいから，上矢印と左矢印と下矢印の個数の合計と右矢印の個数との差は，左矢印と下矢印の個数の合計である。左矢印と下矢印の個数も等しく，数値ボックスにnを入力したときのそれぞれの個数はともに，$2+4+6+8+\cdots+2n=(2+2n)\times\frac{n}{2}=n^2+n$ (個)　したがって，$2(n^2+n)=6160$より，$n^2+n-3080=0$　左辺を因数分解して，$(n+56)(n-55)=0$　nは自然数だから，$n=55$

【答】(1) 72 (個)　(2) 420 (個)　(3) 55

英　語

1 【解き方】(1) Yes, I have.という返答から，現在完了の疑問文〈Have＋主語＋過去分詞 ～?〉が入ることがわかる。「あなたは今までにそこに行ったことがありますか？」などが適切。「そこに行ったことがある」＝have been there。「今までに」＝ ever。

(2) (a) ダイキの「私たちの学校でやりました」という返答から，場所を尋ねる疑問文が入ることがわかる。「(イベントなどを)する」＝ have。(b)「あなたの横でギターを弾いている少年は誰ですか？」などの文が考えられる。「～している」は現在分詞を用いて表す。

【答】(例) (1) Have you ever been　(2) (a) Where did you have　(b) playing the guitar

◀全訳▶　(1)

① この週末に何か計画はあるの？

② ええ，家族と動物園に行くつもりよ。今までそこに行ったことがある？

③ ええ，あるわ。たくさんの動物を見て，赤ちゃんライオンがとてもかわいかったわ。

④ まあ，すばらしい！　すぐにそこに行きたいわ。

(2)

ケイト：冬休みはどうだった？

ダイキ：楽しかったよ。音楽イベントをやって，楽しんだよ。

ケイト：それはいいね。どこでそれをしたの？

ダイキ：私たちの学校でしたよ。見て。これがその写真だよ。

ケイト：まあ！　あなたが歌っているわ！　あなたの横でギターを弾いている少年は誰？

ダイキ：彼はケンタだよ。彼はそれが得意で，歌も上手なんだ。

2 【解き方】(1) ①は for example で「例えば」，②は「～間」という意味。それぞれ for が入る。

(2) 広斗の 9 番目のせりふでわかば美術館への行き方が説明されている。turn right (left) at ～＝「～を右 (左) に曲がる」。find ～ on the right ＝「右側に～が見つかる」。

(3) 広斗からわかば寺に行くことを勧められたルーシーの返答。文前半の「彼女は日本文化に興味がある」という言葉から考える。

(4) (ア) 広斗の 3 番目のせりふを見る。広斗はアプリで調べてから，わかば湖とわかば寺に行った。(イ) 広斗の 6 番目のせりふを見る。広斗は「2 つの駅の間には他に 15 の駅がある」と言っている。(ウ) ルーシーの 5 番目のせりふを見る。ルーシーは観光のための場所を知らない。(エ)「ルーシーは日本語がよく理解できないので，アプリで英語の情報を得ることができて喜んでいる」。ルーシーの 4・5 番目のせりふを見る。内容と一致する。

【答】(1) for　(2) (ウ)　(3) (ア)　(4) (エ)

◀全訳▶

ルーシー：こんにちは，広斗。何を見ているの？

広斗　　：こんにちは，ルーシー。電話で「わかば」と呼ばれるアプリを見ているよ。

ルーシー：それは何？

広斗　　：これはわかば市によって作られたアプリなんだ。このアプリはこの街の観光のための場所を紹介しているよ。

ルーシー：なるほど。あなたはよくそのアプリを使うの？

広斗　　：うん，例えば，先週そのアプリで調べてから，私はわかば湖とわかば寺に行ったんだ。楽しかったよ。

ルーシー：それはいいね。私もそのアプリを使いたいけれど，日本語がよく理解できないの。

広斗　　：そのアプリでは英語で情報を得ることができるよ。今からあなたのために英語を選ぼう。

ルーシー：ありがとう。このアプリでは英語で情報を得ることができるので，私はうれしいわ。私の姉が来月，彼女の国からわかば市に来る予定なんだけれど，私はここで観光のための場所を知らないの。私はここに２か月間住んでいるわ。だから，私はそのアプリを使って，彼女と一緒に街を歩き回りたいわ。

広斗　　：あなたはどんな種類の場所を訪れたいの？

ルーシー：そうね，この街には有名な鉄道があると聞いたわ。

広斗　　：それはわかば鉄道だね。それは約40年前に建設され，この鉄道でさくら駅からかえで駅まで電車が走っているよ。２つの駅の間には他に15の駅があるんだ。電車はわかば川沿いを走るので，電車からその景色を楽しむことができるよ。

ルーシー：あなたはその鉄道について多くのことを知っているね。

広斗　　：私はアプリでその鉄道についての情報を得たんだ。私たちは音声案内を聞くことができるよ。

ルーシー：それは素晴らしいアプリだと思うわ。私の姉は美術が好きなので，私は彼女と一緒に美術館を訪れたいわ。

広斗　　：それなら，わかば美術館はどう？　それはみなと駅の近くだよ。

ルーシー：わかったわ。駅からそこまでどうやって行けばいいの？

広斗　　：ええと，アプリを見よう。駅から，わかば湖の方へ歩いて。最初の角を右に曲がり，通りに沿って歩いて。左側に湖が見えるよ。その後，角を左に曲がって。右側に美術館が見つかるよ。

ルーシー：わかったわ。美術館周辺で他に観光のための場所を知っている？

広斗　　：ええと，わかば寺はどう？　それは外国人に人気のある場所だよ。

ルーシー：いいね。彼女は日本文化に興味があるので，私と一緒にそのお寺に行って，そこで日本文化を楽しむかもしれないわ。

広斗　　：そのアプリを使うことによって，あなたたちがわかば市を楽しんでくれたらいいと思うよ。

3 **【解き方】** (1)「海で何が起こったのか僕に教えて」という意味。「AにBを教える」= tell A B。「～で何が起こったのか」= what happened in ～。tell me what happened in the sea となる。

(2) ② 現在進行形〈be 動詞の現在形＋～ing〉の文。⑥ 文前半から時制が過去の文であることがわかる。feel の過去形は felt。

(3)「彼らは何をしているの？」という疑問文。おじの「多くの人々が海にサンゴを取り戻すため，一生懸命努力している」という説明の直後Aに入る。

(4) 下線部は３年前にサンゴを移植した１つ目の地点のこと。第３段落の３文目から第４段落の１文目を見る。「海の温度が高くなり過ぎた(オ)」→「たくさんのサンゴが死んだ(ア)」→「１つ目の地点にサンゴを移植した(エ)」→「ツアーで，良は１つ目の地点について聞いた(イ)」→「１つ目の地点で，良は美しいサンゴを見た(ウ)」の順。

(5) ツアーに参加する前に良が想像していなかったこと。直前の文を見る。良は「サンゴを移植すれば，再び美しいサンゴを見ることができるし，再びたくさんの魚を見ることもできる」ことを理解した。

(6) 第５段落にあるケンと良の会話を見る。(Ⅰ群) ケンは良に「サンゴを救いたければ地球温暖化について考えることが『必要だ』」と言った。(Ⅱ群) 良はケンに「地球温暖化を止めるためのいくつかの例」を伝えた。

(7) (a)「良のおじとケンは全ての季節にツアーのガイドとして働いていますか？」。第２段落の後半にあるおじの言葉を見る。良のおじとケンがツアーのガイドとして働いているのは夏の間だけなので，Noで答える。(b)「サンゴを移植し終えたとき，サンゴは良にとってどのようなものでしたか？」。第４段落の最後から２・３文目に「サンゴは星のようだった」と書かれている。

(8) (ア) 第２段落を見る。良がおじやケンと一緒にサンゴを移植したいと思ったのは，良がおじを訪れ，おじからサンゴの話を聞いたあと。(イ) 第３段落の最終文を見る。ツアー参加者が移植したのは「小さな」サンゴ。(ウ)「将来，海が再び高温になり過ぎれば，ツアーで良が移植したサンゴは死んでしまうだろう」。第５段落の最初にある良とケンの会話を見る。内容と一致する。(エ) 第５段落の２文目にあるケンの言葉を見る。ケンは「一番大切なことはそれらのための環境を保護することだ」と言っている。(オ)「良はサンゴを救うために日常生活の中でたくさんのことができることに気づき，そのことがケンを幸せにした」。第5段落の後半にある良とケンの会話を見る。内容と一致する。

(9) (a)「私は京都のお寺を訪れるのが好きで，苔のおかげでとても素敵に見える庭園がたくさんあります」。直前に名詞の gardens，直後に動詞の look があるので主格の関係代名詞が入る。(b) 本文の最終段落の3文目を見る。良は「私たちは行動を起こすべきだ，なぜならば，私たちは将来，『周囲にあるたくさんの美しいもの』を失ってしまうかもしれないからだ」と考えている。(c)「私は行動を起こす必要があると思う」というエミリーに対する康太のせりふ。本文の最終段落の最後から2文目にある「少し自分の行動を変える」などの表現が入る。助動詞の should のあとなので動詞の原形から始める。

【答】 (1) (カ)→(エ)→(イ)→(ア)→(ウ)→(オ)　(2) ② trying　⑥ felt　(3) A　(4) (オ)→(ア)→(エ)→(イ)→(ウ)　(5) (イ)
(6) (Ⅰ群) (エ)　(Ⅱ群) (キ)　(7) (例) (a) No, they don't.　(b) They were like stars.　(8) (ウ)・(オ)
(9) (a) (ア)　(b) many beautiful things around us　(c) (例) change your actions a little

◀全訳▶　私にはおじがおり，彼は海の近くで彼の家族と一緒に暮らしています。私が家族と一緒に彼を訪れると，私はいつも彼や彼の息子のケンと一緒に泳ぎます。海には私たちのお気に入りの地点があって，そこではたくさんの美しいサンゴを見ることができます。

昨年，私たちは夏にお気に入りの地点の1つで泳ぎました。しかし，サンゴが見えなかったので私は驚きました。私はおじに「2年前はその地点でたくさんの美しいサンゴを見たのに，今日は見えなかった。どうして？　もし知っていたら，海で何が起こったのか僕に教えて」と言いました。彼は「あのね，昨年多くのサンゴが死んだんだ。異常気象のせいで，夏の間に海が高温になり過ぎたんだよ。他の場所でも多くのサンゴが死んだので，今では多くの人々が海にサンゴを取り戻すため，一生懸命努力している」と言いました。私は「彼らは何をしているの？　もっと知りたい」と言いました。彼は「1つは海の温度が正常に戻ったあと，サンゴを移植することだ。ツアーでサンゴを移植する人たちもいるし，ケンと私は夏の間にときどき，ツアーのガイドとして働いている。私たちは来週もそれをする予定だよ」と言いました。私は「海にサンゴを戻すためにできることがあれば，僕はそれがやりたい」と言いました。「それなら，一緒にそのツアーに参加しよう」と彼が言ったので，私はそれに参加することにしました。

ツアー当日は晴れていました。私はおじやケンと一緒に海の近くにある小さな建物を訪れ，そこで他の数人のガイドと会いました。私たちはそこでツアーに参加している他の人たちにも会い，おじは「今日は，2つの地点に行く予定です。それらの地点では，5年前に海が高温になり過ぎたため，たくさんのサンゴが死にました。しかし，3年前に私たちはこのツアーで1つ目の地点にサンゴを移植したので，今はそこで美しいサンゴを見ることができます。2つ目の地点で，私たちはサンゴを移植する予定です」と言いました。彼は私たちに小さなサンゴを見せ，「これらが私たちが移植する予定のサンゴです」と言いました。

1つ目の地点で，私たちはたくさんの美しいサンゴを見ました。それらの周りにはたくさんの小さな魚がいました。サンゴを移植すれば，私たちは再び美しいサンゴを見ることができるし，再びたくさんの魚を見ることもできるのだということを私は理解しました。ツアーの前に，私はそのことを想像していませんでした。2つ目の地点で，私たちは海に潜り，サンゴを移植しました。サンゴを移植し終え，もう一度それらを見たとき，私は星について考えました。そのサンゴはそれらのようでした。私は私たちのお気に入りの地点にもサンゴを移植し，将来きれいなサンゴが再び見たいと思いました。

ボートに戻ったとき，私はケンに，「もう一度海が高温になり過ぎたら，僕たちが今日移植したサンゴは死んでしまうのだろうか？」と言いました。彼は「うん。でも，もし何もしなければ，僕たちはサンゴを取り戻すことができない。何か問題を見つけたとき，僕たちは何かをしようと努力するべきだ。もちろん，一番大切なことはそれらのための環境を保護することだ」と言いました。私は「そうだね。サンゴを救うために僕にできることは何かあるのだろうか？」と言いました。彼は「うん。今日，地球温暖化のため，異常気象がより頻繁に起きている。そして，地球温暖化のため，海がより高温になってきている。もしサンゴを守りたければ，僕たちは地球温暖化について考えなければならない。それを止めるために，僕たちに何ができるだろう？」と言いました。私は「あまり多くの電気を使うべきではないと思う」と答えました。私は「買い物に行くときには自分自身のショッピングバッグを持っていくべきだし，僕たちはあまり多くのビニール袋を使うべきではない。ああ，サンゴを救うため，日常生活の中で多くのことができることが今わかったよ」とも言いました。ケンは「そのことがわかってくれて僕はうれしい。発電したりその他のものを作ったりするとき，僕たちは温室効果ガスを排出している。だから，自分たちの行動について考えることが重要なんだ」と言いました。私は「自分の行動についてもっと考えてみる」と言いました。

昨年の夏，私たちのお気に入りの地点で泳いだとき，私は悲しく感じました。私はサンゴが地球温暖化のせいで死につつあるとは思いませんでした。今，同様のことが私たちの周囲にあるたくさんの美しいものにも起こるかもしれず，将来それらのものが見られなくなるかもしれないと私は思っています。私たちみんながそのことを理解し，行動を起こすべきです。昨年の夏から，私は少し自分の行動を変えていますし，あなたたちにもそうしてもらいたいと思っています。そうすれば，あなたたちは周囲のたくさんのものを救うことができると私は確信しています。

4 **【解き方】**(1) 映画が始まるのは10時35分。今10時15分なので，あと20分待たなければならない。

(2) エミリーは兄に宿題を手伝ってくれるよう頼むつもりである。

【答】(1) (イ)　(2) (ア)

◀全訳▶　(1)

A：こんにちは，ユカ。ずっとあなたを待っていたわ。

B：こんにちは，エマ。私たちが見る映画は10時35分に始まるのよ。あなたは何時にこの劇場に着いたの？

A：9時40分にここに着いたの。私は10時に映画が始まると思っていたのだけれど，間違っていたわ。

B：あなたは長い間待っていたのね。今10時15分よ。私たちは少し待たなければならないわ。

質問：ユカはエマと一緒にどれくらい映画を待たなければなりませんか？

(2)

A：どうしたの，エミリー？

B：お母さん，宿題をしているのだけれど，難しいのよ。今，私を手助けしてくれる？

A：残念だけれど，無理だわ。雨が降り出す前に郵便局に行きたいの。でもお兄ちゃんがもうすぐ帰宅するから，彼に聞けばいいわ。

B：わかった。そうするわ。雨が降り出す前に帰宅することを願っているわ。

質問：エミリーは彼女の兄に何をしてくれるように頼むつもりですか？

5 **【解き方】**(1) 1階にはレストランがあって，食事をすることができる。

(2) 3階の部屋では3本の映画を見ることができるが，今日の午後は部屋の清掃が行われるため，今日は午前中の2本しか上映されない。

【答】(1) (エ)　(2) (イ)

◀全訳▶

ガイド：こんにちは，みなさん。みどり科学博物館にようこそ。この科学博物館で，みなさんは科学に関するたくさんの情報を得ることができます。今から，この科学博物館の各階についてみなさんにお伝えします。1階にはレストランがあります。そして2階には2つの部屋があります。それぞれの部屋でみなさんは自然や科学の歴史について学ぶことができます。その階には書店もあります。その書店では科学に関する本を購入することができます。3階には部屋が1つあります。その部屋では3本の異なる科学映画を見ることができます。最初の映画は午前10時に始まり，約20分です。2つ目の映画は午前11時に始まり，3つ目のものは午後1時に始まります。それらは約40分です。しかし部屋を清掃する予定のため，今日の午後は映画を見ることができません。2階と3階では何も食べることができません。何か食べたい場合は，レストランを利用してください。ありがとうございました。

質問(1) 人々は科学博物館の１階で何をすることができますか？

質問(2) 今日科学博物館はいくつの映画を上映する予定ですか？

6 **【解き方】**(1) 日本を離れるケイトのため，写真を撮って，それに彼女へのメッセージを書こうという提案に対する意見を聞かれている。I agree.＝「賛成です」。

(2)「彼女（サキ）と話したい」と言っているＡに対するせりふ。introduce A to B＝「ＢにＡを紹介する」。

【答】(1) (ア)　(2) (ウ)

◀全訳▶　(1)

Ａ：今年の３月にケイトが日本を離れる予定だということを聞きましたか？

Ｂ：はい。私たちは彼女のために何かするべきだと思います。

Ａ：彼女と一緒に写真を撮って，それに彼女へのメッセージを書きましょう。どう思いますか？

Ｂ：(賛成です。きっと彼女は喜ぶだろうと思います)。

(2)

Ａ：窓のそばで私たちの英語の先生と話している少女は誰ですか？　私は毎週末に公園で彼女を見かけます。

Ｂ：彼女はサキです。私は放課後，よく彼女と一緒に勉強します。

Ａ：彼女はいつもかわいい服を着ています。私は彼女と話して，どこでそれらを買ったのか聞きたいです。

Ｂ：(彼女たちが話し終えたら，あなたを彼女に紹介してあげましょう)。

国語

1 【解き方】(1)「現代美術」の時代になる前は「キャンバスに描かれた絵は…に閉じ込められ，外部から遮断された独立空間として成立」していたのであり，それが現代美術の時代になると「閉じた絵画様式が解体」された，つまり絵を閉じ込めていたものがはずされて，絵が「裸」になったとあることから考える。

(4)「古い時代の絵」が「場所または観念として，周りの空間と連なったり溶けあうもの」であることをふまえて，現代美術よりも前の絵のありかたを説明している1段落に着目する。絵は，原始時代には自然の暗い岩壁，農耕時代には神殿や宮殿，教会の壁に描かれていて，この時点までは「空間と絵が一体化し特定な場所性を持つものであった」とあるので，「周りの空間と連なったり溶けあう」絵とは，原始時代から農耕時代の絵を指す。

(5) 筆者が「キャンバスの両義性」を読み取っている「そこ」は，キャンバスが持つ「れっきとした物体でありながら…不思議な非物質性」を指している。

(6)「ない」をつけると，直前の音が「エ段」の音になる下一段活用。(カ)・(サ)は，「ない」をつけると，直前の音が「イ段」の音になる上一段活用。(キ)は，サ行の音をもとにして，変則的な変化をするサ行変格活用。(コ)は，「ない」をつけると，直前の音が「ア段」の音になる五段活用。

(7) 推量を表している。他は，意志や勧誘を表す。

(9) ㊀ 筆者は，人は考えることや感じることを表現するために「誰しも…キャンバスを用意している」「それを…用いる者もいる」と述べている。より具体的には，人が用意する「キャンバス」には，「白いノート」のような形のあるものも，「想像の野」のような形のないものもある。また，そのキャンバスの使い方は「思いつきや沸き立つイメージを，そのまま口でしゃべったり手振りで示す」ような，はっきりと意識して形にするのではないような表現であったり，ノートに書き起こすような意識的に形にする表現であったり，様々であると説明している。㊁ 筆者は，キャンバスが「物体であると同時に非物質であり，三次元であると同時に二次元」という二重性を持っているために「絵画を生きものにする」と言い，絵画は「身体を持つ表現」になったと述べている。その上で，「人間が想像の羽を持つ身体的存在であるように，キャンバス絵画もまた…身体的存在ということになろう」と，人間とキャンバスとが共通の性質を持っていることを指摘している。

【答】(1) フレーム　(2) そざい　(3) Ⅰ．(ア)　Ⅱ．(キ)　(4) (エ)　(5) (ア)　(6) Ⅰ．(ウ)　Ⅱ．(ク)・(ケ)　(7) (イ)　(8) (一)層

(9) ㊀ 有形や無形であることと，意識的または無意識に用いること（27字）（同意可）　㊁ 想像の～的存在

2 【解き方】(1)「乳飲み子を見遣る」ことで，「自らの言語の起源」を思い描くことができると述べている。

(2)「創って／いる」と分けられる。「創る」に「いる」がついて，そういう状態であるという意味を添えている。

(3) 2段落では，「教え＝学ぶという永き係わり」は「言語を用い得ること」を培ったものだと述べている。つまり，「教え＝学ぶという永き係わり」のおかげで，私たちは言語を使えるようになったということを意味している。このことは，1段落ではもっと具体的な表現で「あらゆることばは，幼き自らが当該の時間までに他者から学び，他者に教えてきたことばである」「発することば自身が…既に数多の反覆を経てきたものである」と説明されている。

(4) (イ)・(オ)は，上の一字が，下の二字熟語の意味を打ち消している。(エ)は，それぞれが意味を持つ三つの漢字を並べている。

(6) 1段落では「教え＝学ぶという永き係わり」について，2段落では「教え＝学ぶという新たな係わり」について具体的に説明し，さらに2段落の終わりで二つの段落の内容を要約している。続く3段落は，前の二つの段落で述べたことが言語にとって本質的であることを補足している。4段落から6段落では，言語が社会的なものであることについて，一般的な考えと筆者の主張を交互に示して説明している。7段落では，そこまでに述べてきた言語の性質をふまえて，言葉の意味は人との係わりの中で実現していくものであることを，表現を変えながら繰り返して述べている。そして8段落は「さらに言えば」で7段落の内容を受けつつ，論

を展開している。

(7) ㊀ ことばが「社会的な存在」であることについて説明している5・6段落に着目すると，まず5段落に，ことばは「〈教える〉〈学ぶ〉といった契機を内包する，いかにも人間的な社会性」を持っているとある。そして6段落には，その社会性は「私とあなたが異なる」「ことばが人ごとに異なって，そして意味もまた，人ごとに異なって実現する」ことを根拠として，異なった人どうしが係わり，共生していこうとするから成立するものだと述べている。㊁ ことばの「意味の振幅」について説明している7段落に着目する。ことばは他者との新たな係わりという「膨大な変数に満ちた」場に置かれるため，意味が一定に定まることはなく，「自らが用い得ることばの形は同じでも…向こうにある」と述べている。㊂ グループディスカッションは，話し合いの目的に沿った意見を交換し，お互いの考えの良い点や共通点などを取り入れながら考えを深め，グループとして意見をまとめて結論を出せるように進めるとよい。

【答】 (1) (ア)　(2) (イ)　(3) (ウ)　(4) (ア)・(ウ)　(5) ふく(れる)　(6) (エ)

(7) ㊀ (エ)　㊁ ことばの使用経験の蓄積が異なる人どうしの係わりの先（25字）（同意可）　㊂ (イ)

3 **【解き方】** (1)「長説法する」人物は，観地房の阿闍梨。他の語は，阿闍梨の説法が終わって舞楽が始まるのを待っていた見物人の動作や様子を表している。

(2)「けれ」は已然形なので「已然形＋ば」で，「～ので」と原因・理由を表す。

(3) 語頭以外の「は・ひ・ふ・へ・ほ」は「わ・い・う・え・お」にする。また，古語の「づ」は「ず」にするが，「つづく」のように，現代仮名遣いでも「づ」のまま書くものがある。

(4) ㊀「聖人に心無し」に注目。「万物の心を以て心とす」は，万物，つまり自分を取り巻くあらゆるものの心を，「聖人」の心とするという意味。㊁「万事，人の心を守り，時により，機に随ふ」とあるように，「万物の心を以て心とす」とは，その場の人々の思いを大事にし，時と場合に合わせることの大切さを意味している。㊂「法愛の者にも，多く説くべからず」について，「目出たき事も，人の心に飽く程になれば，益無し」とくわしく説明を続けている。「目出たき」は，「すばらしい」という意味。「飽く」は，「飽きて嫌になる」「満足する」という意味。ここでは「益無し」になってしまうという悪い結果に結びついているので，否定的な意味の「飽きて嫌になる」で解釈する。また，説法を「多く説く」ことによって「飽く」ので，「人の心」とは，説法を聞いている人の心を指す。

【答】 (1) (ア)　(2) (ウ)　(3) ただ(舞)え・(ア)

(4) ㊀ (エ)　㊁ B. 尊重する　C. 時と場合を考える（それぞれ同意可）　㊂ (イ)

◀口語訳▶　常州に，観地房の阿闍梨という呼び名の，真言宗の作法によって祈祷をする僧が，仏の教えを説き聞かせることなども流ちょうにして，いた。ただし，人の気持ちにお構いなしの長説法であった。寺堂を建てて供養する際に，中心となる僧として，例の長説法をしていると，（そのときは）舞楽の準備をしていて，子どもが舞う舞であったので，特に見物の男女が大勢いた。説法が終わるのを待っていても，あまりに長くて，日が傾いたので，見物の人々も，「どうだ，説法は終わったか」と尋ねると，「あの災害のような長話の僧は，まだ高座にいるぞ」と，人々は言い合った。そうして日が暮れてしまったので，「とにかく舞え」といって，舞楽だけは何とか行ったのであった。

「聖人は（固執した）考えを持たない。万物の心を自分の考えとする」と言って，万事，人の心を見守り，時によって，（そのときの）場合に従うのがよろしい。仏法の理念を聞きたいというような場合で，心静かに過ごす道場であれば，丁寧に説くのがよろしい。舞楽を準備しているような供養にはそれにふさわしい心づかいがあるべきであったのだ。

法華経には，「仏法に対する深い思いがある者にも，多く説くべきではない」と記してある。素晴らしい教えも，人の心に嫌気がさすほどであれば，ためにならない。ただただ説き方を聞く人の心に合わせるべきではあるまいか。

京都府公立高等学校
(前期選抜)
—共通学力検査—

2022年度
入学試験問題

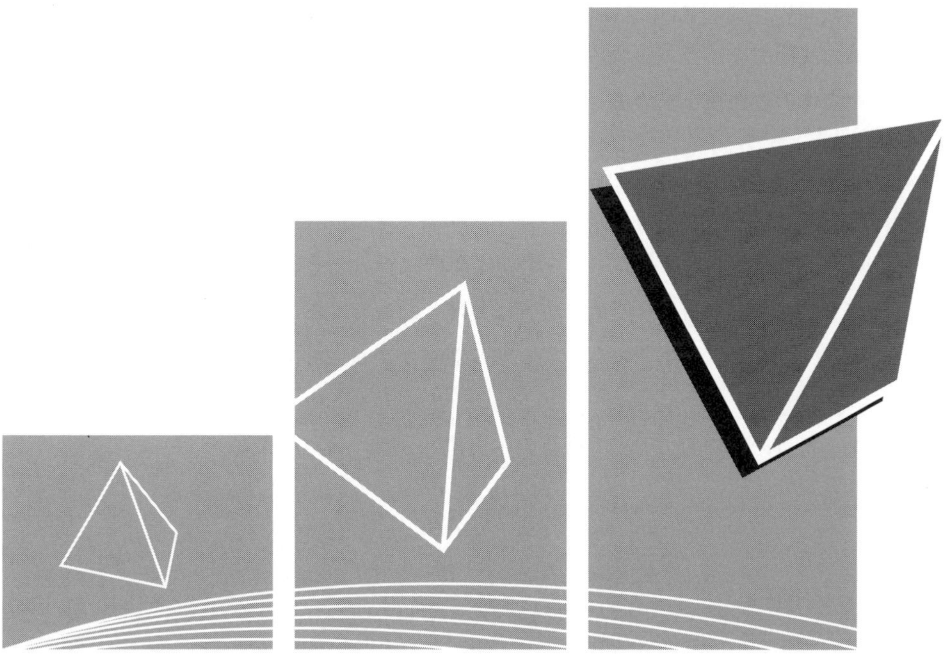

数学

時間　50分　　満点　50点

（注）　円周率は π としなさい。
答えの分数が約分できるときは，約分しなさい。
答えが $\sqrt{\ }$ を含む数になるときは，$\sqrt{\ }$ の中を最も小さい正の整数にしなさい。
答えの分母が $\sqrt{\ }$ を含む数になるときは，分母を有理化しなさい。

1　次の問い(1)～(9)に答えよ。

(1)　$(-5)^2 - 2^3 \div 4$ を計算せよ。(　　　)

(2)　$\frac{3}{2}ab \div \frac{1}{6}ab^2 \times (-a^2b)$ を計算せよ。(　　　)

(3)　$\sqrt{6} \times \sqrt{18} - \frac{9}{\sqrt{27}}$ を計算せよ。(　　　)

(4)　次の連立方程式を解け。(　　　　　)

$$\begin{cases} 3x - (y + 8) = 12 \\ x - 2y = 0 \end{cases}$$

(5)　1次関数 $y = -\frac{7}{3}x + 5$ について，x の増加量が6のときの y の増加量を求めよ。(　　　)

(6)　$(x - y)^2 - 49$ を因数分解せよ。(　　　)

(7)　2次方程式 $4x^2 - 4x - 1 = 0$ を解け。(　　　)

(8)　底面の半径が3cm，母線の長さが5cmである円錐(すい)を2つ用意し，2つの円錐の底面をぴったり重ねると，右の図のような立体ができた。このとき，できた立体の表面積を求めよ。(　　　cm^2)

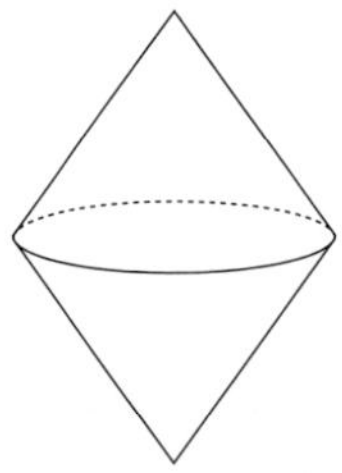

(9)　右の表は，あるサッカーチームが1年間に行ったそれぞれの試合の得点を調べ，その結果を度数分布表に整理したものである。このとき，次の(ア)～(ウ)を，値の小さいものから順に並べかえ，記号で書け。

(　　→　　→　　)

(ア)　得点の平均値　　(イ)　得点の中央値　　(ウ)　得点の最頻値

得点(点)	度数(試合)
0	14
1	13
2	12
3	2
4	1
計	42

2　右の図のように，1，3の数が書かれた黒玉と，1，3，5の数が書かれた白玉がそれぞれ1個ずつ，合計5個の玉が入っている袋がある。

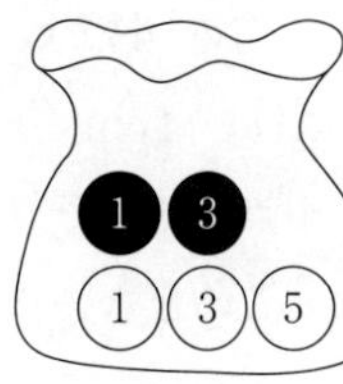

　このとき，次の問い(1)・(2)に答えよ。ただし，袋に入っているどの玉が取り出されることも同様に確からしいものとする。

(1)　5個の玉が入っている袋から玉を1個取り出し，取り出した玉に書かれている数を調べてから袋にもどす。次に，もう一度この袋から玉を1個取り出し，取り出した玉に書かれている数を調べる。このとき，はじめに取り出した玉に書かれている数と，次に取り出した玉に書かれている数が等しくなる確率を求めよ。(　　　)

(2)　5個の玉が入っている袋から玉を同時に2個取り出し，取り出した2個の玉のうち，白玉の個数をa個とする。また，取り出した2個の玉に書かれている数の和をbとする。このとき，$4a = b$となる確率を求めよ。(　　　)

3　右の図のように，関数$y = ax^2$のグラフ上に2点A，Bがあり，点Aの座標は$(-3,\ 2)$，点Bのx座標は6である。また，2点A，Bを通る直線とy軸との交点をCとする。

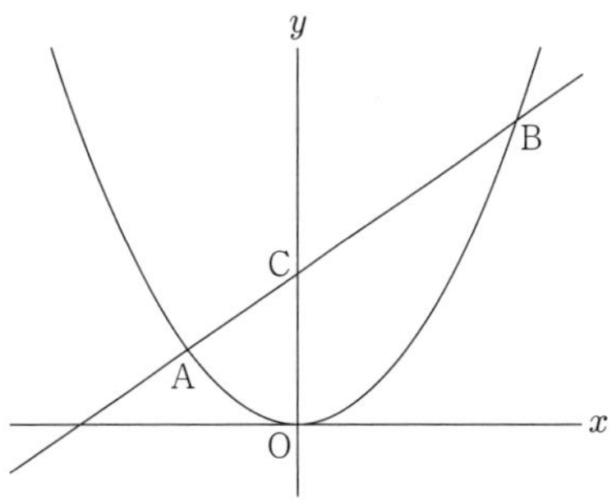

　このとき，次の問い(1)～(3)に答えよ。

(1)　aの値を求めよ。(　　　)

(2)　直線ABの式を求めよ。(　　　)

(3)　x軸上に点Dを，線分BDと線分CDの長さの和が最も小さくなるようにとるとき，△BCDの面積を求めよ。(　　　)

4　右の図のように，正三角形ABCがあり，辺BC上に点Dを，BD：DC＝7：2となるようにとる。また，△ABCと同じ平面上に点Eを，△ADEが正三角形となるようにとる。

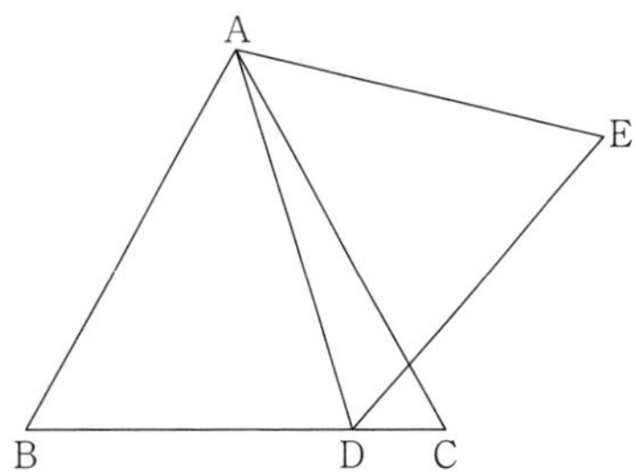

　このとき，次の問い(1)・(2)に答えよ。ただし，点Eは直線ADに対して点Bと同じ側にないものとする。

(1)　△ABD ≡ △ACEであることを証明せよ。

(　　　)

(2)　2点C，Eを通る直線と直線ADとの交点をFとするとき，EC：CFを最も簡単な整数の比で表せ。(　　　)

5　右の図のように，直方体ABCD—EFGHがあり，AB = AD = 4 cm，AE = $2\sqrt{3}$ cmである。また，2辺EF，EHの中点をそれぞれI，Jとする。

このとき，次の問い(1)～(3)に答えよ。

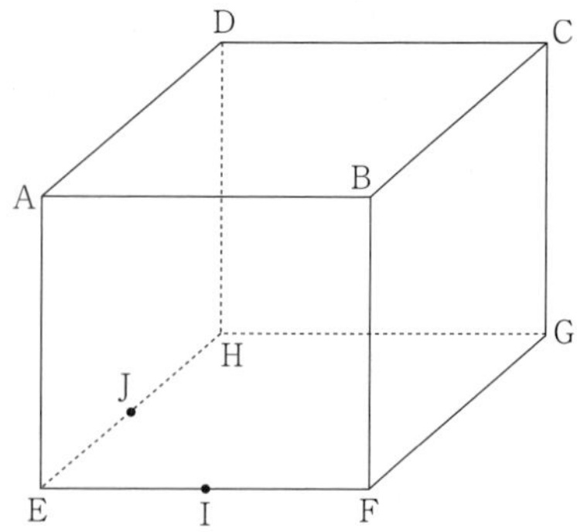

(1)　線分IJの長さを求めよ。(　　　cm)

(2)　四角形BDJIの面積を求めよ。(　　　cm^2)

(3)　2点A，Gを通る直線と四角形BDJIとの交点をKとするとき，四角錐KEFGHの体積を求めよ。(　　　cm^3)

6　右の図のような，長いすAと長いすBが，それぞれたくさんある。長いすAには1脚あたり必ず2人座り，長いすBには1脚あたり必ず3人座るものとする。長いすA，Bを使用してちょうどn人座るとき，長いすA，Bの脚数の組み合わせの総数は何通りあるか，長いすAだけ使用する場合と長いすBだけ使用する場合を含めて考える。

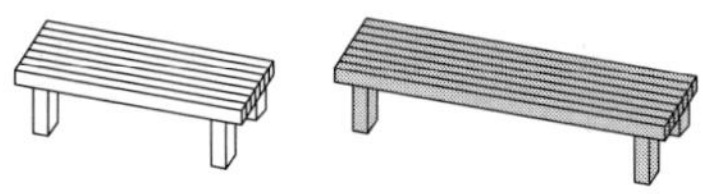
長いすA　　　長いすB

たとえば，$n = 9$のとき，長いすAを3脚と長いすBを1脚使用する場合と，長いすBだけを3脚使用する場合があるから，長いすA，Bの脚数の組み合わせの総数は2通りである。

次の表は，$n = 2, 3, 4, 5, 6$のときの，長いすA，Bの脚数の組み合わせと，長いすA，Bの脚数の組み合わせの総数をまとめたものである。

n	長いすA，Bの脚数の組み合わせ	長いすA，Bの脚数の組み合わせの総数
2	{長いすA…1脚 長いすB…0脚	1通り
3	{長いすA…0脚 長いすB…1脚	1通り
4	{長いすA…2脚 長いすB…0脚	1通り
5	{長いすA…1脚 長いすB…1脚	1通り
6	{長いすA…3脚 長いすB…0脚，{長いすA…0脚 長いすB…2脚	2通り

このとき，次の問い(1)～(3)に答えよ。ただし，nは2以上の自然数とする。

(1)　$n = 20$のとき，長いすA，Bの脚数の組み合わせの総数は何通りあるか求めよ。(　　　通り)

(2)　$n = 127$のとき，長いすA，Bの脚数の組み合わせの総数は何通りあるか求めよ。(　　　通り)

(3)　aを2以上の自然数とする。長いすA，Bの脚数の組み合わせの総数がa通りあるときのnの値として考えられるもののうち，最小の値と最大の値を，それぞれaを用いて表せ。ただし，答えは，かっこがあればかっこをはずし，同類項があれば同類項をまとめて簡単にすること。

最小の値(　　　)　最大の値(　　　)

英語

時間　50分　　満点　50点

（編集部注）放送問題の放送原稿は英語の末尾に掲載しています。
音声の再生についてはもくじをご覧ください。

（注）問題4・5・6（リスニング）は，問題1・2・3の終了後に配布されます。

語数制限がある場合は，短縮形（I'm など）と数字（100 や 2022 など）は1語として数え，符号（, / . / ? / ! / “” など）は語数に含めないものとします。

1　次の問い(1)・(2)に答えよ。

(1)　次の絵の中の①～④の順に会話が成り立つように，［　　］に入る適切な英語を，**4語**で書け。

（　　　　　　　　）

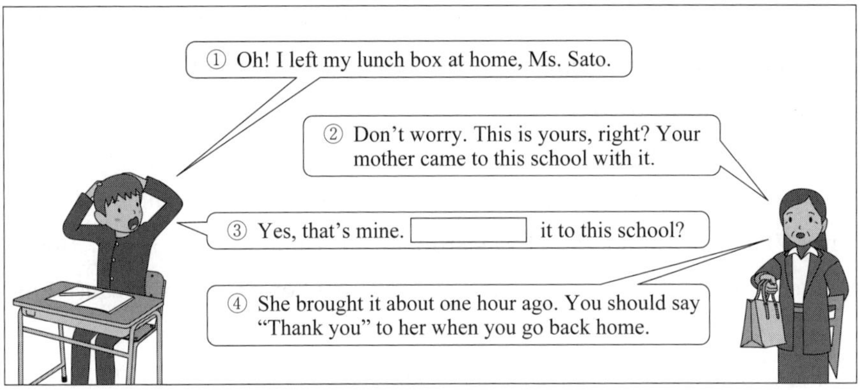

① Oh! I left my lunch box at home, Ms. Sato.
② Don't worry. This is yours, right? Your mother came to this school with it.
③ Yes, that's mine. [　　] it to this school?
④ She brought it about one hour ago. You should say "Thank you" to her when you go back home.

(2)　次の絵は，直己（Naoki）が友人のフィリックス（Felix）と下の会話をしている一場面を表している。この絵をもとに，後の問い(a)・(b)に答えよ。

Felix　：　Hello.

Naoki：　Hello. This is Naoki. ［①］ Felix, please?

Felix　：　Yes, it's me. What's up?

Naoki：　Hi, Felix. Have you finished the English homework? I am doing it now. It is difficult for me and I have some questions to ask you.

Felix : Sure. But I'm busy now because I have to [②]. For example, I have to give it food and walk it in the park. My parents will be back at four, so you can come to my house at four thirty.

Naoki : OK, I'll visit you then. Thank you, see you later.

(a) 会話が成り立つように，[①] に入る適切な英語を，**4語**で書け。(　　　　　　　　)

(b) 会話が成り立つように，[②] に入る適切な英語を，**4語**または**5語**で書け。

(　　　　　　　　)

[2] 次の英文は，高校生の大地（Daichi）と留学生のカーター（Carter）が交わしている会話である。下のランニングイベント（running event）のリスト（list）を参考にして英文を読み，後の問い(1)～(4)に答えよ。

Carter : What are you looking at on your phone?

Daichi : I am looking at a list of running events around our city. I checked the running events held during these two months, and I found these five running events. I'm thinking of joining one of them. [①]?

Carter : Oh, yes! Which event will we join among these five running events?

Daichi : Well, I joined this running event last year. When I was running, I saw a beautiful river. That was wonderful. I want to join this running event again. How about you?

Carter : Well, oh, I'm sorry. I can't join the events held on Saturday because I have a guitar lesson every Saturday.

Daichi : I see. Then, how about this one? The list says that we can choose one *category from four categories. The event will start at 3 p.m. to see the *sunset.

Carter : That sounds nice! I want to try it.

Daichi : Oh, look! The list says that people who are twenty years old or more can join it, so we can't do it because we are seventeen years old. We need to find another one.

Carter : So, we have to choose the running events held in [②], right?

Daichi : That's right. Which category do you want to join? I ran five *kilometers last year, but I'll try a longer *distance category this year.

Carter : This is my first time to join a running event and it will be difficult for me to try a long distance category. I think a shorter one like three kilometers or five kilometers is better.

Daichi : I agree. How about this event? Are you free on that day?

Carter : No, I will go to ABC Stadium to watch a soccer game with one of my friends from the morning on the day. The running event will start in the morning, so I can't join it.

Daichi : I see. Let's join another one.

Carter : What do you think about this running event?

Daichi： Are you talking about Muko *Marathon? My brother joined it last year. He said it is so hard for people who don't have much experience of running because we have to go up and down in a mountain.

Carter： Really? Then, I think we should choose ③ this running event.

Daichi： I think so, too. Finally, we have decided the running event we will join! Which category will you run in?

Carter： I'll try the three kilometer category, and you?

Daichi： I'll choose the ten kilometer category. Do you have good shoes for running?

Carter： No, I don't. It's Friday today, so let's go to buy new shoes for the event tomorrow.

Daichi： OK.

リスト（list）

	開催日	開始時間	参加資格	部門
(ア) かさマラソン(Kasa Marathon)	11月22日(日)	15:00	20歳以上	ハーフマラソン・10km・5 km・3 km
(イ) ふしマラソン(Fushi Marathon)	11月28日(土)	15:00	高校生以上	10km・5 km・3 km
(ウ) みやマラソン(Miya Marathon)	12月 6日(日)	13:00	高校生以上	ハーフマラソン・10km・3 km
(エ) むこマラソン(Muko Marathon)	12月13日(日)	13:00	高校生以上	10km・5 km
(オ) おとマラソン(Oto Marathon)	12月20日(日)	10:00	高校生以上	ハーフマラソン・10km・5 km・3 km

（注） category 部門　sunset 夕焼け　kilometer キロメートル　distance 距離
marathon マラソン

(1) [①] に入る表現として最も適当なものを，次の(ア)～(エ)から１つ選べ。（　　）

(ア) Do you want to try with me
(イ) Will you be busy during these two months
(ウ) Do you want me to join the event
(エ) Will you look for a running event without me

(2) 本文の内容とリスト（list）から考えて，[②] に入る月として最も適当なものを，英語**1**語で書け。（　　）

(3) 本文の内容とリスト（list）から考えて，下線部③にあたるものとして最も適当なものを，リスト（list）中の(ア)～(オ)から１つ選べ。（　　）

(4) 本文の内容と一致する英文として最も適当なものを，次の(ア)～(エ)から１つ選べ。（　　）

(ア) Carter has joined one of the running events on the list before.
(イ) Carter joins a soccer game at ABC Stadium every Saturday.
(ウ) Daichi got the information about Muko Marathon from his brother.
(エ) Daichi will try the three kilometer category in the running event they have chosen.

3 次の英文は，中学生の美来（Miku）が行ったスピーチである。これを読んで，問い(1)～(9)に答えよ。

One warm and sunny day during the spring vacation, my family went *strawberry picking. Mr. Mori, one of my father's friends, had a strawberry *farm and he *invited us to his farm. When my younger brother Akira heard about the strawberry picking, he looked happy but I wasn't interested in visiting the farm. I thought, "We can get strawberries at a supermarket so we [①] go to a farm to eat strawberries." Then my father said, "【 A 】 We can enjoy a white kind of strawberry on his farm." I thought, "A white kind of strawberry? What's that?"

When we arrived at the farm, a man ②(wear) a red cap was waiting. He was Mr. Mori and he took us to one of the *greenhouses. He said to us and the other people who were visiting the farm, "Hello, everyone. Thank you for coming today. Here, you can enjoy both a red kind of strawberry and a white kind of strawberry. I'll ③[(ア) strawberries / (イ) to / (ウ) show / (エ) get / (オ) you / (カ) how]. When you find a strawberry, *pinch it with your fingers and *pull it upward. Then you can *pick it easily. You can enjoy red strawberries in Greenhouse Number 1 and white strawberries in Greenhouse Number 2. 【 B 】" Akira said, "Let's go together, Miku. I want to try the red strawberries first."

There were many bright red strawberries in Greenhouse Number 1. When I found a big red strawberry, I also found cute white flowers. I enjoyed looking at the flowers and then picked strawberries. I picked them with my fingers easily, and I ate a lot. Akira said, "【 C 】 The strawberries on this farm are the most delicious strawberries in my life. They are so good. I didn't imagine that." ④I thought the same thing. Many people say fruits they have just got on a farm are delicious and now I understand why they say so.

Next, we went to the greenhouse for white strawberries. When I found a big white strawberry, I saw white flowers again. I found that the color of the flowers and the color of the strawberries were a little different. The color of the strawberries was between yellow and white, and it was like the color of the sun on a sunny winter day. I think ⑤people will understand my idea when they go to a farm and see white strawberries and their flowers. I thought, "If I give the white strawberries here a name, I'll call them 'bright strawberries'." After I enjoyed looking at the flowers and the strawberries, I picked a strawberry. It was delicious. I ate a lot and then I looked at the white strawberries again to draw pictures of them later at home. When I was looking at them, Mr. Mori came to us and asked, "Have you ever eaten a white kind of strawberry?" I said, "No, I ate it for the first time here. 【 D 】" He said, "Well, the first white strawberries were made in Japan. The white kind of strawberry here is not the first kind, but I heard about them from one of my friends. It took about twenty years to make them." "Twenty years! That's so long!" I was surprised. I realized that *developing a new thing sometimes takes a lot of time.

Mr. Mori ⑥ (teach) us other interesting things about strawberries when we talked with him. For example, *the indigo plant is used on his farm to get bigger strawberries and to collect more strawberries. *At first, some farmers used some *components in the indigo plant to protect strawberries from *mold. Then, some of the farmers realized that strawberries on their farms *grew well. Now scientists think the indigo plant has components that can help plants grow.

I was glad to learn some interesting things about strawberries, and I had many questions when I came home. "Why are red kinds of strawberries red?" "How many kinds of strawberries are there in Japan?" "What is the name of the strawberries I usually eat at home?" Many questions "grew". Before visiting the farm, I knew the color and the shape of red strawberries but I didn't think of questions like these. I thought the strawberry picking there was something like "the indigo plant" for me. Because of the experience on a spring day, now I think we can learn a lot from things that don't sound [⑦] before trying.

（注） strawberry picking　イチゴ狩り　farm　農園　invite 〜　〜を招く
greenhouse　ビニールハウス　pinch 〜　〜をつまむ
pull 〜 upward　〜を上に向けて引っ張る　pick 〜　〜を摘む　develop 〜　〜を開発する
the indigo plant　藍（染料がとれる植物）　at first　はじめは　component　成分
mold　カビ　grow　育つ，大きくなる

(1) [①]・[⑦] に入る語の組み合わせとして最も適当なものを，次の(ア)〜(エ)から1つ選べ。
（　　）

(ア) ① have to　⑦ fun　(イ) ① don't have to　⑦ fun
(ウ) ① have to　⑦ strange　(エ) ① don't have to　⑦ strange

(2) 次の英文を本文中に入れるとすればどこが最も適当か，本文中の【 A 】〜【 D 】から1つ選べ。
（　　）

I'm sure you'll enjoy strawberry picking on my farm.

(3) 下線部② (wear)・⑥ (teach) を，文意から考えて，それぞれ正しい形にかえて1語で書け。
②（　　　）　⑥（　　　）

(4) 下線部③の［　　］内の(ア)〜(カ)を，文意が通じるように正しく並べかえ，記号で書け。
（　　）→（　　）→（　　）→（　　）→（　　）→（　　）

(5) 下線部④が表す内容として最も適当なものを，次の(ア)〜(エ)から1つ選べ。（　　）
(ア) 美来が，店で買ったばかりの果物はおいしいということを実感できたということ。
(イ) 美来が，なぜ農園で採ったばかりの果物はおいしいと人々が言うのか疑問に思ったということ。
(ウ) 美来が，森さんの農園のイチゴは想像していたとおり世界で一番おいしいイチゴだと思ったということ。
(エ) 美来が，森さんの農園のイチゴは想像以上においしく，今までで一番おいしいイチゴだと思ったということ。

(6) 次の英文は，下線部⑤について説明したものである。本文の内容から考えて，[i]・[ii]に入る最も適当なものを，[i]は下のⅠ群(ア)〜(エ)から，[ii]はⅡ群(カ)〜(ケ)からそれぞれ1つずつ選べ。Ⅰ群(　　　) Ⅱ群(　　　)

> Miku thought the color of the white strawberries and the color of their flowers were different. She used a word for something [i] to tell about the color of the white strawberries. She thinks people will think the same thing [ii] they have a chance to visit a farm and see white strawberries and their flowers.

Ⅰ群 (ア) she ate on the farm　(イ) we can drink　(ウ) she tried on the farm
(エ) we can see in the sky

Ⅱ群 (カ) if　(キ) so　(ク) that　(ケ) before

(7) 本文の内容に合うように，次の質問(a)・(b)に対する適当な答えを，下の〈条件〉にしたがい，それぞれ英語で書け。

(a) Was it difficult for Miku to get strawberries with her fingers? (　　　　　　　)

(b) What was Miku looking at when Mr. Mori talked to her and her brother in Greenhouse Number 2? (　　　　　　　)

〈条件〉・(a)は**3**語で書くこと。
・(b)は**7**語で書くこと。

(8) 本文の内容と一致する英文として適当なものを，次の(ア)〜(オ)から**2**つ選べ。(　　　)

(ア) Akira looked happy when he heard about the strawberry picking but he didn't visit Mr. Mori's farm.

(イ) Miku and Akira visited the greenhouse for white strawberries first because Akira wanted to do so.

(ウ) In Greenhouse Number 2, Miku gave a name to the first kind of red strawberry.

(エ) Miku learned making something that hasn't been in the world before sometimes takes a lot of time.

(オ) Miku felt happy that she learned about strawberries on Mr. Mori's farm.

(9) 次の英文は，このスピーチを聞いた後，中学生の隼(しゅん)(Shun)と留学生のアビー(Abby)が交わしている会話の一部である。これを読んで，下の問い(a)〜(c)に答えよ。

> Shun : She used the words "the indigo plant" in her own way in the last part of her speech.
>
> Abby : Let's think about it together.
>
> Shun : Well, at first farmers used the indigo plant for a different reason and then they found that they could use it to make strawberries [i] and to get more strawberries.

Abby： That's right. So Miku used the words "the indigo plant" for the things that help something grow. In the last part, we should understand that [ii] was "the indigo plant" for her.

Shun： Then, for her, what "grew" with the help of "the indigo plant"?

Abby： I think [iii] "grew" after she visited the farm. She gave us three examples in the last part.

(a) [i] に入る語として最も適当なものを，次の(ア)～(エ)から1つ選べ。(　　　)

(ア) larger　(イ) cleaner　(ウ) brighter　(エ) cuter

(b) [ii] に入る最も適当な部分を，本文中から**6語**で抜き出して書け。(　　　)

(c) [iii] に入る適当な英語を，本文の内容にそって**4語以上7語以内**で書け。

(　　　)

【リスニングの問題について】 放送中にメモをとってもよい。

4 それぞれの質問に対する答えとして最も適当なものを，次の(ア)～(エ)から1つずつ選べ。

(1)(　　) (2)(　　)

(1) (ア) A brown cap and a black bag.　(イ) A blue cap and a black bag.

(ウ) A brown cap and a blue bag.　(エ) A blue cap and a blue bag.

(2) (ア) She went to the library with Meg.

(イ) She went to Ume Park with her sister.

(ウ) She went to her aunt's house with her sister.

(エ) She went to the museum with her aunt.

5 それぞれの質問に対する答えとして最も適当なものを，次の(ア)～(エ)から1つずつ選べ。

(1)(　　) (2)(　　)

(1) (ア) 0人　(イ) 2人　(ウ) 4人　(エ) 8人

(2) (ア) 外国の人に駅でインタビューする内容を考える。

(イ) 駅で外国の人に自分たちが考えた質問をする。

(ウ) グリーン先生にどちらの駅に行きたいかを伝える。

(エ) グリーン先生に去年の駅での活動の写真を見せる。

6　それぞれの会話のチャイムのところに入る表現として最も適当なものを，下の(ア)～(エ)から１つずつ選べ。(1)(　　　)　(2)(　　　)

（例題）　A：　Hi, I'm Hana.

B：　Hi, I'm Jane.

A：　Nice to meet you.

B：　〈チャイム音〉

(ア)　I'm Yamada Hana.　　(イ)　Nice to meet you, too.　　(ウ)　Hello, Jane.

(エ)　Goodbye, everyone.

（解答例）　(イ)

(1)　(ア)　I bought them at a shop near my house.

(イ)　I'll buy them tomorrow if I like them.

(ウ)　I'm not sure, but I bought them about a week ago.

(エ)　I'm happy to buy them on your website.

(2)　(ア)　Thank you. I hope I can get it back soon.

(イ)　Thank you. Where did you find it?

(ウ)　Thank you. Then I'll go home now to get yours.

(エ)　Thank you. You can use mine to go to the station.

〈放送原稿〉

2022年度京都府公立高等学校前期選抜入学試験英語リスニングの問題を始めます。

これから，問題4・5・6を放送によって行います。問題用紙を見なさい。

それでは，問題4の説明をします。

問題4は(1)・(2)の2つがあります。それぞれ短い会話を放送します。次に，Questionと言ってから英語で質問をします。それぞれの質問に対する答えは，問題用紙に書いてあります。最も適当なものを，(ア)・(イ)・(ウ)・(エ)から1つずつ選びなさい。会話と質問は2回放送します。

それでは，問題4を始めます。

(1) A： Hi, Emma. What will you buy for Kana's birthday?

B： Hi, Saki. I found a brown cap and a black bag last week.

A： Oh, I went shopping yesterday and bought a blue cap for her.

B： OK, then I will buy only the bag. I hope she will like it.

Question：What will Kana get on her birthday from Saki and Emma?

もう一度放送します。〈会話・質問〉

(2) A： I saw you in the morning yesterday, Haruko.

B： Really? Were you in the library, too, Meg?

A： No, but I went there in the afternoon. I went to Ume Park and saw you there.

B： Well, I think you saw my sister. I didn't go there yesterday. In the afternoon, my aunt came to my house and I visited the museum with her.

Question：Where did Haruko go in the afternoon yesterday?

もう一度放送します。〈会話・質問〉

これで，問題4を終わります。

次に，問題5の説明をします。

これから，英語クラブの部長が部員に連絡した内容を放送します。つづいて，英語で2つの質問をします。それぞれの質問に対する答えは，問題用紙に日本語で書いてあります。最も適当なものを，(ア)・(イ)・(ウ)・(エ)から1つずつ選びなさい。連絡した内容と質問は2回放送します。

それでは，問題5を始めます。

President： Hello, everyone. Before we start today's activity, I'll tell you what we are going to do next week. It's Thursday today and next Thursday, we will interview some foreign people in English at Wakaba Station and Midori Station. There are eight members in this club so we will make two groups. The groups are Group A and B and each group has four members. Group A will visit Wakaba Station and Group B will visit Midori Station. However, if it rains, we won't visit Wakaba Station and the two groups will visit Midori Station. So, next Tuesday, let's think about the questions we will ask to foreign people. Our English teacher Ms. Green will be with us and help us then. She will show us some pictures of last year's activity and tell us how the activity was. Now, let's decide the groups. Tell me which station you would like to visit.

Question (1) : How many students in this club will visit Midori Station if it rains next Thursday?

Question (2) : What will the students in this club do next Tuesday?

もう一度放送します。〈連絡した内容・質問〉

これで，問題5を終わります。

次に，問題6の説明をします。

問題6は(1)・(2)の2つがあります。それぞれ短い会話を放送します。それぞれの会話の，最後の応答の部分にあたるところで，次のチャイムを鳴らします。〈チャイム音〉このチャイムのところに入る表現は，問題用紙に書いてあります。最も適当なものを，(ア)・(イ)・(ウ)・(エ)から1つずつ選びなさい。

問題用紙の例題を見なさい。例題をやってみましょう。

(例題) A： Hi, I'm Hana.

B： Hi, I'm Jane.

A： Nice to meet you.

B： 〈チャイム音〉

正しい答えは(イ)の Nice to meet you, too. となります。ただし，これから行う問題の会話の部分は印刷されていません。

それでは，問題6を始めます。会話は2回放送します。

(1) A： Thank you for calling us. What can I do for you?

B： I bought some books on your website but they have not arrived yet.

A： Do you remember when you bought them?

B： 〈チャイム音〉

もう一度放送します。〈会話〉

(2) A： Good morning, Judy. Oh, are you OK?

B： Oh, Rika. I left my key on the train just now.

A： Don't worry. I'll tell the station staff about your key.

B： 〈チャイム音〉

もう一度放送します。〈会話〉

これで，リスニングの問題を終わります。

るね。一つ目の段落と二つ目の段落から、どのようなことが分かるんだったかな。

健　一つ目の段落と二つ目の段落をあわせて考えると、情け深い行いを第一にするべきだということは、時代や場所だけでなく、行う人の［A］ことであり、大切なことであると読み取れるよ。

かおる　そうだね。また、三つ目の段落では、「みどり子」や「六畜」を引き合いに出して、思慮分別のある人間なら［B］はずだということを伝えているね。

㈠　会話文中の［A］に入る適当な表現を、本文の内容を踏まえて、**四字以上、七字以内**で書け。［　　　　　　　］

㈡　会話文中の［B］に入る最も適当な表現を、次の(ア)～(エ)から一つ選べ。（　　）

(ア)　情けを尽くしても無理には応答を求めない

(イ)　情けを尽くした相手が自分に感謝しているか見抜く

(ウ)　自分が情けを尽くされたことを理解して行動する

(エ)　自分が情けを尽くされたことがなくても気に留めない

3　次の文章は、「十訓抄(じっきんしょう)」の一節である。注を参考にしてこれを読み、問い(1)～(5)に答えよ。

*召伯(せうはく)が政(まつりごと)のやはらかなりし、州民*甘棠(かんたう)の詠をなし、*羊祜(やうこ)があはれみのひろかりし、*門客峴亭(けんてい)の碑を立てけり。なきあとまでも、a情(なさけ)に過ぎたる忘れがたみぞなかりける。

おほかた、*うちあらむ人も情を先とすべし。人、我を悪(あ)しくすとも、我、情をほどこさば、人かへりてしたがふ。「仇(あだ)をば□をもて報ずべし」といへり。*廉頗(れんぱ)が*棘(おどろ)を負ひしためしは、人の心によりて、今の世にもありぬべし。bよそに思ふべからず。なんぞ、ただ*藺相如(りんしやうじよ)のみにかぎらむや。

*みどり子は、親とcいふゆゑを知らねども、*情をむつましくしてしたがふ。*六畜は主といふことをわきまへねども、あはれみを知りて*むつる。いはむや、心ある*人倫をや。

（「新編日本古典文学全集」より）

注

＊召伯…周の政治家。

＊甘棠の詠…ヤマナシの木の詩を作ってうたうこと。ヤマナシは召伯にゆかりがある。

＊羊祜…晋(しん)の政治家。

＊門客峴亭の碑を…弟子たちが羊祜ゆかりの峴亭という山に石碑を。

＊うちあらむ人…普通の人。

＊廉頗…中国の戦国時代の武将。

＊棘を負ひし…謝罪するために、とげのある植物を自ら背負った。

＊藺相如…中国の戦国時代の優れた家臣。ここでは廉頗が謝罪した相手。

＊みどり子…幼児。

＊情をむつましくして…優しく愛情を注ぐことで。

＊六畜…六種の家畜。

＊むつる…なじんで親しくする。

＊人倫…人間。

(1) 本文中の a情に過ぎたる忘れがたみぞなかりける の解釈として最も適当なものを、次の(ア)～(エ)から一つ選べ。（　）

(ア) 情けはその人を最も思い出させるものだ

(イ) 人が情けを尽くすのは人に忘れられないためだ

(ウ) 情けを尽くし過ぎるのはその人のためにはならない

(エ) その人の情けは過去のものとして忘れられてしまった

(2) 本文中の□に入る語として最も適当なものを、次の(ア)～(エ)から一つ選べ。（　）

(ア) 縁　(イ) 恩　(ウ) 仇　(エ) 罪

(3) 本文中の bよそに思ふべからず の解釈として最も適当なものを、次の(ア)～(エ)から一つ選べ。（　）

(ア) 他人だと思われてはいけない

(イ) 他人の意見を気にしてはいけない

(ウ) 他人を傷つけてはいけない

(エ) 他人のことだと考えてはいけない

(4) 本文中の cいふゆゑを は歴史的仮名遣いで書かれている。これをすべて**現代仮名遣い**に直して、**平仮名**で書け。□

(5) 次の会話文は、かおるさんと健さんが本文を学習した後、本文について話し合ったものの一部である。これを読み、後の問い㈠・㈡に答えよ。

かおる　本文では、様々な例を用いて情けについて述べられてい

ている。

(7) 真希さんと剛さんのクラスでは本文を学習した後、本文の内容を要約することになった。次の会話文は、真希さんと剛さんが話し合ったものの一部である。これを読み、後の問い㈠～㈢に答えよ。

真希　私たちはいろいろなものを測りながら生きているんだね。10段落で、「人間は万物の尺度である」という考え方には「人々の判断が麻痺する危険すらあるかもしれません」と述べられていたけれど、どうしてだったかな。

剛　本文全体を通して見ると、この考え方を用いると、異なる感覚を持つ私たち一人一人の［A］はっきりしなくなるからだと読み取れるよ。

真希　なるほど。だから私たちは、複数の「測定する機械」が取り巻く社会の中で「数値を交換して」生活しているんだね。

剛　そうだね。むしろ「人間は万物の尺度である」という考え方には、「人間」と「万物」をどこまで適用させて深く考えるかが必要だと述べられていたけれど、それは［B］からだと解釈できるね。

真希　そうだね。本文をよく理解できたし、要約してみようか。

㈠ 会話文中の［A］に入る適当な表現を、本文の内容を踏まえ、**何によって何がはっきりしなくなるのか**を明らかにして**十五字以上、二十五字以内**で書け。

㈡ 会話文中の［B］に入る最も適当な表現を、次の(ア)～(エ)から一つ選べ。（　）

(ア) よく見知った一部の人間が「我々」であるという認識が、その認識の外の世界との関係をゆがめており、「人間」という認識を拡大していくとき、社交性が身につき、「万物」の認識も広がる

(イ) 同じ文化を共有する人間が「我々」であるという認識が、その認識の外の世界との関係を閉ざしており、「人間」という枠組みを広げていくとき、「我々」を結びつける力が高まり、「万物」の理解にも変化が生じる

(ウ) 人間という生命体が「我々」であるという認識が、その認識の外の世界との関係に格差をつけており、「人間」という概念を捉え直すとき、相互理解が深まり、「万物」の枠組みも広がる

(エ) 普段から慣れ親しんだ人間が「我々」であるという認識が、その認識の外の世界との関係を定めており、「人間」という定義を再度思考するとき、価値観に変化が生まれ、「万物」の捉え方も変化する

㈢ 説明文を要約するときの一般的な注意点として**適当でないもの**を、次の(ア)～(エ)から一つ選べ。（　）

(ア) 文章全体を見通したうえで、結論に着目する。

(イ) 目的や分量に応じて、必要な内容を選択する。

(ウ) 正確にまとめるために、例や補足的な内容は余さず書く。

(エ) 短くまとめる場合は、表現を削ったり別の言葉で言い換えたりする。

い私たちに、主観的な世界の境界に普段は気づいていないことを認識させるから。

(2)　本文中のｂ閉じるの活用の種類として最も適当なものを、次のⅠ群(ア)〜(ウ)から一つ選べ。また、ｂ閉じると同じ活用の種類である動詞を、後のⅡ群(カ)〜(サ)からすべて選べ。Ⅰ（　　）Ⅱ（　　）

Ⅰ群　(ア)　五段活用　(イ)　上一段活用　(ウ)　下一段活用

Ⅱ群　(カ)　遊ぶ　(キ)　得る　(ク)　浴びる

(ケ)　察する　(コ)　飽きる　(サ)　切る

(3)　本文中のｃ世界との距離感を獲得していきますについて説明したものとして最も適当なものを、次の(ア)〜(エ)から一つ選べ。（　　）

(ア)　手に取ることができなくても、対象の大小や様相、対象との隔たりなどを身体のセンサーを使って知覚していくこと。

(イ)　手に入れることができなくても、対象の規模や種類、対象との相性などを身体に備わった感覚を動員して把握していくこと。

(ウ)　直接触れることができなくても、対象の長短や気配、対象との遠近などを五感を働かせて体系的に整えていくこと。

(エ)　手で触れることができなくても、対象の大きさや形態、対象との間隔などを身体を用いて周囲に知らせていくこと。

(4)　本文中のｄそうですと同じ意味・用法でそうですが用いられているものを、次の(ア)〜(エ)から一つ選べ。（　　）

(ア)　美術部の作品展の来場者数は、予想を大きく上回ったそうです。

(イ)　母親に抱かれている赤ん坊は、今にも眠ってしまいそうです。

(ウ)　彼は手芸が得意だそうですが、私は手芸に苦手意識があります。

(エ)　明日は急激に冷え込むそうですが、対策はしましたか。

(5)　本文中の□には、□の前に述べられていることと、後に述べられていることとの間で、どのような働きをする語が入るか。最も適当なものを、次のⅠ群(ア)〜(エ)から一つ選べ。また、本文中の□に入る語として最も適当なものを、後のⅡ群(カ)〜(ケ)から一つ選べ。

Ⅰ（　　）Ⅱ（　　）

Ⅰ群　(ア)　前に述べられていることが、後に述べられていることの理由であることを表す働き。

(イ)　後に述べられていることが、前に述べられていることとは逆の内容であることを表す働き。

(ウ)　後に述べられていることが、前に述べられていることの説明や補足であることを表す働き。

(エ)　後に述べられていることが、前に述べられていることとは別の話題であることを表す働き。

Ⅱ群　(カ)　ところで　(キ)　だから　(ク)　しかし　(ケ)　なぜなら

(6)　本文の段落構成を説明した文として最も適当なものを、次の(ア)〜(エ)から一つ選べ。（　　）

(ア)　[1]〜[3]段落は話題を提示する序論であり、[4]〜[9]段落では具体例を提示しながら考察を述べ、[10]段落で主張を述べるという構成になっている。

(イ)　[1]〜[3]段落は序論であり、[4]〜[9]段落では筆者の主張と一般論を比較し、[10]段落で筆者の主張をまとめるという構成になっている。

(ウ)　[1]〜[3]段落で主張を提示し、[4]〜[9]段落で主張を補強する根拠となる具体例を述べ、[10]段落で読者に疑問を投げかけるという構成になっている。

(エ)　[1]〜[3]段落は主張を含む序論であり、[4]〜[9]段落で経験に基づいた具体例を示し、[10]段落で改めて主張を確認するという構成になっている。

嬉（うれ）しい／悲しい……外国語を習い始める際にも、早い段階で表現したくなる語彙です。対になる語群は、量的なものだけにとどまらず、質的なものにまでおよんでいます。

9 主観的な量と客観的な量のズレが意識される場合もあります。時間感覚はそのよい例でしょう。一時間くらい経（た）ったかな、と思って時計を見ると、まだ三〇分しか経っていなかった、といった経験をすることがあります。この時、おそらくは時計を信頼して、外の時間に内の時間を合わせます。様々な「測定する機械」に囲まれた私たちは、数値を交換して社会的に意思疎通することを日常的に行っています。外的な基準、客観的な基準を参照することで、主観的な評価のゆらぎを再測定し、修正をかけている、といえます。世界を予測しつつ、生きている。予測しながら心身の態勢を整えています。

10 「人間は万物の尺度である」というプロタゴラス*の相対主義*的考えを示す断片は、あなたも私も正しい、という真実の決定不可能性の脆弱（ぜいじゃく）*さを含んでいます。真実がなんであるのかがあいまいにされ、人々の判断が麻痺（まひ）する危険すらあるかもしれません。そのためでしょう、ソクラテス*と若き秀才テアイテトス*の対話の中で、真の知識の基準としては却下されていきます。確かにその通りですが、この言葉は、人間以外の生命体と出会ったときには、人間の文化文明の外郭*を浮かびあがらせます。むしろ、「人間」と「万物」の適用範囲に対しての熟考が必要なのだと思います。「人間」の指し示す範囲は「我々」意識とつながっています。見慣れた「我々」以外を「人間」として迎え入れるかどうか、「我々」の境界線が外の世界との関係をつくっていきます。「人間」の構成が変わるとき、「万物」の尺度にも動揺が生じるのでしょう。

（三浦（みうら） 均（ひとし）「映像のフュシス」より。一部表記の変更や省略がある）

注
* エルンスト・マッハ…オーストリアの哲学者。
* 仔細…くわしく細かなこと。
* 自己の内面のビジョン…自己の心の中に思い描くもの。
* 慮る…深く考える。
* プロタゴラス…古代ギリシャの哲学者。本文の「人間は万物の尺度である」はプロタゴラスの考えを表す言葉。
* 相対主義…哲学で、真理・規範・価値などが、唯一絶対であることを否定して、すべて個人や社会と相対的なものであると考える立場。
* 脆弱さ…もろくて弱い性質。
* ソクラテス…古代ギリシャの哲学者。
* テアイテトス…古代ギリシャの数学者。
* 外郭…周囲のかこい。

(1) 本文中の a この「自画像」には、意表を突かれますと筆者が述べる理由を説明したものとして最も適当なものを、次の(ア)～(エ)から一つ選べ。（　　）

(ア) マッハの「自画像」は、慣れ親しんだ自画像に疑問を持つことが少ない私たちに、客観的視点から見た自己の不明瞭さを問いかけてくるから。

(イ) マッハの「自画像」は、主観的な世界の境界を意識することが少ない私たちに、主観的な世界の境界を誤りなく理解させるから。

(ウ) マッハの「自画像」は、客観的視点による自画像に慣れた私たちに、身体と意識の間にある感覚を忘れているという事実を思い出させるから。

(エ) マッハの「自画像」は、客観的視点による自画像を見る機会が多

２　次の文章を読み、問い(1)～(7)に答えよ。(1～10は、各段落の番号を示したものである。)

1　＊エルンスト・マッハの描く「自画像」は、私の身体と世界との間に存在する感覚を＊仔細(しさい)に反省すると、外界と内界の区別があいまいになっていく気分をよく表現しています。

2　a この「自画像」には、意表を突かれます。正面を鏡に映した、客観的視点から自己を見つめる自画像に慣れているからでしょう。しかし、哲学者マッハの観察の通り、私から見える「私の姿」は、片目を b 閉じると、まさに彼が描いたような形をしています。「私」の見ている主観的な世界の境界は、なかなか意識にのぼりません。

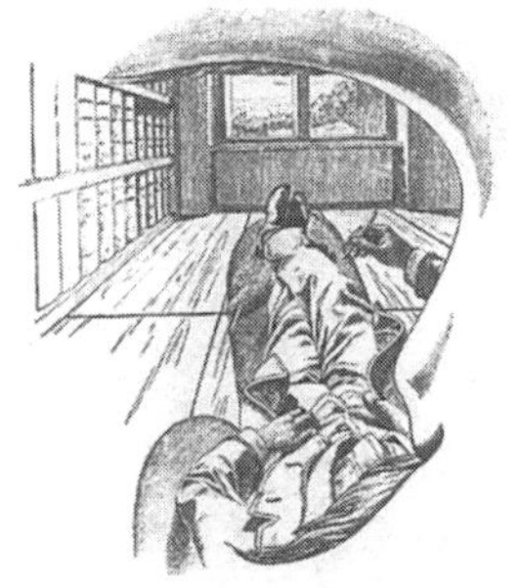

エルンスト・マッハによる自画像

3　この自画像では、右手に鉛筆のような筆記具を持っています。デッサンをするときには、眼(め)で見える世界、あるいは＊自己の内面のビジョンを、意識して観察し、絵を描いていくことでしょう。形、大きさ、角度、距離、固さと柔らかさ、光と影、色。このような量や形の配置、お互いの関係性を観察し、測ることを行っていると思います。

4　世界の中で生きる私たちの日常も、どこかで観察し、測る行為を無意識のうちに行っています。直接は眼に見えない、時間や温度も測ろうとします。

5　その基準には、身体の感覚があります。目、耳、鼻、舌、皮膚。人間の五感は身体に備わったセンサーです。指、手、足なども動員することで、身体そのものを道具として、世界を測ろうとします。身体感覚は、その尺度（measure）となります。身体の外側にある遠いところにある世界、たとえば、遠くの山、空に浮かぶ雲、夜の空に輝く星々には手を伸ばしても直接触れることはできません。手が届かなくても、目や耳を使って、大きさや形、距離などを感じることができるものもあります。空に浮かぶ月も、水面に映る月の姿も、手に取ることはできないことを経験的に学び、c 世界との距離感を獲得していきます。

6　測ろうとする対象は、身体の外側に広がる外的な対象と、身体の内側の感覚に根差した内的な対象とに分けられ d そうです。外側にある対象は、客観的な数値で表しやすく、内側にある対象は難しそうです。［　　］、よく反省してみると、双方は関連し合っているので、そう単純に分けられそうにはありません。熱い／冷たいの尺度となる温度は温度計で測ることのできる客観的な量ですが、温度計で同じ値を示されても、熱い／冷たいは、人によって感覚が異なります。気分や体調の影響も受けます。マッハの自画像のように、私の観察する「私の身体」は、私の内か外か、あいまいです。

7　身体の内側の感覚の中には、皮膚の表面で感じられる感覚もあれば、体の内部で感じる痛みなどの感覚もあります。感情は内的なもののように思われますが、顔の表情や顔色、手の動作、体つきに感情は立ち現れてきます。外側に表出した他者の感情を＊慮(おもんぱか)ることで、私たちの内面や行為や言葉が影響を受けることもあります。そこから派生するものは私の感情ということになるでしょう。

8　身体の外側でも内側でも、何かしら測ることを行い、その結果「量」を得ています。それを反映するように、言葉には対になっている関係が数多く埋め込まれています。長い／短い、大きい／小さい、広い／狭い、重い／軽い、右／左、速い／遅い、熱い／冷たい、良い／悪い、

(エ) 相手が重要でも、関係を希薄にすることによって自分の痛みを退けよう

(4) 本文中の e 陥ると f 遡っての漢字の部分の読みをそれぞれ**平仮名**で書け。e（　　る） f（　　って）

(5) 本文中の g うまく生きては、二つの文節に区切ることができる。この文節どうしの関係として最も適当なものを、次の(ア)～(エ)から一つ選べ。（　　）

(ア) 修飾・被修飾の関係　(イ) 補助の関係

(ウ) 主語・述語の関係　(エ) 並立の関係

(6) 本文中の h 加タンの片仮名の部分を**漢字**に直し、**楷書**で書け。（加　　）

(7) 本文中の i それの指す内容として最も適当なものを、次の(ア)～(エ)から一つ選べ。（　　）

(ア) 問いに対する答えが多様であると指摘し、たとえ真剣に臨んだとしても自分一人で問いを解決することはできないと思うことで痛みを回避すること。

(イ) 問いの不完全さを示したり、問う者を非難したりして問いとしての意味を失わせて、自分が向き合うべきことはないと思うことで痛みを回避すること。

(ウ) 問う者に一方的な評価を加えるために、論理の矛盾点を指摘して問いを破綻させ、自分が問われるべき理由はないのだと思うことで痛みを回避すること。

(エ) 問いが難解だと指摘したり、問う者を追及して真意を解明したりして、問いが自分を非難するものとして不十分だと思うことで痛みを回避すること。

(8) 次の会話文は、仁さんと唯さんが本文を学習した後、本文について話し合ったものの一部である。これを読み、後の問い㈠・㈡に答えよ。

仁　本文では、「痛み」を感じることは悪くはないと述べられているよ。

唯　そうだね。他者との関係の重要性ゆえに私たちは痛みを感じるし、その痛みは、自分が他者に対して相互理解を求めていた［A］だから、私たちにとって有用だとも言えるんだね。

仁　うん。痛みから逃げず、自分を問い直すことは、「世界に対する自分の関わり方の可能性」が開かれることになると本文から読み取れるね。

唯　つまり、自分の世界は、今の自分が持つ［B］によって大きくなり、そのことがものの見方を多様化して［C］を深めることも可能にするんだね。そうして自分自身の人生をより良いものにしていくことが、私たちにとって適当なことなのではないかと筆者は述べているよ。

㈠ 会話文中の［A］に入る最も適当な表現を、本文中から**十字**で抜き出して書け。

㈡ 会話文中の［B］・［C］に入る適当な表現を、本文の内容を踏まえて、［B］は**十字以上、十三字以内**で、［C］は**四字以上、八字以内**で書け。

B

C

なぜいえるのか？」「環境開発の恩恵と引き換えに、自然破壊に^{h}加タンしているのではないか？」「動物に対してひどいことをしていないか？」「強者である自分たちの利益のために、生命というそれ自体価値あるものを利用してはいないか？」と問われ、それに真剣に向き合うとすれば、おそらく多くの人が心にチクリとした痛みを感じるだろう。そして、そこから導かれたなんらかの答えは或る人にとっては安らぎを、そして別の人にとってはやはり痛みを与えるものとなるかもしれない。

そうした痛みから逃れる手っ取り早い方法は、それを問いかける側の理屈になんらかの欠点・難点があることを指摘したり、あるいは、問いかける理論を駆使する人に対して「人でなし」「頭でっかち」「世間知らず」「原理主義者*」「差別主義者」などのレッテルを一方的に貼りつけてその言説を無効化しようとするものである。そして、「こちらが問われるべきことなどないんだ」と安心感に浸ることでその痛みを回避できるわけだ。ただし、^{i}それは前述の、他人とうまくやりたいけどやれないとき、その痛みから逃れるために、自分自身を問い直すことなくそのうまくいかなさを自分以外のせいにすることにも似ている。そうやって世界に対する自分の関わり方の可能性をそこで閉じてしまうことが、一度しか与えられていない、そして、かけがえがなく取り戻すことのできない有限な時間に生きる自分自身の人生として本当にふさわしいのだろうか。やはりそのことはきちんと考えてみたほうがよい。

（中村隆文（なかむらたかふみ）『「正しさ」の理由』より）

注
＊忌む…好ましくないものとして避ける。
＊本書で紹介した議論…本文より前の部分で、倫理的な問題について様々な説を踏まえて筆者の意見が述べられている。
＊原理主義者…特定の理念や原則に基づくことを厳格に守る人。

(1) 本文中の^{a}ままならないの意味として最も適当なものを、次のⅠ群(ア)～(エ)から一つ選べ。また、本文中の^{d}しょせんの意味として最も適当なものを、後のⅡ群(カ)～(ケ)から一つ選べ。Ⅰ（　）Ⅱ（　）

Ⅰ群　(ア) 責任がとれない　(イ) いつも変わらない　(ウ) 心が休まらない　(エ) 思いどおりにいかない

Ⅱ群　(カ) 落ち着くところは　(キ) 長期的に捉えると　(ク) 悲しいくらいに　(ケ) 広い意味では

(2) 本文中の^{b}そうした痛みは、何によって引き起こされるものか。最も適当なものを、次の(ア)～(エ)から一つ選べ。（　）

(ア) 他者と自分の価値観に相違がないこと。
(イ) 他者や自分の気持ちを損なうような交流がないこと。
(ウ) 他者に対する考えが自分の中で変化すること。
(エ) 他者と自分が意思疎通をする中で食い違いが生じること。

(3) 次の文は、本文中の^{c}「あった」にすぎないものだとすればに関して述べたものである。文中の□に入る表現として最も適当なものを、後の(ア)～(エ)から一つ選べ。（　）

痛みの意味が「あった」にすぎないものだとすることは、その人との関係がそれ以上にはならないことを示しており、痛みを認め、□とすべきところを、しなかった状態を指している。

(ア) 自分が求めることと相手の重要性を確認し、相手の振る舞いを見直そう
(イ) 自分の行動や相手が重要であることを再確認し、相手の願望をかなえよう
(ウ) 相手の重要性を認識し、自分の思いを踏まえて適切な行動を検討しよう

国語

時間　五〇分
満点　五〇点

（注）　字数制限がある場合は、句読点や符号なども一字に数えなさい。

1　次の文章を読み、問い(1)～(8)に答えよ。

生きていればなにかしらのすれ違いやトラブルもあるし、その際、心がチクリと痛むことがたまにある。傷つけるつもりはなくとも人を傷つけてしまったり、親切でしたこと、あるいは義務としてやったことなどが逆恨みされてしまうなど、まったく世の中はaままならないものである。とりわけ、異なる価値観や立場の人が相手である場合、いかにこちらが言葉を届けようとしてもうまく届かないこともある。人とうまくやっていくというのは――他人を分かること、自分を分かってもらうことなどは――本当に難しい。できれば、bそうした痛みを受けることなく、平穏に、うまくやれる喜びだけを感じて生きてゆきたいものである。

ただ、そうした「痛み」が無駄なもの、*忌（い）むべきものかといえば、必ずしもそういうわけではないように思われる。なぜなら、それは「分かりたかった」「分かってほしかった」という自分の心の在り方を示すものであり、たとえその心の在り方ゆえに、ちょっとしたことで他者との関係上苦痛を感じるとしても、それは自身にとってその関係が重要だからそうなのであって、だからこそやはりその痛みはそのことを知らせてくれるという点で価値があるのだ。ただし、気をつけるべきポイントがここにはある。たとえば、あなたにとってそうした痛みの意味が「ある」のではなくc「あった」にすぎないものだとすれば、それはあなたとその人との関係性の限界がそこまでであることを示していることになる。もし、その限界を超えようと思うのであれば、まずはその痛みをきちんと痛みとして認めつつ、相手の重要性と自身の願いを自覚し、そのうえで、「自身がどうすべきか」を問い直す必要があるだろう。これをすることなく、「結局分かり合えないんだよね、人ってdしょせんそんなものだから」と言ってしまえば、たしかに痛みから逃れて楽にはなれるのだが、それは実際に心が痛んだという事実を過小評価するようなものである。別に学問に限らず、恋愛関係や友人関係などにおいても、一度は自身のそうした心の痛みにきちんと向き合い、そこでなにをどうすべきか真剣に考えてみてもよいのではないだろうか。もちろんその結果、相手と距離をとることもあるだろうが、しかしそれでも「あいつは人として間違っている」とか「あいつがいなくなれば世の中がもっと良くなるはずだ」などといった憎悪（ぞうお）や偏見にe陥る必要はない。

普段当たり前と信じていることを問い直し、自分自身が正しいかどうか、あるいは自身がなにをすべきかをその理由にf遡って考えることは、こうしたことと似ている。うまく生きられないとき、あるいは、gうまく生きていながらもどこか心が痛んだりモヤモヤするとき、あなたは「今のあなたの認識」の限界ライン近くにいるといってもよい。その痛みに耐えながらも、世界のさらなる価値を信じ、それまでの限界を乗り越えたとき、あなたにとっての世界は拡（ひろ）がってゆくだろう。それは、価値観が豊かになり、他人をより良く理解することにもつながるのだが、そのためにはまず自身と向き合う必要がある。*本書で紹介した議論には、われわれの心にチクリと痛みを与えかねないような「理由の問いかけ」や「或（あ）る種の答え方（という応え方）」がたくさん含まれている。「ルールをただ守ればそれでいいと思っていないか？」「自分は善を知っている、と

2022年度／解答

数　学

1 【解き方】(1) 与式 $= 25 - 8 \div 4 = 25 - 2 = 23$

(2) 与式 $= \dfrac{3}{2}ab \times \dfrac{6}{ab^2} \times (-a^2b) = -9a^2$

(3) 与式 $= 6\sqrt{3} - \dfrac{9}{3\sqrt{3}} = 6\sqrt{3} - \dfrac{3}{\sqrt{3}} = 6\sqrt{3} - \sqrt{3} = 5\sqrt{3}$

(4) 与式を順に①，②とする。①より，$3x - y = 20$……③　②より，$x = 2y$……④　③に④を代入して，$3 \times 2y - y = 20$ より，$5y = 20$　よって，$y = 4$　これを④に代入して，$x = 2 \times 4 = 8$

(5) $\dfrac{y\text{の増加量}}{x\text{の増加量}} = -\dfrac{7}{3}$ だから，x の増加量が 6 のときの y の増加量は，$-\dfrac{7}{3} \times 6 = -14$

(6) 与式 $= (x - y)^2 - 7^2 = (x - y + 7)(x - y - 7)$

(7) 解の公式より，$x = \dfrac{-(-4) \pm \sqrt{(-4)^2 - 4 \times 4 \times (-1)}}{2 \times 4} = \dfrac{4 \pm \sqrt{32}}{8} = \dfrac{4 \pm 4\sqrt{2}}{8} = \dfrac{1 \pm \sqrt{2}}{2}$

(8) できた立体の表面積は，底面の半径が 3 cm，母線の長さが 5 cm である円錐の側面積の 2 倍になる。円錐の側面を展開図に表すと，半径が 5 cm で，中心角が 360° の，$\dfrac{2\pi \times 3}{2\pi \times 5} = \dfrac{3}{5}$ (倍)であるおうぎ形だから，円錐の側面積は，$\pi \times 5^2 \times \dfrac{3}{5} = 15\pi$ (cm^2)　よって，できた立体の表面積は，$15\pi \times 2 = 30\pi$ (cm^2)

(9) 平均値は，$\dfrac{0 \times 14 + 1 \times 13 + 2 \times 12 + 3 \times 2 + 4 \times 1}{42} = 1.11\cdots$(点)　中央値は，得点の多い方から 21 番目と 22 番目の試合の得点の平均になる。得点の多い方から 21 番目と 22 番目の試合の得点はともに 1 点だから，中央値は 1 点。最頻値は 14 試合の 0 点。よって，値の小さい順に並べると，(ウ)→(イ)→(ア)となる。

【答】 (1) 23　(2) $-9a^2$　(3) $5\sqrt{3}$　(4) $x = 8$，$y = 4$　(5) -14　(6) $(x - y + 7)(x - y - 7)$

(7) $x = \dfrac{1 \pm \sqrt{2}}{2}$　(8) 30π (cm^2)　(9) (ウ)(→)(イ)(→)(ア)

2 【解き方】(1) 1 個目の取り出し方は 5 通り。2 個目の取り出し方は，1 個目に取り出した玉を元に戻すから 5 通り。よって，玉の取り出し方は全部で，$5 \times 5 = 25$ (通り)　このうち，はじめに取り出した玉に書かれている数と，次に取り出した玉に書かれている数が等しくなる場合は，(1 個目，2 個目) = (黒 1，黒 1)，(黒 1，白 1)，(黒 3，黒 3)，(黒 3，白 3)，(白 1，黒 1)，(白 1，白 1)，(白 3，黒 3)，(白 3，白 3)，(白 5，白 5)の 9 通り。よって，求める確率は $\dfrac{9}{25}$。

(2) 5 個の玉が入っている袋から玉を同時に 2 個取り出すとき，2 個の玉の組み合わせは，(黒 1，黒 3)，(黒 1，白 1)，(黒 1，白 3)，(黒 1，白 5)，(黒 3，白 1)，(黒 3，白 3)，(黒 3，白 5)，(白 1，白 3)，(白 1，白 5)，(白 3，白 5)の 10 通り。このうち $4a = b$ となる場合は，(黒 1，白 3)，(黒 3，白 1)，(白 3，白 5)の 3 通りだから，求める確率は $\dfrac{3}{10}$。

【答】 (1) $\dfrac{9}{25}$　(2) $\dfrac{3}{10}$

3 【解き方】(1) $y = ax^2$ に点 A の座標を代入して，$2 = a \times (-3)^2$ より，$a = \dfrac{2}{9}$

(2) $y=\frac{2}{9}x^2$ に $x=6$ を代入して，$y=\frac{2}{9}\times 6^2=8$ より，B (6, 8)　これより，直線ABは傾きが，$\frac{8-2}{6-(-3)}=\frac{2}{3}$ だから，直線の式を $y=\frac{2}{3}x+b$ とおいて，点Aの座標を代入すると，$2=\frac{2}{3}\times(-3)+b$ より，$b=4$　よって，直線ABの式は，$y=\frac{2}{3}x+4$

(3) (2)より，点Cの y 座標は4。右図のように，x 軸について点Cと対称な点E (0, －4)をとり，線分BEと x 軸との交点をDとすると，CD＝EDより，BD＋CD＝BEだから，このとき，BD＋CDが最も小さくなる。直線BEの式の傾きは，$\frac{8-(-4)}{6-0}=2$ より，直線BEの式は，$y=2x-4$ だから，点Dの x 座標は，この式に $y=0$ を代入して，$0=2x-4$ より，$x=2$　よって，△BCD＝△BCE－△CED＝$\frac{1}{2}\times\{4-(-4)\}\times 6-\frac{1}{2}\times\{4-(-4)\}\times 2=16$

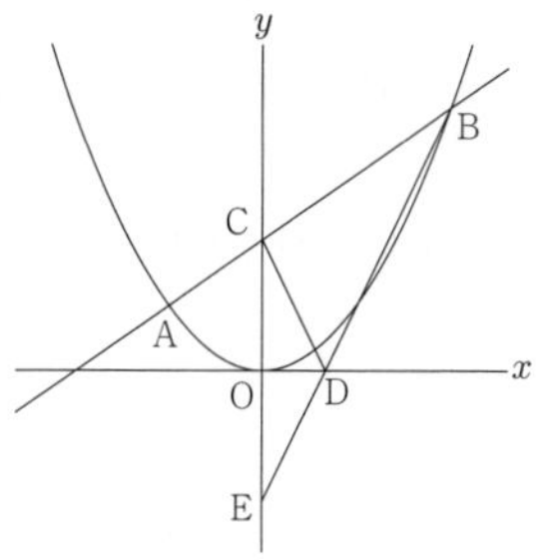

【答】 (1) $\frac{2}{9}$　(2) $y=\frac{2}{3}x+4$　(3) 16

4 **【解き方】** (2) 右図で，△ABD ≡ △ACE より，∠ACE＝∠ABD＝60°　∠ACB＝60°だから，∠FCD＝180°－60°－60°＝60°　錯角が等しいから，CF∥AB　よって，AB：CF＝BD：DC＝7：2　AB＝BC，BD＝ECだから，EC＝$\frac{7}{7+2}$AB＝$\frac{7}{9}$AB　CF＝$\frac{2}{7}$ABだから，EC：CF＝$\frac{7}{9}$AB：$\frac{2}{7}$AB＝49：18

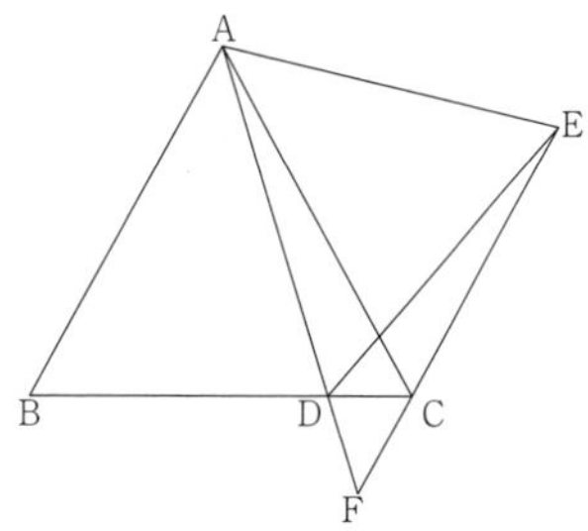

【答】 (1) △ABDと△ACEで，△ABCは正三角形だから，AB＝AC……①　△ADEは正三角形だから，AD＝AE……②　∠BAC＝60°だから，∠BAD＝60°－∠CAD　∠DAE＝60°だから，∠CAE＝60°－∠CAD　よって，∠BAD＝∠CAE……③　①，②，③より，2組の辺とその間の角がそれぞれ等しいから，△ABD ≡ △ACE

(2) 49：18

5 **【解き方】** (1) △EFHは直角をはさむ2辺の長さが4 cmの直角二等辺三角形だから，FH＝$\sqrt{2}$EF＝$4\sqrt{2}$ (cm)　IはEFの中点，JはEHの中点だから，中点連結定理より，IJ＝$\frac{1}{2}$FH＝$\frac{1}{2}\times 4\sqrt{2}=2\sqrt{2}$ (cm)

(2) 右図1で，BD∥FHより，BD∥IJだから，四角形BDJIはBI＝DJの台形。右図2のように，I，Jから線分BDに垂線IL，JMをそれぞれひくと，△BLI ≡ △DMJで，BL＝DM＝$\frac{1}{2}\times(4\sqrt{2}-2\sqrt{2})=\sqrt{2}$ (cm)　図1で，直角三角形BIFにおいて，三平方の定理より，$BI^2=BF^2+IF^2=16$　図2で，直角三角形BLIにおいて，LI＝$\sqrt{BI^2-BL^2}=\sqrt{14}$ (cm)　よって，四角形BDJIの面積は，$\frac{1}{2}\times(2\sqrt{2}+4\sqrt{2})\times\sqrt{14}=6\sqrt{7}$ (cm^2)

図1
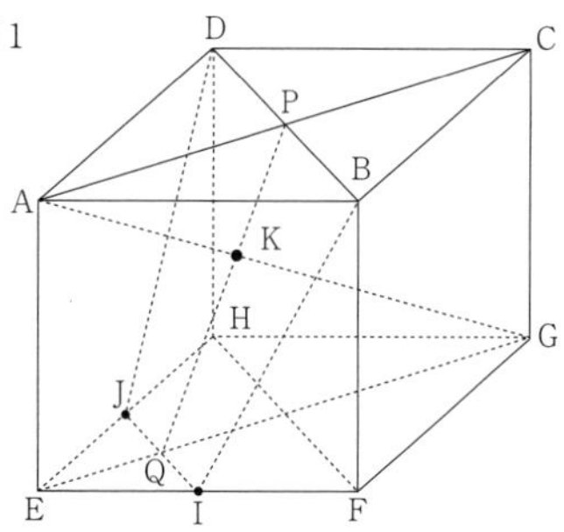

図2
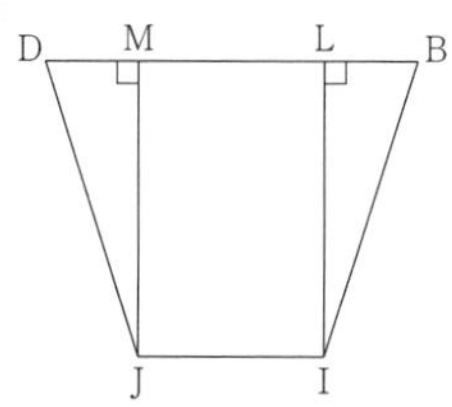

(3) 図１のように，対角線 AC と BD の交点を P，EG と IJ の交点を Q とすると，K は AG と PQ の交点になる。右図３のように，４点 A，E，G，C を通る平面で考えると，K から EG に垂線 KR をひくと，KR は四角錐 KEFGH の底面を四角形 EFGH としたときの高さになる。AK：KG ＝ AP：QG で，QG ＝ $\frac{3}{4}$EG だから，AP：QG ＝ $\frac{1}{2}$AC：$\frac{3}{4}$EG ＝ $\frac{1}{2}$EG：$\frac{3}{4}$EG ＝ 2：3　これより，AG：KG ＝(2 ＋ 3)：3 ＝ 5：3　AE∥KR だから，AE：KR ＝ AG：KG ＝ 5：3　よって，KR ＝ $\frac{3}{5}$AE ＝ $\frac{6\sqrt{3}}{5}$ (cm)　したがって，四角錐 KEFGH の体積は，$\frac{1}{3} \times 4 \times 4 \times \frac{6\sqrt{3}}{5} = \frac{32\sqrt{3}}{5}$ (cm^3)

図３

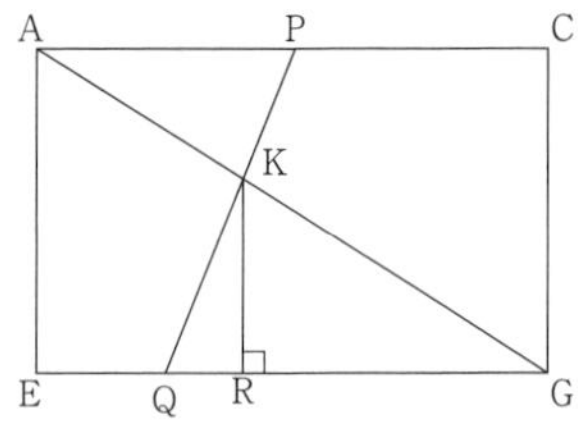

【答】 (1) $2\sqrt{2}$ (cm)　(2) $6\sqrt{7}$ (cm^2)　(3) $\frac{32\sqrt{3}}{5}$ (cm^3)

6 **【解き方】** (1) 20 ÷ 3 ＝ 6 余り 2 より，長いす B は 6 脚以下。長いす B の脚数が奇数だと，長いす B に座る人数は奇数になるから，長いす A に座る人数が奇数になり，ちょうどの人数が座ることはない。よって，長いす B の脚数は偶数になるので，6 脚，4 脚，2 脚，0 脚の 4 通り。このそれぞれに対応する長いす A の脚数はそれぞれ 1 通りずつになるので，長いす A，B の脚数の組み合わせは 4 通り。

(2) 127 ÷ 3 ＝ 42 余り 1 より，長いす B は 42 脚以下。長いす B の脚数が偶数だと，長いす B に座る人数は偶数になるから，長いす A に座る人数が奇数になり，ちょうどの人数が座ることはない。よって，長いす B の脚数は奇数になるので，長いす B の脚数は，41 脚，39 脚，…，1 脚の，(41 ＋ 1) ÷ 2 ＝ 21 (通り)　このそれぞれに対応する長いす A の脚数はそれぞれ 1 通りずつになるので，長いす A，B の脚数の組み合わせは 21 通り。

(3) まず，n を 3 で割ったときの余りで分類し，それぞれの場合の長いす B の考えられる最大の脚数を考える。次に n が偶数か奇数かで，長いす B の脚数が偶数になるか奇数になるかを考え，長いす B の脚数が何通りあるかを求める。(i) n が 3 の倍数のとき，長いす B は $\frac{n}{3}$ 脚以下。n が偶数のとき，$\frac{n}{3}$ は偶数で，このとき，長いす A と B にちょうどの人数が座るには，長いす B の脚数が偶数である必要があるので，長いす B の脚数は，$\frac{n}{3}$ 脚，$\left(\frac{n}{3} - 2\right)$ 脚，…，0 脚の，$\frac{n}{3} \div 2 + 1 = \frac{n + 6}{6}$ (通り)　よって，$\frac{n + 6}{6} = a$ より，$n = 6a - 6$　n が奇数のとき，$\frac{n}{3}$ は奇数で，このとき，長いす A と B にちょうどの人数が座るには，長いす B の脚数が奇数である必要があるので，長いす B の脚数は，$\frac{n}{3}$ 脚，$\left(\frac{n}{3} - 2\right)$ 脚，…，1 脚の，$\left(\frac{n}{3} + 1\right) \div 2 = \frac{n + 3}{6}$ (通り)　よって，$\frac{n + 3}{6} = a$ より，$n = 6a - 3$　(ii) n が 3 で割ると 1 余る数のとき，長いす B は $\frac{n - 1}{3}$ 脚以下。n が偶数のとき，$\frac{n - 1}{3}$ は奇数で，このとき，長いす A と B にちょうどの人数が座るには，長いす B の脚数が偶数である必要があるので，長いす B の脚数は，$\left(\frac{n - 1}{3} - 1\right)$ 脚，$\left(\frac{n - 1}{3} - 3\right)$ 脚，…，0 脚の，$\left(\frac{n - 1}{3} - 1\right) \div 2 + 1 = \frac{n + 2}{6}$ (通り)　よって，$\frac{n + 2}{6} = a$ より，$n = 6a - 2$　n が奇数のとき，$\frac{n - 1}{3}$ は偶数で，このとき，長いす A と B にちょうどの人数が座るには，長いす B の脚数が奇数である必要があるので，長いすBの脚数は，$\left(\frac{n-1}{3}-1\right)$脚，$\left(\frac{n-1}{3}-3\right)$脚，…，1脚の，$\left(\frac{n-1}{3}-1+1\right)\div 2=\frac{n-1}{6}$（通り）　よって，$\frac{n-1}{6}=a$より，$n=6a+1$　(iii) nが3で割ると2余る数のとき，長いすBは$\frac{n-2}{3}$脚以下。nが偶数のとき，$\frac{n-2}{3}$は偶数で，このとき，長いすAとBにちょうどの人数が座るには，長いすBの脚数が偶数である必要があるので，長いすBの脚数は，$\frac{n-2}{3}$脚，$\left(\frac{n-2}{3}-2\right)$脚，…，0脚の，$\frac{n-2}{3}\div 2+1=\frac{n+4}{6}$（通り）　よって，$\frac{n+4}{6}=a$より，$n=6a-4$　nが奇数のとき，$\frac{n-2}{3}$は奇数で，このとき，長いすAとBにちょうどの人数が座るには，長いすBの脚数が奇数である必要があるので，長いすBの脚数は，$\frac{n-2}{3}$脚，$\left(\frac{n-2}{3}-2\right)$脚，…，1脚の，$\left(\frac{n-2}{3}+1\right)\div 2=\frac{n+1}{6}$（通り）　よって，$\frac{n+1}{6}=a$より，$n=6a-1$　以上より，nの値として考えられるもののうち，最小の値は$6a-6$，最大の値は$6a+1$となる。

【答】 (1) 4（通り）　(2) 21（通り）　(3)（最小の値）$6a-6$　（最大の値）$6a+1$

英　語

1 【解き方】(1) サトウ先生が「彼女はおよそ 1 時間前にそれを持ってきました」と答えている。「彼女はいつこの学校にそれを持ってきましたか？」などの文が考えられる。

(2) (a) 直己は電話でフィリックスと話したいと思っている。「フィリックスをお願いできますか？」などの文が考えられる。(b) フィリックスは犬にえさをあげたり，犬を散歩させたりしなければならない。「私は私の犬の世話をしなければならない」などの文が考えられる。「〜の世話をする」= take care of 〜。

【答】(例) (1) When did she bring　(2) (a) May I speak to　(b) take care of my dog

◀全訳▶　(1)

① ああ！　私は家に弁当箱を置いてきました，サトウ先生。

② 心配しないでください。これはあなたのものですね？　あなたのお母さんがそれを持ってこの学校へ来ました。

③ ええ，それは私のものです。彼女はいつそれをこの学校に持ってきましたか？

④ 彼女はおよそ 1 時間前にそれを持ってきました。家に帰ったとき，あなたは彼女に「ありがとう」と言うべきです。

(2)

フィリックス：もしもし。

直己　　　　：もしもし。直己です。フィリックスをお願いできますか？

フィリックス：ああ，ぼくだよ。どうしたの？

直己　　　　：やあ，フィリックス。きみは英語の宿題を終わったかい？　ぼくは今それをやっているんだ。それはぼくには難しいので，ぼくはきみにたずねたい質問がいくつかあるんだ。

フィリックス：いいよ。でも，ぼくは犬の世話をしなければならないので，今忙しいんだ。例えば，ぼくは犬にえさをあげたり，公園で散歩をさせたりしなければならない。ぼくの両親は 4 時に帰ってくる予定なので，ぼくの家に 4 時 30 分に来てくれたらいいよ。

直己　　　　：わかった，ぼくはそのときにきみを訪ねるよ。ありがとう，また後でね。

2 【解き方】(1) 大地はランニングイベントの 1 つに参加することを考えていると伝え，カーターに「あなたは私と一緒に挑戦してみたいですか？」とたずねたと考えられる。

(2) 土曜日に開催される「ふしマラソン」は，ギターのレッスンがあるのでカーターは参加できない。「かさマラソン」は参加資格が 20 歳以上なので，高校生の 2 人は参加できない。これらの 2 つのマラソンは 11 月に開催される。したがって、カーターは「それでは，私たちは『12 月』に開催されるイベントを選ばなければならないということですね？」と言ったと考えられる。

(3) 12 月に開催されるマラソンのうち，10 時に始まる「おとマラソン」は，カーターがサッカーの試合を見にいくので参加できない。「むこマラソン」は初心者には大変なので参加しないほうがよいと大地が話している。残った「みやマラソン」に参加することになる。

(4) (ア) カーターの 6 番目の発言を見る。カーターは，ランニングイベントに参加するのは初めてであると言っている。(イ) カーターの 3 番目の発言を見る。カーターが毎週土曜日に行っているのはギターのレッスンである。(ウ)「大地は兄から『むこマラソン』についての情報をもらった」。大地の最後から 4 番目の発言を見る。大地は兄から「むこマラソン」では山の中を上ったり，下ったりすることを聞いた。正しい。(エ) 大地の最後から 2 番目の発言を見る。大地は 10 キロメートルの部門を選ぶと話している。

【答】(1) (ア)　(2) December　(3) (ウ)　(4) (ウ)

◀全訳▶

カーター：きみはきみの電話で何を見ているの？

大地　：ぼくは，ぼくたちの市全体のランニングイベントのリストを見ているんだ。ぼくはこの2か月の間に行われるランニングイベントを調べて，これら5つのランニングイベントを見つけた。ぼくはそれらの1つに参加しようと思っている。きみはぼくと一緒に挑戦してみたい？

カーター：ああ，いいね！　これらの5つのランニングイベントのうち，ぼくたちはどのイベントに参加するの？

大地　：そうだな，ぼくは去年このランニングイベントに参加したんだ。走っているとき，ぼくは美しい川を見たよ。それは素晴らしかった。ぼくはもう一度このランニングイベントに参加したい。きみはどうだい？

カーター：ええと，ああ，ごめん。ぼくは毎週土曜日にギターのレッスンがあるので，土曜日に開催されるイベントには参加できない。

大地　：なるほど。じゃあ，これはどうかな？　そのリストには，ぼくたちが4つの部門から1つの部門を選ぶことができると書いてある。そのイベントは夕焼けを見るために，午後3時に始まるよ。

カーター：それは良さそうだ！　ぼくはそれに挑戦してみたいよ。

大地　：ああ，見て！　リストには，20歳以上の人が参加することができると書いている，だからぼくたちは17歳なのでそれをできない。ぼくたちは他のものを探す必要があるね。

カーター：それでは，ぼくたちは12月に開催されるイベントを選ばなければならないということだね？

大地　：そのとおりだ。どの部門にきみは参加したい？　ぼくは去年，5キロメートルを走った，でも今年はより長い距離の部門に挑戦したいんだ。

カーター：これはぼくの初めてのランニングイベントへの参加で，長い距離の部門に挑戦するのは，ぼくには難しいだろう。ぼくは，3キロメートルや5キロメートルのようなより短い部門がより良いと思うよ。

大地　：ぼくもそう思うよ。このイベントはどうかな？　その日，きみは時間があるかい？

カーター：いいや，ぼくはその日は朝からぼくの友達の1人とサッカーの試合を見るために，ABCスタジアムへ行くつもりなんだ。そのランニングイベントは午前中に始まるので，ぼくはそれに参加できない。

大地　：なるほど。別のイベントに参加しよう。

カーター：きみはこのランニングイベントはどう思う？

大地　：むこマラソンのことを言っているの？　ぼくの兄が去年それに参加したよ。ぼくたちは山の中を上ったり下ったりしなければならないので，ランニングの経験があまりない人には，それはとても大変だと彼は言っていたよ。

カーター：本当かい？　それでは，ぼくたちはこのランニングイベントを選ぶべきだとぼくは思うよ。

大地　：ぼくもそう思うよ。ようやく，ぼくたちが参加するランニングイベントが決まったね！　きみはどの部門を走るつもりなの？

カーター：ぼくは3キロメートル部門に挑戦するつもりだ，きみはどうするの？

大地　：ぼくは10キロメートル部門を選ぶよ。きみはランニングのための良いくつを持っているかい？

カーター：いいや，持っていない。今日は金曜日なので，明日，イベントのために新しいくつを買いに行こう。

大地　：いいよ。

3 **【解き方】**(1) ① 農園を訪れることに興味がなかった美来の当初の発言。「私たちはスーパーマーケットでイチゴを買うことができるので，イチゴを食べるために農園へ行く必要はない」。「～する必要はない」= don't have to ～。⑦ 当初興味がなかったイチゴ狩りで興味深いことを学んだ後の美来の感想。「試す前には『おもしろく』なさそうなことから私たちは多くのことを学ぶことができる」。

(2)「きっとみなさんが私の農園でイチゴ狩りを楽しんでいただけると私は思っています」。森さんのあいさつの最後であるBに入れるのが適切である。

(3) ②「私たちが農園に着いたとき，赤い帽子をかぶっている男性が待っていた」。現在分詞が後ろから前の名詞を修飾する形にする。⑥「私たちが森さんと話したとき，彼は私たちにイチゴについて他の興味深いことを教えてくれた」。後ろにある when の後の動詞 talked が過去形なので，過去の話が続いている。過去形にする。

(4)「私がみなさんにイチゴの採り方を教えます」。「A に B を教える」= show A B。「～する方法」= how to ～。I'll show you how to get strawberries.となる。

(5) 直前にあるアキラの言葉を見る。アキラは「この農園のイチゴは今までで一番おいしいイチゴだ。すごくおいしい。ぼくはそのことを想像していなかった」と話した。それと同じことを美来は思った。

(6)（Ⅰ群）美来は白いイチゴを「晴れた冬の日の太陽の色」に例えた。「彼女は白いイチゴの色について話すときに，『私たちが空で見ることができる』ものに対する言葉を使った」。（Ⅱ群）「彼女は，『もし』人々が農場を訪れる機会があり，白いイチゴとその花を見れば，彼らは同じことを考えるだろうと思っている」。

(7) (a)「美来にとって，指でイチゴを採ることは難しかったか？」。第3段落を見る。美来は「私はそれらを指で簡単に摘んで，たくさん食べた」と話しているので，No で答える。(b)「森さんがビニールハウス2番で美来と弟に話しかけたとき，彼女は何を見ていたか？」。第4段落を見る。彼女は「白いイチゴ」を見ていた。

(8) (ア) 第1・2段落を見る。アキラも美来たちと一緒に農園へ行った。(イ) 第2段落の最終文と第3段落の第1文目を見る。2人は最初に赤いイチゴのビニールハウスを訪れた。(ウ) 第4段落中ほどを見る。美来は白いイチゴに名前をつけた。(エ)「以前に世界にないものを作るのには，時には多くの時間がかかることを美来は学んだ」。第4段落の最終文を見る。美来は「私は新しいものを開発するのには，時にはたくさんの時間がかかるということを理解した」と話している。正しい。(オ)「森さんの農園でイチゴについて学んだことを美来はうれしく感じた」。最終段落の1文目を見る。美来は「私はイチゴについていくつかの興味深いことを学んでうれしく思い，家に帰ったとき，たくさんの疑問を持った」と話している。正しい。

(9) (a)「イチゴを『より大きく』したり，もっと多くのイチゴを得たりするためにそれを使うことができることを彼ら（＝農場経営者たち）は発見した」。(b)「私たちは『春の日のその体験』が彼女にとっての『藍』だったことを理解すべきである」。(c)「彼女が農園を訪れた後，彼女に『イチゴについての多くの疑問』が育ったと私は思う」などの文が考えられる。

【答】 (1) (イ)　(2) B　(3) ② wearing　⑥ taught　(4) (ウ)→(オ)→(カ)→(イ)→(エ)→(ア)　(5) (エ)　(6)（Ⅰ群）(エ)　（Ⅱ群）(カ)
(7)（例）(a) No, it wasn't.　(b) She was looking at the white strawberries.　(8) (エ)・(オ)　(9) (a) (ア)　(b) the experience on a spring day　(c)（例）many questions about strawberries（4語）

◀全訳▶　春休み中のある暖かく晴れた日，私の家族はイチゴ狩りへ行きました。私の父の友人の1人である森さんがイチゴ農園を所有していて，彼が私たちを彼の農園に招いてくれました。私の弟のアキラがイチゴ狩りについて聞いたとき，彼はうれしそうに見えましたが，私は農園を訪れることに興味がありませんでした。私は「私たちはスーパーマーケットでイチゴを買うことができるので，イチゴを食べるために農園へ行く必要はない」と思いました。そのとき，私の父が「私たちは彼の農園で，白い種類のイチゴを楽しむことができるよ」と言いました。私は「白い種類のイチゴ？　それは何？」と思いました。

私たちが農園に着いたとき，赤い帽子をかぶっている男性が待っていました。彼が森さんで，彼は私たちをビニールハウスの1つに連れていってくれました。彼は私たちと農園を訪れている他の人たちにこう言いました。「こんにちは，みなさん。今日は来ていただいてありがとうございます。ここで，みなさんは赤い種類のイチゴと白い種類のイチゴの両方を楽しむことができます。私がみなさんにイチゴの採り方を教えます。みなさんがイチゴを見つけたら，指でそれをつまんで，それを上に向けて引っ張ってください。そうすれば，イチゴを簡単に摘むことができます。みなさんはビニールハウス1番で赤いイチゴを，ビニールハウス2番で白いイチゴを楽しむことができます。きっとみなさんが私の農園でイチゴ狩りを楽しんでいただけると私は思っています」。アキラは「一緒に行こうよ，美来。ぼくはまず赤いイチゴを食べてみたい」と言いました。

ビニールハウス1番には，たくさんの明るい赤色のイチゴがありました。私が大きな赤いイチゴを見つけたとき，私はまたかわいらしい白い花も見つけました。私はその白い花を見ることを楽しみ，イチゴを摘みました。私はそれらを指で簡単に摘んで，たくさん食べました。アキラは，「この農園のイチゴはぼくの人生で一番おいしいイチゴだよ。それらはすごくおいしいよ。ぼくはそのことを想像してなかったよ」と言いました。私も同じことを思いました。多くの人々は，彼らが農園で採ったばかりの果物はおいしいと言います，そして，私は今彼らがなぜそう言うのかがわかります。

次に，私たちは白いイチゴのためのビニールハウスへ行きました。私が大きな白いイチゴを見つけたとき，私はまた白い花を見ました。私は花の色とイチゴの色は少し異なっていることを発見しました。イチゴの色は黄色と白色の間の色で，それは晴れた冬の日の太陽の色のようでした。私は，人々が農園へ行って，白いイチゴとそれらの花を見るとき，私の考えをわかってくれるだろうと思います。私は「もし私がここの白いイチゴに名前をつけるなら，私はそれらを『ブライト・ストロベリー』と呼ぶだろう」と思いました。花とイチゴを見るのを楽しんだ後，私はイチゴを摘みました。それはおいしかったです。私はたくさん食べて，それから，後で家でそれらの絵を描くために，もう一度白いイチゴを見ました。私がそれらを見ていたとき，森さんが私たちのところへ来て，「あなたたちは今までに白い種類のイチゴを食べたことがありますか？」とたずねました。私は「いいえ，私はここでそれを初めて食べました」と言いました。彼は「ええと，最初の白いイチゴは日本で作られたんですよ。ここにあるその白い種類のイチゴは最初の種類のものではありませんが，私は私の友人の1人からそれらについて聞いたのです。それらを作るのにおよそ20年かかりました」と言いました。「20年ですか！　それはとても長いですね！」 私は驚きました。私は新しいものを開発するのには，時にはたくさんの時間がかかるということを理解しました。

私たちが森さんと話したとき，彼は私たちにイチゴについて他の興味深いことを教えてくれました。例えば，より大きなイチゴを収穫したり，より多くのイチゴを集めたりするために彼の農園では，藍が使われています。はじめは，何人かの農業経営者がイチゴをカビから守るために，藍の中にある成分を使っていました。その後，その農業経営者の何人かは，彼らの農園のイチゴがよく育つことに気づきました。今，科学者たちは，藍は植物が成長するのを助けることができる成分を含んでいると考えています。

私はイチゴについていくつかの興味深いことを学んでうれしく思い，家に帰ったとき，たくさんの疑問を持ちました。「どうして赤い種類のイチゴは赤いのか？」「日本にはどれくらいの種類のイチゴがあるのか？」「私が普段家で食べるイチゴの名前は何か？」 多くの疑問が「育ちました」。農園を訪ねる前，私は赤いイチゴの色と形は知っていましたが，これらのような疑問は考えつきませんでした。そこでのイチゴ狩りは，私にとって「藍」のようなものだと私は思いました。ある春の日の体験のおかげで，今，私は試す前にはおもしろくなさそうなことから私たちは多くのことを学ぶことができると思っています。

4 **【解き方】**(1) サキは「青い帽子」を，エマは「黒いかばん」をカナにあげるつもりである。

(2) ハルコは「午後におばが私の家へ来て，私は彼女と美術館を訪れた」と話している。

【答】(1) (イ)　(2) (エ)

◀全訳▶　(1)

A：こんにちは，エマ。あなたはカナの誕生日に何を買うつもりなの？

B：こんにちは，サキ。私は先週，茶色の帽子と黒いかばんを見つけたわ。

A：まあ，私は昨日買い物へ行って，彼女のために青い帽子を買ったの。

B：わかった，それでは私はかばんだけを買うことにする。彼女がそれを気に入ってくれたらいいけど。

質問：カナは彼女の誕生日にサキとエマから何をもらうでしょうか？

(2)

A：私は昨日の朝，あなたを見かけたわ，ハルコ。

B：本当？　あなたも図書館にいたの，メグ？

A：いいえ，でも私は午後にそこへ行ったわ。私はウメ公園へ行って，そこであなたを見たの。

B：ええと，私はあなたが私の妹を見たのだと思う。私は昨日そこへ行かなかった。午後に，おばが私の家へ来て，私は彼女と一緒に美術館を訪れたの。

質問：昨日の午後，ハルコはどこへ行きましたか？

5 【解き方】(1) 部長は「もし雨が降れば，私たちはワカバ駅を訪れないで，2つのグループ（＝全員の部員）がミドリ駅を訪れる」と話している。

(2) 部長は「来週の火曜日に，私たちが外国人の人々にたずねる質問について考えましょう」と話している。

【答】(1) (エ)　(2) (ア)

◀全訳▶

部長：こんにちは，みなさん。私たちが今日の活動を始める前に，私は来週私たちがすることをみなさんに話します。今日は木曜日で，来週の木曜日に，私たちはワカバ駅とミドリ駅で，英語で何人かの外国人にインタビューをする予定です。このクラブには8人の部員がいるので，私たちは2つのグループをつくります。グループは，グループAとグループBで，それぞれのグループは4人のメンバーになります。グループAはワカバ駅を，グループBはミドリ駅を訪れます。しかしながら，もし雨が降れば，私たちはワカバ駅を訪れないで，2つのグループがミドリ駅を訪れます。だから，来週の火曜日に，私たちが外国人の人々にたずねる質問について考えましょう。そのときは私たちの英語の先生であるグリーン先生が私たちと一緒にいて，私たちを手伝ってくれます。彼女は去年の活動の何枚かの写真を私たちに見せてくれて，その活動がどのようなものだったか話してくれるでしょう。さあ，グループを決めましょう。みなさんが訪れたいのはどちらの駅か私に伝えてください。

質問(1) もし次の木曜日が雨ならば，このクラブの何人の生徒がミドリ駅を訪れますか？

質問(2) このクラブの生徒は来週の火曜日に何をしますか？

6 【解き方】(1) 本をいつ買ったか覚えているかをたずねられた時の返答。「確かではありませんが，およそ1週間前にそれらを買いました」。

(2) 電車に鍵を置き忘れたジュディにリカは「心配しないで。あなたの鍵について，私が駅員に話すから」と言い，それに対するジュディの応答。「ありがとう。すぐにそれを取り戻すことができればいいと思うわ」。

【答】(1) (ウ)　(2) (ア)

◀全訳▶

(1)

A：私たちに電話をかけていただきありがとうございます。何のご用でしょうか？

B：私はあなたたちのウェブサイトで何冊かの本を買いましたが，それらがまだ届いていません。

A：いつそれらをお買いになったか覚えておられますか？

B：(確かではありませんが，およそ1週間前にそれらを買いました)。

(2)

A：おはよう，ジュディ。あら，大丈夫？

B：ああ，リカ。私はたった今電車の中に私の鍵を置いてきてしまったの。

A：心配しないで。あなたの鍵について，私が駅員に話すから。

B：(ありがとう。すぐにそれを取り戻すことができればいいと思うわ)。

国　語

1 【解き方】(2) はじめに「痛み」について,「すれ違いやトラブル」があると「心がチクリと痛むことがたまにある」と述べている。

(3)「それはあなたとその人との関係性の限界がそこまでであること」を示しており,「その限界を超えようと思うのであれば…相手の重要性と自身の願いを自覚し,そのうえで,『自身がどうすべきか』を問い直す必要がある」と述べている。

(5)「うまく」は,どのように「生きて」いるのかを説明している。

(7) 自分に向けられた問いに「痛み」を感じたときに,問いかける側の理屈や問いかける人を非難して,問いかけ自体を「無効化」して「痛みを回避」すると前で述べていることに着目する。

(8) ㈠「相互理解を求めていた」と前にあるので,本文で「痛み」について,「『分かりたかった』『分かってほしかった』という自分の心の在り方を示すもの」と述べていることをおさえる。㈡ B.「自分の世界は,今の自分が持つ」「大きくなり」と前後にあるので,本文で「それまでの限界を乗り越えたとき,あなたにとっての世界は拡がってゆくだろう」と述べているところに着目する。「それまでの限界」は,「『今のあなたの認識』の限界」を指す。C.「あなたにとっての世界」が拡がってゆくことは,「価値観が豊かになり,他人をより良く理解することにもつながる」と述べている。

【答】 (1) Ⅰ. (エ)　Ⅱ. (カ)　(2) (エ)　(3) (ウ)　(4) e. おちい(る)　f. さかのぼ(って)　(5) (ア)　(6) (加)担　(7) (イ)

(8) ㈠ 心の在り方を示すもの　㈡ B. 認識の限界を乗り越えること(13字)　C. 他者への理解(それぞれ同意可)

2 【解き方】(1)「客観的視点から自己を見つめる自画像に慣れている」とあり,エルンスト・マッハが描いた自画像のような,「『私』の見ている主観的な世界の境界は…意識にのぼりません」と述べていることから考える。

(2) Ⅰ.「ない」をつけると,直前の音が「イ段」の音になる。Ⅱ. (カ)・(サ)は,「ない」をつけると,直前の音が「ア段」の音になる五段活用。(キ)は,「ない」をつけると,直前の音が「エ段」の音になる下一段活用。(ケ)は,サ行の音をもとにして,変則的な変化をするサ行変格活用。

(3)「遠くの山,空に浮かぶ雲,夜の空に輝く星々には手を伸ばしても直接触れることはできません」と指摘した後で,「目や耳」などの「身体に備わったセンサー」を使えば,「大きさや形,距離などを感じることができるものも」あると述べている。

(4) 様態を表す助動詞。他は,伝聞を表す助動詞。

(5) 測ろうとする対象は「外的な対象」と「内的な対象」とに分けられるという前の内容と,「そう単純に分けられそうにはありません」という後の内容は,相反するものとなっている。

(6) エルンスト・マッハが描いた自画像は,「眼で見える世界」や「自己の内面のビジョン」を「観察し,測ることを行っている」という話題提起を受け,4～9段落では,日常においてわれわれが具体的に何を使って何を観察し何を測っているのかについて説明している。そして最後の段落では,「人間」が万物を測る上での「尺度」について筆者の見解を述べている。

(7) ㈠「人物は万物の尺度である」という考え方を用いると,「真実がなんであるのか…判断が麻痺する」危険があると続けていることをおさえる。また,「私たち一人一人」が持っている異なる感覚について,主観的な量と客観的な量には「ズレ」があり,時間の感覚を例に,「客観的な基準を参照することで…修正をかけている」と説明していることに着目する。㈡「『人間』と『万物』をどこまで適用させて深く考えるかが必要」とあるので,本文で,「『人間』と『万物』の適用範囲に対しての熟考が必要なのだと思います」と指摘していることに着目する。これについて,「見慣れた『我々』以外を『人間』として迎え入れるかどうか…『人間』の構成が変わるとき,『万物』の尺度にも動揺が生じるのでしょう」と説明している。㈢「要約」は文章の要点をまとめたものなので,要点をわかりやすくするための例や補足的な内容は入れない。

【答】 (1) (エ)　(2) Ⅰ. (イ)　Ⅱ. (ク)・(コ)　(3) (ア)　(4) (イ)　(5) Ⅰ. (イ)　Ⅱ. (ク)　(6) (ア)

(7) ㈠ 主観的な評価のゆらぎによって真実が何であるのかが（24字）（同意可）　㈡ (エ)　㈢ (ウ)

③ **【解き方】** (1)「忘れがたみ」は，長く忘れないための物品。他人に「情」をかける行為以上の「忘れがたみ」はないと述べている。

(2)「人，我を悪しくすとも，我，情をほどこさば，人かへりてしたがふ」とある。「我を悪しく」するが「仇」にあたることをふまえて，「情」にあたる語を考える。

(3)「よそ」は，自分と関係のないものごと。「べからず」は，禁止を表している。

(4) 語頭以外の「は・ひ・ふ・へ・ほ」は「わ・い・う・え・お」にする。また，「ゑ」は「え」にする。

(5) ㈠ 中国の戦国時代の武将の廉頗が，家臣の藺相如に謝罪したという例を挙げていることから考える。㈡ 幼児について「情をむつましくしてしたがふ」，家畜について「あはれみを知りてむつる」と述べた後に，「いはむや，心ある人倫をや」とあることに着目する。

【答】 (1) (ア)　(2) (イ)　(3) (エ)　(4) いうゆえを　(5) ㈠ 立場を問わない（同意可）　㈡ (ウ)

◀口語訳▶　周の政治家である召伯の政治がおだやかなものであったので，民は召伯にゆかりがあるヤマナシの木の詩を作ってうたい，晋の政治家である羊祜の政治が広く慈悲深いものであったので，弟子たちが羊祜ゆかりの峴亭という山に石碑を立てた。亡くなった後までも，情けはその人を最も思い出させるものだ。

おおかたにおいて，普通の人も情け深くあることを第一とすべきである。人は，他人が自分をぞんざいに扱っても，こちらが，情けをかけてやれば，人は逆にこちらに従うものである。「仇は恩で返すものだ」と言うのである。中国の戦国時代の武将の廉頗が謝罪のために自らとげのある植物を背負ったという話は，人の心次第で，今の世にもきっとあるだろう。他人のことだと考えてはいけない。どうして，廉頗が謝罪した藺相如だけのことと言えるだろうか。

幼児は，親というものを知らないのに，優しく愛情を注ぐことでなつく。六種の家畜は飼い主ということをわかっていないのに，飼い主からかわいがられることでなじんで親しくする。ましてや，心ある人間ならなおのことである。

京都府公立高等学校
(前期選抜)
―共通学力検査―

2021年度
入学試験問題

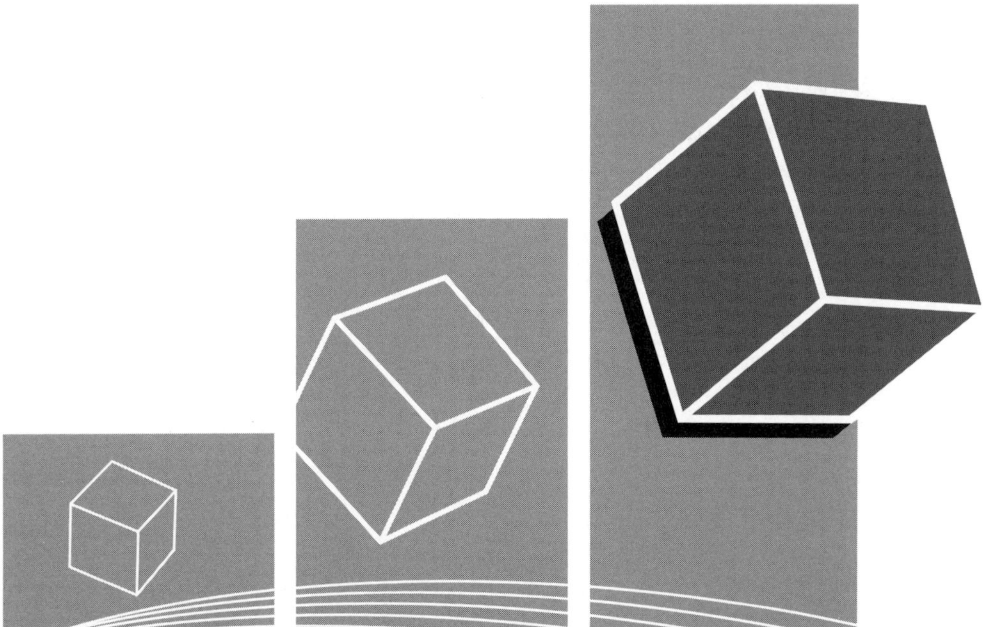

数学

時間　50分　　　　満点　50点

(注)　円周率はπとしなさい。
答えの分数が約分できるときは，約分しなさい。
答えが$\sqrt{}$を含む数になるときは，$\sqrt{}$の中を最も小さい正の整数にしなさい。
答えの分母が$\sqrt{}$を含む数になるときは，分母を有理化しなさい。

1　次の問い(1)～(9)に答えよ。

(1)　$(-2)^2-(-6^2)\times\dfrac{2}{3}$を計算せよ。(　　　)

(2)　$x-2y-\dfrac{x-9y}{5}$を計算せよ。(　　　)

(3)　$(a+5)(a-3)-(a+4)(a-4)$を計算せよ。(　　　)

(4)　yはxに反比例し，$x=-9$のとき$y=\dfrac{8}{3}$である。$x=4$のときのyの値を求めよ。

(　　　)

(5)　方程式$2x+3y-5=4x+5y-21=10$を解け。(　　　　)

(6)　ある正多角形において，1つの外角の大きさの9倍が，1つの内角の大きさと等しいとき，この正多角形の辺の数を求めよ。(　　　本)

(7)　絶対値が$\sqrt{10}$より小さい整数は全部で何個あるか求めよ。(　　　個)

(8)　二次方程式$x^2-8x-7=0$を解け。(　　　)

(9)　次の表は，バスケットボール部に所属している太郎さんが，ある週の月曜日から金曜日までの5日間，フリースローを毎日30本行ったときの，フリースローを決めた本数を記録したものである。この表のうち，ある曜日の記録が誤っていることがわかり，その記録をn本に訂正すると，5日間の平均値と中央値がどちらもちょうど15本になった。このとき，記録が誤っていたのは何曜日か，あとの(ア)～(オ)から1つ選べ。また，nの値を求めよ。(　　　)　n＝(　　　)

	月曜日	火曜日	水曜日	木曜日	金曜日
フリースローを決めた本数(本)	11	14	12	21	15

(ア)　月曜日　　(イ)　火曜日　　(ウ)　水曜日　　(エ)　木曜日　　(オ)　金曜日

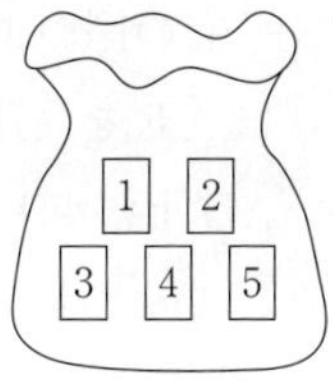

[2]　右の図のように，1，2，3，4，5の数が書かれたカードが1枚ずつ入っている袋がある。この袋からカードを1枚取り出し，それを袋にもどさずに，カードをもう1枚取り出す。最初に取り出したカードに書かれている数をaとし，袋の中に残った3枚のカードに書かれている数のうち最も小さい数をbとする。

このとき，次の問い(1)・(2)に答えよ。ただし，袋に入っているどのカードが取り出されることも同様に確からしいものとする。

(1)　$b = 3$となる確率を求めよ。(　　　)

(2)　$10a + b$の値が素数となる確率を求めよ。(　　　)

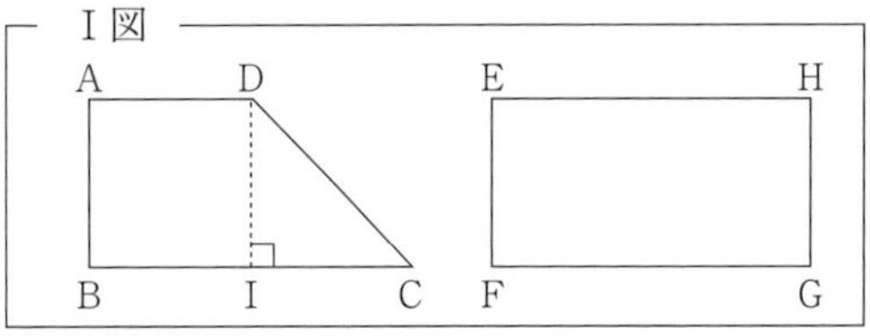

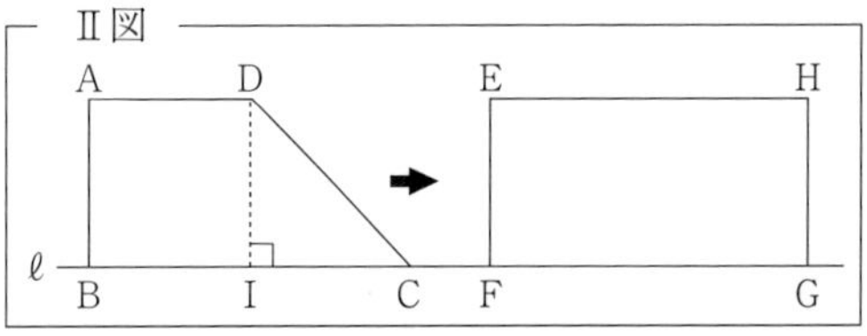

[3]　右のⅠ図のように，台形ABCDと長方形EFGHがある。台形ABCDは，1辺が8 cmの正方形ABIDと，$\angle CID = 90^\circ$の直角二等辺三角形CDIに分けることができる。また，AB = EF，BC = FGである。

右のⅡ図のように，台形ABCDと長方形EFGHを，4点B，C，F，Gがこの順に直線ℓ上にあるように置く。長方形EFGHを固定し，台形ABCDを直線ℓにそって矢印の方向に毎秒2 cmの速さで平行移動させ，点Cが点Gと重なったときに停止させる。点Cが点Fと重なったときからx秒後の，台形ABCDと長方形EFGHが重なった部分の面積をy cm^{2}とする。

このとき，次の問い(1)～(3)に答えよ。ただし，台形ABCDと長方形EFGHは同じ平面上にあり，直線ℓに対して同じ側にあるものとする。

(1)　$x = 3$のときのyの値を求めよ。また，$x = 5$のときのyの値を求めよ。

$x = 3$のとき(　　　)　$x = 5$のとき(　　　)

(2)　次の文章は，xとyの関係について述べたものである。文章中の[①]・[②]に当てはまるものを，下の(ア)～(オ)からそれぞれ1つずつ選べ。①(　　　)　②(　　　)

$0 \leqq x \leqq 4$のとき，yは[①]。また，$4 \leqq x \leqq 8$のとき，yは[②]。

(ア)　xに比例する　(イ)　xに反比例する　(ウ)　xに比例しないが，xの一次関数である

(エ)　xの2乗に比例する　(オ)　xの関数ではない

(3)　xの値が2から3まで増加するときのyの増加量の6倍が，xの値が3からaまで増加するときのyの増加量と等しくなる。このときのaの値を求めよ。(　　　)

④　右の図のように，平行四辺形ABCDがあり，辺BC上に点Eを，BE : EC = 5 : 2となるようにとる。また，辺AD上に点Fを，∠AEF = ∠CFEとなるようにとる。

このとき，次の問い(1)・(2)に答えよ。

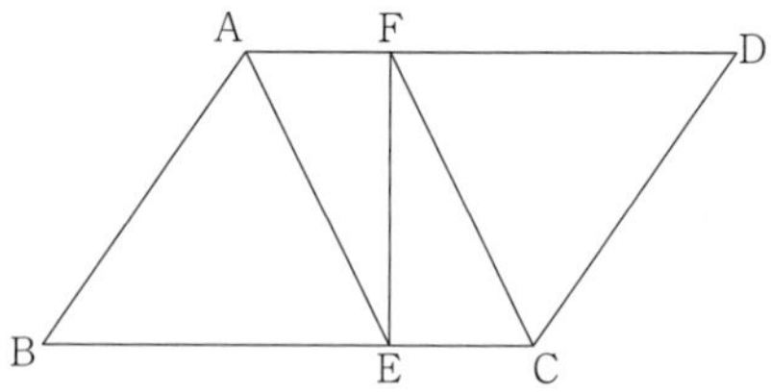

(1)　四角形AECFは平行四辺形であることを証明せよ。

[　　　　　　　　　　　　　　　　　　　　]

(2)　線分ACと線分EFとの交点をG，直線AEと直線CDとの交点をHとするとき，四角形CGEHと平行四辺形ABCDの面積の比を最も簡単な整数の比で表せ。(　　　)

⑤　点Oを中心とする球を，点Oを通る平面で切ってできる半球の形をした容器Xがあり，次のⅠ図のように，切り口を水平に保って満水にしてある。この切り口を円Oとすると，円Oの周の長さは12πcmであった。また，次のⅡ図のように，AD // BCの台形ABCDがあり，AD : BC = 3 : 1，CD = 12cm，∠ADC = 90°である。台形ABCDを，直線CDを回転の軸として1回転させてできる立体の形をした容器Yがあり，空の容器Yを，BCを半径とする円Cが底になるように水平な台の上に置く。次のⅢ図のように，容器Yに，容器Xに入っている水を残らず注ぐと，容器の底から水面までの高さは9cmになった。Ⅲ図において，水面と線分AB，線分CDとの交点をそれぞれE，Fとする。

このとき，あとの問い(1)〜(3)に答えよ。ただし，容器Xと容器Yの厚さは考えないものとする。

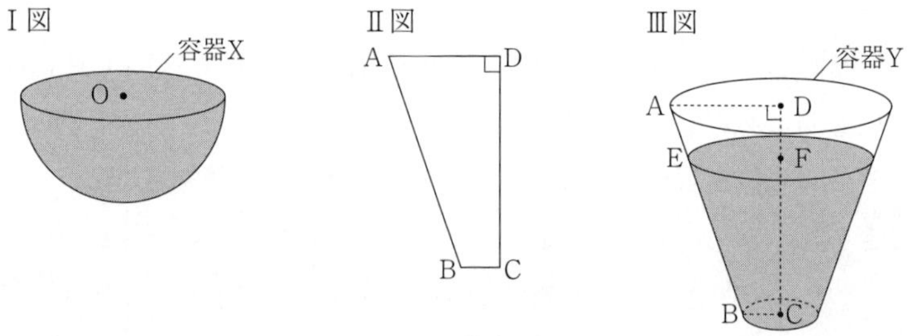

(1)　円Oの半径を求めよ。また，Ⅰ図において，容器Xに入っている水の体積を求めよ。

半径(　　　cm)　体積(　　　cm^3)

(2)　AD : EFを最も簡単な整数の比で表せ。(　　　)

(3)　容器Yの容積を求めよ。(　　　cm^3)

6 プログラミング教室で，規則的に数を表示するプログラムをつくった。右のⅠ図は，スマートフォンでこのプログラムを実行すると，初めに表示される画面の一部を表している。上の段から順に1段目，2段目，3段目，…とし，1段目には2個，2段目には3個，3段目には4個，…というように，n 段目には $(n+1)$ 個の正方形のマスが，左右対称となるように表示されている。1段目の左のマスをマスA，1段目の右のマスをマスBとする。マスAとマスBに数をそれぞれ入力すると，次の〈規則〉に従って，2段目以降のマスに数が表示される。

Ⅰ図

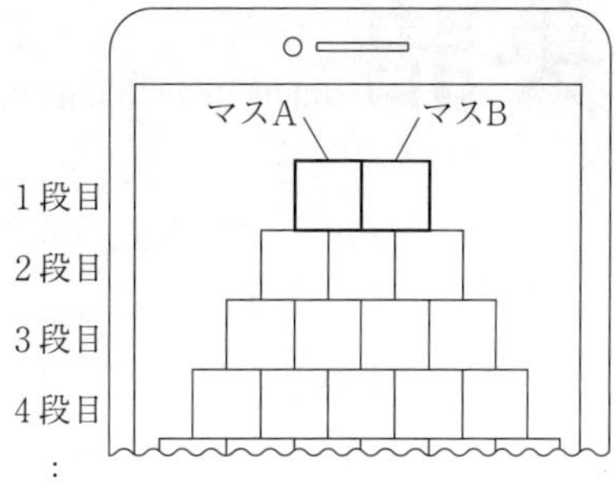

〈規則〉

・2段目以降の左端のマスには，マスAに入力した数と同じ数が表示される。
・2段目以降の右端のマスには，マスBに入力した数と同じ数が表示される。
・同じ段の隣り合う2つのマスに表示されている数の和が，その両方が接している1つ下の段のマスに表示される。

右のⅡ図のように，たとえば，マスAに2，マスBに3を入力すると，4段目の左から3番目のマスには，3段目の左から2番目のマスに表示されている7と，3段目の左から3番目のマスに表示されている8の和である15が表示される。

このとき，次の問い(1)～(3)に答えよ。ただし，すべてのマスにおいて，マスに表示された数字を画面上で確認することができるものとする。

Ⅱ図

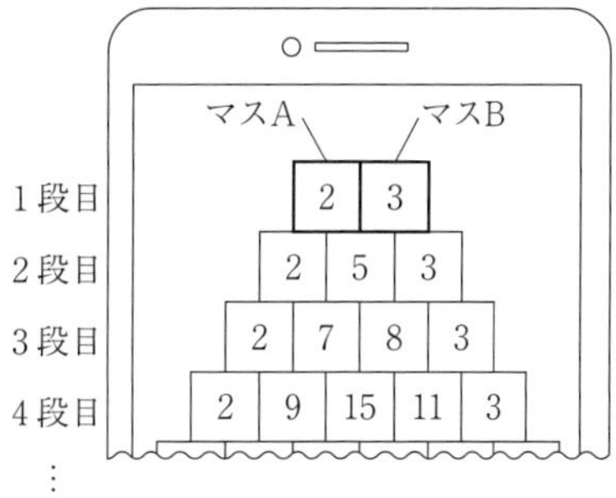

(1) マスAに3，マスBに4を入力すると，4段目の左から2番目のマスに表示される数を求めよ。(　　　)

(2) 3段目の左から2番目のマスに32，3段目の左から3番目のマスに－8が表示されているとき，マスAに入力した数と，マスBに入力した数をそれぞれ求めよ。

マスAに入力した数(　　　)　マスBに入力した数(　　　)

(3) マスAに22，マスBに－2を入力したとき，m 段目の左から m 番目のマスに表示されている数の2乗が，$2m$ 段目の左から2番目のマスに表示されている数と一致した。このときの m の値をすべて求めよ。(　　　)

英語

時間　50分　　　満点　50点

（編集部注）　放送問題の放送原稿は英語の末尾に掲載しています。
音声の再生についてはもくじをご覧ください。

（注）　問題4・5・6（リスニング）は，問題1・2・3の終了後に配布されます。
語数制限がある場合は，短縮形（I'm など）と数字（100 や 2021 など）は1語として数え，符号（, / . / ? / ! / “” など）は語数に含めないものとします。

1　次の問い(1)・(2)に答えよ。

(1)　次の絵の中の①～④の順に会話が成り立つように，［　　］に入る適切な英語を，4語で書け。

（　　　　　　　　）

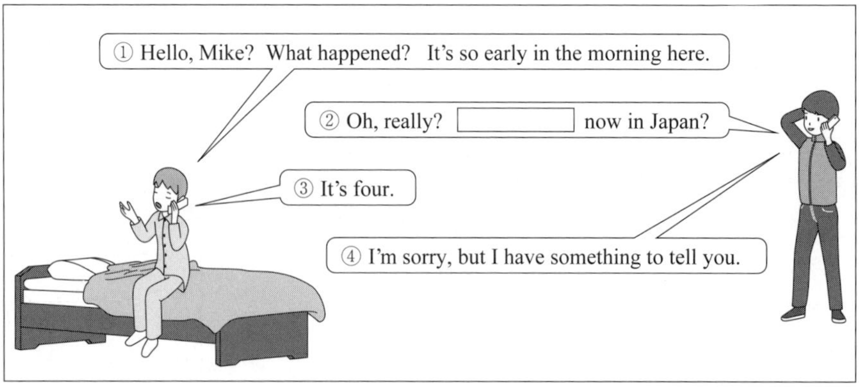

① Hello, Mike? What happened? It's so early in the morning here.
② Oh, really? [　　　] now in Japan?
③ It's four.
④ I'm sorry, but I have something to tell you.

(2)　次の絵は，大学生の健二（Kenji）が友人のグレンダ（Glenda）と下の会話をしている一場面を表している。この絵をもとに，後の問い(a)・(b)に答えよ。

Glenda：　I haven't seen your brother, Haruki, for a long time. How is he?
Kenji　：　He is fine. I［　①　］from him yesterday. He wrote about his life in Osaka.
Glenda：　Oh, that's good. Is he enjoying it?
Kenji　：　Yes. He wants to see us.［　②　］Osaka together?
Glenda：　Let's do that!

Kenji : OK. I'll tell him about it.

(a) 会話が成り立つように， ① に入る適切な英語を，3語で書け。(　　　)

(b) 会話が成り立つように， ② に入る適切な英語を，3語以上5語以内で書け。(　　　)

[2] 次の英文は，留学生のリサ（Lisa）と通りすがりの人（Passerby）が交わしている会話である。次の地図を参考にして英文を読み，後の問い(1)～(4)に答えよ。

地図

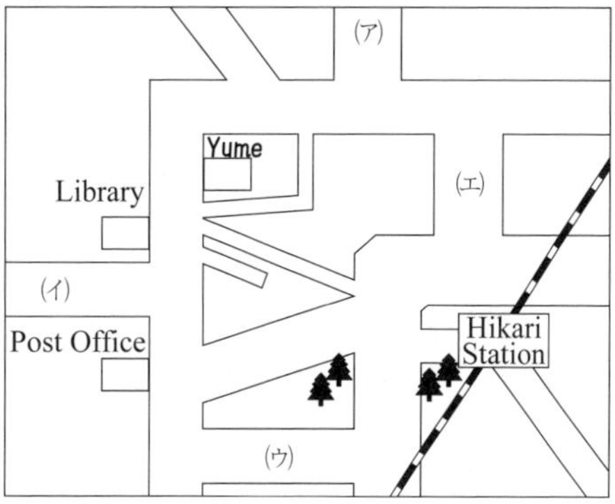

Lisa : Excuse me. Could you help me?

Passerby : Yes, of course.

Lisa : Look, I have a map of this city, but I don't know where I am. I want to go to Hikari Station to meet my friend coming from my country, and before that, I want to go to this cake shop called Yume. Could you tell me ① to go to the cake shop and the station?

Passerby : Sure. We are ② here on this map.

Lisa : I see.

Passerby : You want to go to the cake shop first, right? Walk *along this street, and turn left at the first *corner. Walk a little, and then, you'll see the cake shop on your right. You can get there in five minutes. It is my favorite cake shop.

Lisa : I'll go to the cake shop for the first time. Which cake should I buy?

Passerby : Well, I think the chocolate cake is very good.

Lisa : I see. I will buy one. Then, ③ long will it take to go to the station from the cake shop?

Passerby : There are some ways to walk to the station. It'll take twenty minutes if you choose an easy way. I think this way is good for you because you don't know this city well, right?

Lisa : Right. Could you tell me about it?

Passerby : Sure. Let's look at the map again. Go along the street in front of the cake shop, and you will see the library on your right. Walk a little, and when you see the post office on your right, turn left at the corner. After walking across the large street with trees, you'll be at the station.

Lisa : I see. That sounds easy.

Passerby : If you want to know another way, I'll tell you about it. It's a difficult way, but it's faster.

Lisa : Well, I want to get to the station early, so please tell me.

Passerby : OK. First, choose the same street from the cake shop, and turn left at the second corner. Look, this street is *narrow and there are two other streets like it. So, it may be difficult to find it. But it'll take only ten minutes to go to the station from the cake shop. It's two forty now. You don't have much time, right?

Lisa : I will meet my friend at three. So, I will choose this difficult way because [④].

Passerby : OK.

Lisa : Now I know a good way to go to the cake shop and the station because you showed it to me on the map. Also, I got useful *information about the cake shop. I am happy to get such information from you. Thank you for your help.

Passerby : You're welcome.

(注) along ～ ～にそって corner 曲がり角 narrow 狭い information 情報

(1) [①]・[③] に共通して入る最も適当な**1語**を書け。(　　　)

(2) 本文と地図から考えて，下線部②にあたるものとして最も適当なものを，地図中の(ア)～(エ)から1つ選べ。(　　　)

(3) [④] に入る表現として最も適当なものを，次の(ア)～(エ)から1つ選べ。(　　　)

(ア) I will be able to get to the station in five minutes if I leave the cake shop now

(イ) I will be able to arrive at the station at two fifty after visiting the cake shop

(ウ) I want to arrive at the station in twenty minutes with some chocolate cake

(エ) I want to get to the station at two forty before buying some chocolate cake

(4) 本文の内容と一致する英文として最も適当なものを，次の(ア)～(エ)から1つ選べ。(　　　)

(ア) The passerby is drawing a map to tell Lisa the way to go to the cake shop and the station.

(イ) The passerby doesn't know what to buy at the cake shop because that person has never visited it.

(ウ) Lisa says that the passerby showed her a good way to go to the cake shop and the station.

(エ) Lisa says that she is going to meet her friend coming from her country at the cake shop.

3 次の英文は，中学生の花子（Hanako）が行ったスピーチである。これを読んで，問い(1)〜(9)に答えよ。

There are some people cleaning streets in my town every morning. Also, there are some *crows looking for something in the *trash. Many kinds of trash are *scattered around the *dump by them. ① <u>That</u> is a problem of trash and crows. Many people don't want to *fight with crows, but they want to *solve the problem. 【 A 】

There is one way to solve the problem. I often see yellow plastic bags for trash. I heard that crows ② <u>[(ア) put / (イ) see / (ウ) the yellow / (エ) in / (オ) cannot / (カ) the things]</u> bags. If crows think that there isn't any trash in them, they will go to another place, and we don't have to fight with crows. 【 B 】 *However, many crows still come to dumps in my town. They learn quickly and understand well, and they know where to find something for their lives. So, they come back to look for it in trash if they think they can do that easily. What are they trying to find in our trash? If I can answer this question, I may find a better way to solve the problem of trash and crows. So, I started learning about crows.

My uncle is studying about crows. He often watches crows in some places and tries to understand their lives. He ③ <u>(tell)</u> me about it last week. They get up very early in the morning and usually start looking for their food in the trash of some restaurants or food shops. In such trash, crows can find their favorite food like *French fries or *mayonnaise. My uncle said that they like *oily food. I thought it's interesting because I like the same food. 【 C 】 Also, they want to find something for making their houses. For example, they need *soft things like dog hair or *cotton because they want to put their eggs on such things. I was surprised to learn that crows find these things very well.

There are some better ideas to solve the problem of trash and crows, my uncle said. First, people should put a big *net over the trash. When there is a net, it is difficult for crows to scatter trash around a dump. Heavy nets with small *mesh are better. Second, when people put their trash in the dump, they should be careful about the time. Usually, the trash is ④ <u>(collect)</u> in the morning. Crows may come and scatter it before that if you put the trash in the dump the *previous night. 【 D 】 If it is difficult for crows to get their food in our town, they will move to another place. ⑤ <u>My uncle knows what we can do to solve the problem of trash and crows because he always tries to understand them</u>. I think he can see the problem from the side of the crows.

We don't want to fight with crows, but [⑥]? I've heard that the crows sometimes hit people. Do they want to fight with us? That may not be true. My uncle said that the crows are trying different ways to say, "Don't come around our house!" They want to protect their children when someone comes around their house. Crows are large birds and they can fly, so they look strong. However, they are afraid if someone is near them and they don't usually want to fight with us. So, they don't come around the trash when someone is there.

I learned about crows and I understood them better than before. They are just trying very hard to get things for their lives, and they can find them in our trash easily. So, I don't think they are bad. Scattering trash is a problem to us. However, if I see this problem from the side of the crows, then I will know what I can do to solve it. For example, I will not make much food trash, especially oily food trash, and I can be careful about my way of putting the trash in the dump. There is not an easy way to solve the problem of trash and crows, but now, I know it is important to think about it from the side of the crows. We often think about a problem only from our own side, but if we look at it from another side, we may find a better idea.

（注）crow　カラス　trash　ごみ　scatter ～　～をまき散らす　dump　ごみ捨て場
fight with ～　～と戦う　solve ～　～を解決する　however　しかしながら
French fries　フライドポテト　mayonnaise　マヨネーズ　oily　油っこい
soft　柔らかい　cotton　綿　net　網，ネット　mesh　網の目　previous　前の

(1)　下線部①が指す内容として最も適当なものを，次の(ア)～(エ)から１つ選べ。(　　　)
(ア)　通りのごみを拾って町をきれいにしている人々が，カラスにじっと見られていること。
(イ)　分別されていないごみが，地域の住民たちによってカラスのいる場所に出されること。
(ウ)　ごみ捨て場周辺で，毎朝カラスが仲間を探して騒がしく飛び回っていること。
(エ)　ごみ捨て場周辺で，いろいろなごみがカラスによってまき散らされていること。

(2)　次の英文を本文中に入れるとすればどこが最も適当か，本文中の【 A 】～【 D 】から１つ選べ。
(　　　)

So, we should not leave it there for a long time.

(3)　下線部②の［　　］内の(ア)～(カ)を，文意が通じるように正しく並べかえ，記号で書け。
(　　)→(　　)→(　　)→(　　)→(　　)→(　　)

(4)　下線部③(tell)・④(collect)を，文意から考えて，それぞれ正しい形にかえて**1語**で書け。
③(　　　)　④(　　　)

(5)　次の英文は，下線部⑤について説明したものである。本文の内容から考えて，[i]・[ii]に入る最も適当なものを，[i]は下のⅠ群(ア)～(エ)から，[ii]はⅡ群(カ)～(ケ)からそれぞれ１つずつ選べ。Ⅰ群(　　　)　Ⅱ群(　　　)

> Hanako's uncle [i], so he knows when they come to a dump and scatter trash there. That is his [ii] for telling Hanako about better ideas to solve the problem of trash and crows.

Ⅰ群　(ア)　watches crows very well　(イ)　studies about other towns
(ウ)　tries to fight with crows　(エ)　puts trash in the dump

Ⅱ群　(カ)　goal　(キ)　question　(ク)　reason　(ケ)　problem

(6)　[⑥]に入る表現として最も適当なものを，次の(ア)～(エ)から１つ選べ。(　　　)

(ア) when do we have to protect them (イ) what do they think about us

(ウ) can they solve the problem (エ) do you know the way to hit them

(7) 本文の内容に合うように，次の質問(a)・(b)に対する適当な答えを，下の〈条件〉にしたがい，それぞれ英語で書け。

(a) Did Hanako start learning about crows to teach her uncle about them? (　　　　　)

(b) What do the crows want to protect when someone comes around their house?

(　　　　　　　　　)

〈条件〉・(a)は**3**語で書くこと。

・(b)は**6**語で書くこと。

(8) 本文の内容と一致する英文として適当なものを，次の(ア)～(オ)から**すべて**選べ。(　　　)

(ア) Crows try to get soft things because they want to use them to make their houses.

(イ) It becomes difficult for us to put our trash in the dump if we use a heavy net.

(ウ) Crows are strong birds, so they come to the dump when someone is there.

(エ) Hanako learned crows come to the dumps in her town because they can get things for their lives.

(オ) Hanako will put oily food trash in the dump for crows because it is their favorite food.

(9) 次の英文は，このスピーチを聞いた後，二人の姉弟(きょうだい)ソフィ（Sophie）とネイト（Nate）が交わしている会話の一部である。これを読んで，下の問い(a)～(c)に答えよ。

Sophie： Hanako talked about the way to solve a problem, but do you know what she means?

Nate ： I'm also thinking about it. For example, we sometimes fight with each other about TV programs, right?

Sophie： Yes. [i] I want to watch a movie, you always watch a soccer game, so I'm not happy. We cannot watch the two at the same time.

Nate ： You want to say that our favorite programs are [ii], but if you know why I want to watch it, we don't have to fight with each other, maybe.

Sophie： I see. So, it's important to [iii] to solve our problems, right?

Nate ： That's right, and Hanako wants to say that.

Sophie： Now I'm going to guess. You want to watch many soccer games on TV to be a better player in your team, right?

(a) [i] に入る語として最も適当なものを，次の(ア)～(エ)から1つ選べ。(　　　)

(ア) After (イ) Again (ウ) But (エ) When

(b) [ii] に入る最も適当な語を，本文中から**1**語で抜き出して書け。(　　　)

(c) [iii] に入る適当な英語を，本文の内容にそって**3**語以上**7**語以内で書け。

(　　　　　　　　　)

【リスニングの問題について】 放送中にメモをとってもよい。

4 それぞれの質問に対する答えとして最も適当なものを，次の(ア)～(エ)から１つずつ選べ。

(1)(　　) (2)(　　)

(1) (ア) On Monday. (イ) On Tuesday. (ウ) On Thursday. (エ) On Sunday.

(2) (ア) One apple. (イ) Two apples. (ウ) Three apples. (エ) Six apples.

5 それぞれの質問に対する答えとして最も適当なものを，次の(ア)～(エ)から１つずつ選べ。

(1)(　　) (2)(　　)

(1) (ア) おもしろい (イ) 広い (ウ) 小さい (エ) 役に立つ

(2) (ア) 小さい車を駐車する場所 (イ) 食べ物や飲み物を置く場所

(ウ) ４台の自転車を載せる場所 (エ) 商品を販売する場所

6 それぞれの会話のチャイムのところに入る表現として最も適当なものを，下の(ア)～(エ)から１つずつ選べ。(1)(　　) (2)(　　)

(例題) A： Hi, I'm Hana.

B： Hi, I'm Jane.

A： Nice to meet you.

B： 〈チャイム音〉

(ア) I'm Yamada Hana. (イ) Nice to meet you, too. (ウ) Hello, Jane.

(エ) Goodbye, everyone.

(解答例) (イ)

(1) (ア) Yes, it is about four hundred years old. (イ) Yes, a famous person built it.

(ウ) Yes, it was built in Kyoto. (エ) Yes, you went there two years ago.

(2) (ア) My shirt is twenty dollars. (イ) There are three for each color.

(ウ) It's twenty dollars. (エ) I can show you another color.

〈放送原稿〉

2021 年度京都府公立高等学校前期選抜入学試験英語リスニングの問題を始めます。

これから，問題[4]・[5]・[6]を放送によって行います。問題用紙を見なさい。

それでは，問題[4]の説明をします。

問題[4]は(1)・(2)の２つがあります。それぞれ短い会話を放送します。次に，Question と言ってから英語で質問をします。それぞれの質問に対する答えは，問題用紙に書いてあります。最も適当なものを，(ア)・(イ)・(ウ)・(エ)から１つずつ選びなさい。会話と質問は２回放送します。

それでは，問題[4]を始めます。

(1) A： Emma, when should I finish my homework?

B： You have to give it to your teacher next Tuesday morning, Meg.

A： I will try it at home on Sunday because I will have enough time for that.

B： Good. If you have a question, you can ask someone at school on Monday.

Question：When will Meg do her homework at home?

もう一度放送します。〈会話・質問〉

(2) A： Hi, Mom, I want to make an apple pie, so I need two apples. How many apples did you buy yesterday?

B： Hi, Keiko. I bought six apples yesterday, and I gave one apple to my friend.

A： We ate two apples last night, so there are three apples at home, right?

B： No, there is one apple because your father ate two apples this morning.

A： OK. Then, I will get one apple at the shop.

B： I see.

Question：How many apples will Keiko buy to make an apple pie?

もう一度放送します。〈会話・質問〉

これで，問題[4]を終わります。

次に，問題[5]の説明をします。

これから，留学生のジェシカ・ホワイトによるスピーチを放送します。つづいて，英語で２つの質問をします。それぞれの質問に対する答えは，問題用紙に日本語で書いてあります。最も適当なものを，(ア)・(イ)・(ウ)・(エ)から１つずつ選びなさい。スピーチと質問は２回放送します。

それでは，問題[5]を始めます。

Jessica White： Hello, everyone. I'm Jessica White. I stay at Misa's house. Misa's father, Hiroshi, often takes me and Misa to interesting places by car, and I found some different points between Hiroshi's car and my father's. My father's car is very big. My family can put four bikes in it easily. There are a lot of large streets in my country, so people can see many big cars like my father's. So, when I first saw Hiroshi's car, I was surprised because it was small! But now, I know it has some good points. For example, we only need a small place to put the car when we go shopping. So, it's easy to visit a small shop in town. Also, there are many useful places for putting something to eat and drink even in the small car. That is good when we travel. Hiroshi's car and my father's are different, but each one has good points to enjoy going out by car in each country. Thank you.

Question (1)：What did Jessica think about Hiroshi's car when she saw it for the first time?

Question (2)：What kind of places are there in Hiroshi's car?

もう一度放送します。〈スピーチ・質問〉

これで，問題5を終わります。

次に，問題6の説明をします。

問題6は(1)・(2)の２つがあります。それぞれ短い会話を放送します。それぞれの会話の，最後の応答の部分にあたるところで，次のチャイムを鳴らします。〈チャイム音〉このチャイムのところに入る表現は，問題用紙に書いてあります。最も適当なものを，(ア)・(イ)・(ウ)・(エ)から１つずつ選びなさい。

問題用紙の例題を見なさい。例題をやってみましょう。

（例題）　A：　Hi, I'm Hana.

B：　Hi, I'm Jane.

A：　Nice to meet you.

B：　〈チャイム音〉

正しい答えは(イ)の Nice to meet you, too.となります。ただし，これから行う問題の会話の部分は印刷されていません。

それでは，問題6を始めます。会話は２回放送します。

(1)　A：　I am glad to come here.

B：　Me, too. I love this temple.

A：　It looks very old. Do you know when it was built?

B：　〈チャイム音〉

もう一度放送します。〈会話〉

(2)　A：　Excuse me. I like this bag, but can I see another color?

B：　Sure. We also have three other colors, white, black and orange. Which color do you like?

A：　I think the orange one is the best. It will look good with my shirt. How much is it?

B：　〈チャイム音〉

もう一度放送します。〈会話〉

これで，リスニングの問題を終わります。

ものて、主人公のいそ保の逸話には外国を舞台としたものもあるんですよ。

広斗　だから、この本文にはエジプトの国王が登場するんですね。ところで、本文にある、いそ保の「才覚」とはどのようなものですか。

先生　それは、いそ保が創作した話の中の［A］時間で、［B］時間を作り出そうとしたところから分かりますね。

広斗　なるほど。つまり本文全体を通して、いそ保が［C］が、いそ保の「才覚」なんですね。

(一) 会話文中の［A］・［B］に入る適当な表現を、本文の内容を踏まえて、［A］は**五字以上、八字以内**で、［B］は**三字以上、五字以内**で書け。

A ＿＿＿＿＿＿＿＿　B ＿＿＿＿＿

(二) 会話文中の［C］に入る最も適当な表現を、次の(ア)〜(エ)から一つ選べ。（　　）

(ア) 国王の要求に応じて毎夜、新たな物語を語った点

(イ) 自分自身と国王の欲求を同時にかなえる話を作った点

(ウ) 国王の願望にそった話をすることで国王を納得させた点

(エ) 自分自身の望みをかなえるために意図的に国王を怒らせた点

3　次の文章は、「伊曾保物語」の一節である。注を参考にしてこれを読み、問い(1)～(5)に答えよ。

＊去ほどに、＊ねたなを国王＊いそ保を＊語らひ、よなよな昔今の物語どもし給ふ。ある夜、伊曾ほ、夜ふけて、ややもすれば眠りがちなり。「＊奇怪なり。語れ語れ」と責め給へば、いそ保謹しんで　承　、＊叡聞に備へて云、近き比、ある人千五百疋の羊を飼ふ。其道に河あり。底深くして、＊かちにて渡る事 a かなはず。つねに大船をもてこれを渡る。有時、俄に帰りけるに、b 船をもとむるによしなし。いかん共せんかたなくして、ここかしこ尋ねありきければ、小舟一艘＊汀にあり。又ふたりとも乗るべき舟にもあらず。□我とともに乗りて渡る。残りの羊、数多ければ、そのひまいくばくの費へぞや c 」といひて、又眠る。

その時、国王逆鱗あつて、いそ保を諫め給ふ。「汝が＊睡眠狼藉也。語果たせ」と＊綸言あれば、いそほおそれおそれ申けるは、「千五百疋の羊を小舟にて一疋づつ渡せば、その時刻いくばくかあらん。その間に眠り候」と申ければ、国王大きに叡感あつて、「汝が才覚量りがたし」。

(「日本古典文学大系」より)

注
＊去ほどに…さて。
＊ねたなを国王…エジプトの国王。
＊いそ保…人物名。本文中の「伊曾ほ」「いそほ」も同一人物。
＊語らひ…話し相手にして。
＊奇怪なり…許しがたいことだ。
＊叡…国王の行動や考えに敬意を表す語。
＊かち…徒歩。
＊汀…水に接する所。
＊睡眠狼藉也…眠るのは無礼だ。
＊綸言…国王のことば。

(1) 本文中の波線部（～～）のうち、平仮名の部分が現代仮名遣いで書いた場合と**異なる**書き表し方を含んでいるものを、次の(ア)～(エ)から一つ選べ。また、本文中の a かなはず は歴史的仮名遣いで書かれている。これをすべて**現代仮名遣い**に直して、**平仮名**で書け。

(　　)　□□□□

(ア) 夜ふけて　(イ) 羊を飼ふ　(ウ) せんかたなく　(エ) そのひま

(2) 本文中の b 船をもとむるによしなし の解釈として最も適当なものを、次の(ア)～(エ)から一つ選べ。(　　)

(ア) 船を見つけたので、探す必要がない
(イ) 船を購入したところ、お金がなくなった
(ウ) 船を探し求めていた間に、使う理由がなくなった
(エ) 船を手に入れようとするが、その方法が見つからない

(3) 本文中の□に入る最も適当な語を、次の(ア)～(エ)から一つ選べ。(　　)

(ア) 大船　(イ) 国王　(ウ) 羊一疋　(エ) 皆

(4) 本文からは、本文中の c 」に対応するかぎ括弧（「）が抜けている。このかぎ括弧（「）が入る箇所の、**直後の二字**を本文中から抜き出して書け。□□

(5) 次の会話文は、本文について広斗さんと先生が交わした会話の一部である。これを読み、後の問い㈠・㈡に答えよ。

先生　これは、古代ギリシャの説話「イソップ物語」を翻訳した

太郎　本文では、「芸術」について述べられていたね。[9]段落に「この真理に触れて表現されてきた作品として同一なのです」とあるけれど、「この真理に触れ」るとはどういうことだったかな。

花子　[A]ことだと本文から分かるよ。「芸術」はこうした真理を受け入れて表現されてきたのだと、具体的な芸術作品をあげて述べられていたね。

太郎　そうだね。じゃあ、人類は「芸術」という営みを通してどのように生き抜いてきたのだったかな。

花子　本文から、人類は「この真理に触れ」たことによって恐怖を感じつつも、[B]とを持ち、工人として「芸術」を営んできたことが分かるね。

太郎　そうだね。人類は「創造するヒト」として、光を求めるように明日へと向かって生きてきたんだね。今まで「芸術」について深く考えたことはなかったけれど、おもしろく感じたよ。いろいろな人が「芸術」についてどのように考えているのか、レポートを作成するね。

㈠　会話文中の[A]に入る最も適当な表現を、次の(ア)～(エ)から一つ選べ。(　　)

(ア)　人類は大自然の中において無力な存在なので、限られた生命時間の中で文明を発達させ自然を変化させたと知る

(イ)　人類は大自然の中で生かされている存在であり、限られた生命時間の中で生きていると気づく

(ウ)　人類は限られた生命時間の中で文明を発達させてきたので、大自然とともに生きる方法を見いだしてきたと悟る

(エ)　人類は限られた生命時間の中で生きる存在であり、大自然と同じ立場で生き抜いていると感じる

㈡　会話文中の[B]に入る適当な表現を、本文の内容を踏まえて、**十五字以上、二十五字以内**で書け。

㈢　レポートを作成するときの一般的な注意点として**適当でないもの**を、次の(ア)～(エ)から一つ選べ。(　　)

(ア)　本やインターネット、アンケートなどの手段を、調べたい内容に応じて用いる。

(イ)　「課題(テーマ)」「調査の方法」「調査の結果」「考察」「参考資料」の項目を立てて、全体をまとめる。

(ウ)　調査した内容は、まとまりごとに小見出しを付けて、自分が考えたことや感じたことを中心に書く。

(エ)　文章だけでなくグラフや表を取り入れるなど、効果的に伝わる方法を用いてまとめる。

Ⅱ群　(カ)　抑揚　(キ)　握手　(ク)　装飾　(ケ)　実行

(2)　本文中のb「仮象」とはどのようなものか。最も適当なものを、次の(ア)～(エ)から一つ選べ。(　　)

(ア)　人間が自然物から得た素材で造りあげたもので、「自然そのもの」と同一とはいえないもの。

(イ)　人間が自然物から着想を得て造りあげたもので、「自然そのもの」を詳しく調べ、再構成する能力を人間にもたらすもの。

(ウ)　人間が自然物に対抗して造りあげたもので、「自然そのもの」と共通する特徴を持たないもの。

(エ)　人間が自然物に頼らず造りあげたもので、「自然そのもの」よりも生活を豊かにするもの。

(3)　本文中のc削るの活用の種類として最も適当なものを、次のⅠ群(ア)～(ウ)から一つ選べ。また、c削ると同じ活用の種類である動詞を、後のⅡ群(カ)～(サ)から**すべて**選べ。Ⅰ(　　)　Ⅱ(　　)

Ⅰ群　(ア)　五段活用　(イ)　上一段活用　(ウ)　下一段活用

Ⅱ群　(カ)　繕う　(キ)　寝る　(ク)　勧める
(ケ)　満ちる　(コ)　辞する　(サ)　静まる

(4)　本文中のd「芸術」は、ほかの「術」と何が異なるのでしょうかについて、本文ではどのような点が異なっていると述べられているか。最も適当なものを、次の(ア)～(エ)から一つ選べ。(　　)

(ア)　「芸術」は人類の生死の問題を解消しただけではなく、個人が行ってきた工作を世代を超えて継続させる人類の営みでもあり、人類に将来への大きな希望をいだかせるという点。

(イ)　「芸術」は医術によって個人の生命時間を解決することを否定した上で、人類が抱える主題そのものを見つめていこうとする営みであり、時間や場所に関わらず持続的に影響を与えていく力を持つという点。

(ウ)　「芸術」は目前の事態に貢献する手立てとしてだけではなく、過去から現在に至るまで人類が直面してきた主題に向き合う営みであり、その営みにより個人の生命を生起・循環させてきたという点。

(エ)　「芸術」は個人の生きている時間や場所に生じる困難に限らず、人類にとって普遍的な主題に焦点を当てて工作する営みであり、今という物理的な制約を超えて続いていくという点。

(5)　本文中のe示唆の読みを**平仮名**で書け。(　　)

(6)　本文中のf保ショウの片仮名の部分を**漢字**に直し、楷書で書け。
(保　　)

(7)　本文における段落の働きを説明した文として**適当でないもの**を、次の(ア)～(エ)から一つ選べ。(　　)

(ア)　1段落は、話題の導入となる事実を確認し、2段落は、筆者の主張につながる考えを述べている。

(イ)　4段落は、3段落の内容を踏まえて問題を提起し、さらに論を展開させている。

(ウ)　10段落は、8・9段落の内容を否定する立場から意見を述べることで、新たな主張を提示している。

(エ)　11段落は、これまでの主張を再確認することで論を補強し、全体をまとめている。

(8)　太郎さんと花子さんのクラスでは本文を学習した後、本文の内容についてレポートを作成することになった。次の会話文は、太郎さんと花子さんが話し合ったものの一部である。これを読み、後の問い㈠～㈢に答えよ。

は、人類(マン)として変わらぬ同じ地平に立っているのです。

9 「大自然を前に、常に、人類は、生身である」。この最も根源的な真理と動機は、人類史のどの地点にあっても変わらず、芸術は、四万年前の「ライオン・マン*」の彫像でも、五〇〇年前のレオナルド*の「大洪水」でも、一〇〇年前のカンディンスキー*の「即興」でも、いかなる現代アートでも、この真理に触れて表現されてきた作品として同一なのです。

10 逆にいえば、この命の定めに怯(ひる)まず、「なにかを創りあげる」超脱へ、飛翔へと覚醒しない限り、なぜ私たちは明日へと向かっているのか、ヒトはなぜ光を求めるように、数万年以上ものあいだ芸術・表現の創造をしてきたのかの答えを得ることはできないでしょう。いいかえれば「限りある命の生きとし生けるもの」という「人類自身」の覚醒自体に「芸術」生成の「根源」があるといえるでしょう。

11 繰り返しますが、どんなに科学技術が発展しようと私たちは薄い皮膚一枚で護(まも)られている生身を、自然環境によって生かされている「生きもの」です。この真実への覚醒に「芸術の発生」は深く関わっていました。死への怖(おそ)れにおののきながらも、「命への慈(いつく)しみ」を心に育て、ゆえに「創造するヒト」として成長してきました。いわば「有限への認識の獲得ゆえに、無限への超脱の希求」という逆説の俎上(そじょう)*に、ヒトは生かされてきたのでした。天上の神(かみ)(々(がみ))と違って、そもそも地上の存在である私たちは、永遠の生命を f保ショウされるはずがありません。しかしだからこそ、何かを創り出そうとします。人類は「限界存在」としての「思索者にして工人*」であり、その覚醒と匠(たくみ)*によって生き抜いてくることができたのでした。

（鶴岡真弓(つるおかまゆみ)「芸術人類学講義」より。一部省略がある）

注

＊ファイン・アート…絵画・彫刻・建築などの視覚芸術。
＊後漢書…中国の後漢時代を記した歴史書。
＊技藝…美術・工芸などの技術。
＊肉薄…核心に迫ること。
＊思惟…心に深く考え思うこと。
＊箴言…いましめとなることば。
＊サイエンス&テクノロジー…科学と技術。
＊レンジ…範囲。
＊フィジカル…物質的。
＊ライオン・マン…ドイツで発見された世界最古の動物彫刻。
＊レオナルド…レオナルド・ダ・ビンチ。イタリアの画家、科学者。「大洪水」の作者。
＊カンディンスキー…ドイツの画家。「即興」の作者。
＊俎上…まないたの上。相手のなすがままにまかせるほかないような状態のたとえ。
＊工人…ものをつくる職人。
＊匠…ものをつくること。

(1) 本文中の a語源 の熟語の構成を説明したものとして最も適当なものを、次のⅠ群(ア)～(エ)から一つ選べ。また、a語源 と同じ構成の熟語を、後のⅡ群(カ)～(ケ)から一つ選べ。Ⅰ(　　)　Ⅱ(　　)

Ⅰ群
(ア) 上の漢字と下の漢字が似た意味を持っている。
(イ) 上の漢字と下の漢字の意味が対になっている。
(ウ) 上の漢字が下の漢字を修飾している。
(エ) 下の漢字が上の漢字の目的や対象を表している。

2 次の文章を読み、問い(1)～(8)に答えよ。(1～11は、各段落の番号を示したものである。)

1 現代人が用いている「アート art」はラテン語の「アルス ars」が a 語源ですが、元々は「アルス＝アート」という概念は、狭義の「芸術」や「*美術」だけを指すのではなく、医術、土木技術など人間が為すあらゆる「技／術」を指していました。また中国の『*後漢書』でいう「藝術」が「学問と*技藝」を表していたように、ラテン語の「アルス」、ギリシャ語の「テクネー technē」はそうしたより広い意味を担っていました。

2 人間が造るものは、星のまたたくさまや、森のそよぎや、鹿の走りなど、「自然物」にどれほど*肉薄しても、それらは「自然そのもの」ではなく、自然から恵まれた素材を、*思惟のもとに人類・ヒトが吟味し、みずから構成し工作して「創る」豊かな b 仮象です。「創」という漢字の右のつくりの部分は、ヒトが道具でひたすら「c 削るさま」を意味しているように、それは工作の成果としてあります。

3 ヒトの為す「あらゆる術」。それを分かりやすく説いているのが、良く知られる*箴言「アルス・ロンガ、ウィータ・ブレウィス（Ars longa, vita brevis）」です。もともとは古代ギリシャの医者ヒポクラテスの言葉といわれ、「医術（技術）を身につけるには長い時がかかる、しかし人生は短かすぎる」という意味です。「アート」の概念の出発点には、学術・医術・技術・武術などすべての「術」が含まれていたのでした。

4 では d「芸術」は、ほかの「術」と何が異なるのでしょうか。「芸術」を「技術」と対比すると、緊急を要する外科的医術や、洪水を防ぐ応急の土木技術は「目の前の生命時間」に貢献します。一方、こうした一刻を争う*サイエンス&テクノロジーの使命に対して、「生きとし生けるもの」の目前の困難だけではなく、人類が歩んできた時間の*レンジで、生死を見つめ工作・産出されるものとその営みを「芸術」と呼び区別できます。

5 奇跡的な生還をもたらす心臓外科医の技もまた、「生命」という、常に私たちに「差し迫っている」主題に挑む点では芸術です。しかしなお、芸術は地上の物理（*フィジカルなもの・肉体的なもの）を遥かに超えて、最も「ロンガ＝長き」ものに関わる、耐久的な「術性」をもつのです。それは有限の時間を超えていく「呪／術性」「魔／術性」にも通じていることでしょう。芸術にそなわるこの超脱性を、ヒポクラテスは医術と芸術の意識から e 示唆したのかも知れません。

6 さてこのように「芸術」は、目前のみを救済する使命を超え「人類史」のなかに生起・循環してきました。すなわち「生きとし生けるもの」の限りある生に、限りない時空をもたらそうとする大いなる営みが「芸術」と名指されるものなのです。

7 では、なぜ「芸術」という工作の営みが、人類には必要なのかという問いがあります。

8 地上に生まれた私たちは、「限りある命」を授けられた生物です。「生きとし生けるもの」が授かった生命は永遠ではなく「有限であること」を直観できる力に、「芸術」の根源的発生は深く関わっています。人類はその「感／知」力によって、自らが限りある者であるという真実を実感してきました。それゆえに超越的な存在や聖なるものなど、「限りないもの」への憧れをいだき、羽ばたきの技法を「芸術」という「工作・創造」によって切り拓こうとしてきました。どんなに科学技術が発達しても、この地上で授かった柔らかい命は、大自然を前にした「生身」であるということ。この一点において、先人の人類と、現代の私たち

Ⅰ（　　）Ⅱ（　　）

Ⅰ群　(ア) 動詞　(イ) 名詞　(ウ) 形容詞　(エ) 連体詞

Ⅱ群　(カ) これで一日の仕事が終わります。

(キ) 窓から明るい光が差し込む。

(ク) 春には多くの出会いがあります。

(ケ) 友人とある店で待ち合わせをする。

(6) 本文中の f「権利」としてあるものについて、本文では「権利」とはどのようなものであるべきだと述べられているか。最も適当なものを、次の(ア)〜(エ)から一つ選べ。（　　）

(ア) 自己と他者が個別に持っているものや考えの中で、すべてのひとが理解して受け入れることができる、道理にかなったもの。

(イ) 自己が備えている、他者と単純には共有できない生存や所有に関わるものの中で、自己にとって正当化可能な理屈を退けたもの。

(ウ) 自己と他者の衝動や欲望が衝突して新たに生じるものの中で、互いに許容することで、世間一般に認められるようになったもの。

(エ) 自己に属する意志や生命、身体などの中で、他者が必然性のないものだと判断しても、自己にとって必然性のあるもの。

(7) 本文中の g 受けていないは、二つの文節に区切ることができる。この文節どうしの関係として最も適当なものを、次の(ア)〜(エ)から一つ選べ。（　　）

(ア) 修飾・被修飾の関係　(イ) 接続の関係

(ウ) 主語・述語の関係　(エ) 補助の関係

(8) 次の会話文は、章太さんと理奈さんが本文を学習した後、本文について話し合ったものの一部である。これを読み、後の問い㈠・㈡に答えよ。

章太　本文で述べられている「自由」のもっとも基本的なかたちが成立するためには、私たち個人はどうすればよかったかな。

理奈　「自由な意志」の存在を条件として、そこに、自分自身が A によって「自由」の基本的なかたちは成立すると、本文から読み取れるよ。

章太　そうだね。そのようにして「自由」が成立すると考えると、自己の意志が、生きていく上で、B のどちらか一方でも当てはまると「不自由」だとする筆者の主張にも納得がいくね。

㈠ 会話文中の A に入る最も適当な表現を、本文中から**十四字**で抜き出し、**初めと終わりの三字**を書け。□□□〜□□□

㈡ 会話文中の B に入る適当な表現を、本文の内容を踏まえて、**十五字以上、二十五字以内**で書け。

であるような個人（あるいは集団）のあり方のことである。そういう意味で、「自律」は「主権性」とも言いかえられ、より具体的には、「自己統治」や「自己決定」、「自己管理」や「自己支配」とも言いかえられてきた。自立的な主体であるとは、「わたしがわたしの主人である」ということであり、「わたしがわたしの生の主宰者である」（デカルト*）ということである。

　ここで自立的＝自律的というのは、生の遂行においてわたしが、他者による制限を受けないだけでなく、他者の意志に依存しない状態にあるということである。それどころか、わたしの意志が他者のそれに依存しているというのは、たとえその意志にもとづいた行動が他者によって制限を受けていなくても、じつは不自由そのものなのである。「自由」とはまずなによりも「自由な意志」の存在を前提するものである。そして、個々人の意志の発動のうちに「自律」という回路が設置されていることが、「自由」のもっとも基本的なかたちなのである。

（鷲田清一（わしだきよかず）「〈ひと〉の現象学」より）

注

*反撥…「反発」と同じ。

*リアリティ…現実味。

*放埒…気ままに振る舞うさま。

*セルフィッシュ…自分本位の。

*明治の人びと…本文より前の部分で、明治の人びとによって英語の語彙の訳語が世間に定着したことが述べられている。

*訝った…不審に思った。

*デカルト…フランスの哲学者。本文の「わたしがわたしの生の主宰者である」はデカルトの言葉を引用したもの。

---

(1)　本文中の a 口の端に上る の意味として最も適当なものを、次のⅠ群(ア)〜(エ)から一つ選べ。また、本文中の h もっぱら の意味として最も適当なものを、後のⅡ群(カ)〜(ケ)から一つ選べ。Ⅰ（　　）Ⅱ（　　）

Ⅰ群　(ア)　話題になる　(イ)　議論になる　(ウ)　想定される　(エ)　換言される

Ⅱ群　(カ)　当たり前のように　(キ)　大胆に　(ク)　気づかれないように　(ケ)　ひたすらに

(2)　本文中の b 前者・c 後者が指しているのは、どのようなときに用いられる「自由」か。最も適当なものを、次の(ア)〜(エ)からそれぞれ一つずつ選べ。b（　　）c（　　）

(ア)　他者に拘束されていない条件において、理性的な主張をするとき。

(イ)　他者に制限されない、自己の感情のままの行動を理屈づけるとき。

(ウ)　他者からの支配に抵抗し、その支配からの解放を要求するとき。

(エ)　他者からの圧力をやむを得ず受け入れ、了承するとき。

(3)　本文中の d 侵されて の漢字の部分の読みを**平仮名**で書け。（　　　されて）

(4)　本文中の［　　］に入る最も適当な表現を、次の(ア)〜(エ)から一つ選べ。（　　）

(ア)　「自己」の持つ権利を制限する働きもある

(イ)　「固有のもの」としての役割が組み込まれる

(ウ)　「権利」という概念契機も本質的に含まれている

(エ)　「個人」という概念の認識が根底に内包されている

(5)　本文中の e 交わり の品詞として最も適当なものを、次のⅠ群(ア)〜(エ)から一つ選べ。また、e 交わりと同じ品詞が波線部（〜〜〜）に用いられているものを、後のⅡ群(カ)〜(ケ)から一つ選べ。

国語

時間　五〇分
満点　五〇点

(注)　字数制限がある場合は、句読点や符号なども一字に数えなさい。

1　次の文章を読み、問い(1)~(8)に答えよ。

ひとが何かをおこなうことを外部から強く制限されるとき、たとえばその行動に激しい圧力がかかる、その存在が厳しく拘束される、意に反して何かを強制されるといった場面では、それらへの*反撥(はんぱつ)の表明として、「自由」という語はなかなかのリアリティ*を帯びる。ここで「自由」は、「支配」や「隷属」、「専制」や「圧政」の対項として語りだされる。他者あるいは「権力」によってじぶんの存在が脅(おびや)かされているという事態への抵抗、その合い言葉として「自由」が口にされるのである。

けれども「自由」は、わがまま、気ままや、ただの*放埒(ほうらつ)としてなされた行為をみずから正当化するときに用いられもする。ここでは「ひとの勝手」とほとんどおなじ意味で、「個人の自由」がa口の端(は)に上る。つまり、強制や拘束からの自由ではなく、何をしてもよいという恣意の自由、干渉されない自由として。

差異は、脅威を感ずるのがだれか、干渉されるのがだれか、ということにある。b前者は、ほんらいはその権利を有するはずなのにそれ以外の選択を許さぬと迫られている「個人」である。c後者は、無制約の選択を主張する*セルフィッシュな個人である。この「セルフィッシュ」という意味の混入を、「自由」の訳語を定着させた*明治の人びとは*訝(いぶか)ったらしい。

「自由」という概念は、「自己」という概念契機を欠くことができない。不自由とは、自己の思いや意志が制限されること、それも自己というものに固有の権利が認められてしかるべきものが制限されることを意味する。それは、「自己」とともにその自己に権利として属するはずのものがd侵されている、脅かされている、というふうに言いかえることができる。とすれば、「自由」には□ことになる。

自己に固有のものを護(まも)る権利。その自己に固有のものが何であるかについては、さまざまに考えられてきた。生命、あるいはその座である身体、選択する意志、身柄(家族をはじめとする親しいe交わりの関係)、個人もしくは集団の所有物……。

ここで問題になるのは、あくまでf「権利」としてあるもの*である。生存権、そして所有権。「権利」としてあるかぎり、それらは正当化可能なものでなくてはならない。これが欲しい、これをしたいといった、個人の衝動や欲望はあきらかに他者のそれらと衝突するもの、単純には共存できないものだから、正当性の主張のあいだにかならず対立が起こり、正当性の主張を全(まっと)うすることは困難である。したがって、恣意的なものは「権利」からは排除されざるをえない。根拠の認められるもの、だれもが普遍的に承認できるもの、そういうものが「権利」にはなければならない。

そこに導入されるのが、「自己」という契機である。「自由」という概念には、まずは、他者からの制限や干渉をg受けていないこと、他者に強制もしくは拘束されていないことが含意されるが、これを裏返せば、ひとが他者の支配を受けずに、hもっぱら自己の意志にもとづいて思い、行ないうること、つまりは一つの自立的な主体であることを意味する。「自由」はしばしば「自律」(autonomy)という概念で言いかえられる。「自律」とは、「自己が法である」ということ、自己が自己の行動の決定主体

2021年度／解答

数　学

1 【解き方】(1) 与式 $= 4 - (-36) \times \dfrac{2}{3} = 4 - (-24) = 4 + 24 = 28$

(2) 与式 $= \dfrac{5(x - 2y) - (x - 9y)}{5} = \dfrac{5x - 10y - x + 9y}{5} = \dfrac{4x - y}{5}$

(3) 与式 $= a^2 + 2a - 15 - (a^2 - 16) = a^2 + 2a - 15 - a^2 + 16 = 2a + 1$

(4) 反比例の式を，$y = \dfrac{a}{x}$ とおいて，$x = -9$，$y = \dfrac{8}{3}$ を代入すると，$\dfrac{8}{3} = \dfrac{a}{-9}$ より，$a = -24$　よって，$y = -\dfrac{24}{x}$ に $x = 4$ を代入して，$y = -\dfrac{24}{4} = -6$

(5) $2x + 3y - 5 = 10$ を整理して，$2x + 3y = 15$……①　$4x + 5y - 21 = 10$ を整理して，$4x + 5y = 31$……②　①×2－②より，$y = -1$　$y = -1$ を①に代入して，$2x + 3 \times (-1) = 15$ より，$2x = 18$　よって，$x = 9$

(6) 1つの外角の大きさと1つの内角の大きさの和は 180° だから，1つの外角の大きさは，$180° \times \dfrac{1}{1 + 9} = 18°$　多角形の外角の和は 360° だから，$360° \div 18° = 20$ より，この正多角形は正二十角形である。よって，辺の数は 20 本。

(7) $\sqrt{9} < \sqrt{10} < \sqrt{16}$ より，$3 < \sqrt{10} < 4$ だから，絶対値が $\sqrt{10}$ より小さい整数は，-3，-2，-1，0，1，2，3 の 7 個。

(8) 解の公式より，$x = \dfrac{-(-8) \pm \sqrt{(-8)^2 - 4 \times 1 \times (-7)}}{2 \times 1} = \dfrac{8 \pm \sqrt{64 + 28}}{2} = \dfrac{8 \pm \sqrt{92}}{2} = \dfrac{8 \pm 2\sqrt{23}}{2} = 4 \pm \sqrt{23}$

(9) まず，正しい記録の中央値が 15 本なので，正しい記録だと，金曜日はフリースローを決めた本数が多い方から 3 番目となる。これより，誤った記録は月曜日か火曜日か水曜日のいずれかになる。次に，正しい記録の平均値が 15 本なので，5 日間でフリースローを決めた本数の合計は，$15 \times 5 = 75$ (本)　表の合計は，$11 + 14 + 12 + 21 + 15 = 73$ (本) だから，月曜日，火曜日，水曜日のいずれかが 2 本少なくなっていることになる。ここで，正しい記録の中央値が 15 本であることから，月曜日，火曜日，水曜日のいずれかの本数に 2 本を加えたとき，15 本以上にならなくてはいけないので，2 本を加えて 15 本以上になる曜日を求めると，火曜日だけ。よって，記録が誤っていたのは火曜日で，$n = 14 + 2 = 16$

【答】 (1) 28　(2) $\dfrac{4x - y}{5}$　(3) $2a + 1$　(4) $y = -6$　(5) $x = 9$，$y = -1$　(6) 20 (本)　(7) 7 (個)　(8) $x = 4 \pm \sqrt{23}$　(9) (イ)　($n =$) 16

2 【解き方】(1) 1 枚目の取り出し方は 5 通り，2 枚目の取り出し方は，1 枚目に取り出したカードを除いた 4 通りだから，カードの取り出し方は全部で，$5 \times 4 = 20$ (通り)　このうち，$b = 3$ となるのは，1 枚目と 2 枚目で 1 と 2 が取り出される場合だから，(1 枚目，2 枚目) = (1，2)，(2，1) の 2 通り。よって，求める確率は，$\dfrac{2}{20} = \dfrac{1}{10}$

(2) まず，袋の中には 3 枚のカードが残るので，b が 4 と 5 になることはない。これより，十の位の数字が 1～5 で，一の位の数字が 1～3 となる素数を考えると，13，23，31，41，43，53。このうち，13 は，1 枚目に 1，2 枚目に 2 を取り出したときの 1 通り。23 は，1 枚目に 2，2 枚目に 1 を取り出したときの 1 通り。31 は，1

枚目に3，2枚目に2，4，5のいずれかを取り出した場合にできるから，3通り。41は，1枚目に4，2枚目に2，3，5のいずれかを取り出した場合にできるから，3通り。43，53は必ず1か2が袋に残るからできない。よって，$10a + b$が素数となる場合は，全部で，$1 + 1 + 3 + 3 = 8$(通り)だから，求める確率は，$\frac{8}{20} = \frac{2}{5}$

【答】 (1) $\frac{1}{10}$ (2) $\frac{2}{5}$

③ **【解き方】** (1) $x = 3$のとき，右図1のようになり，重なった部分は，底辺が，$2 \times 3 = 6$ (cm)，高さが6cmの直角二等辺三角形になる。よって，$y = \frac{1}{2} \times 6 \times 6 = 18$ また，$x = 5$のとき，右図2のようになり，重なった部分は，上底が，$2 \times 5 - 8 = 2$ (cm)，下底が，$2 \times 5 = 10$ (cm)，高さが8cmの台形になる。よって，$y = \frac{1}{2} \times (2 + 10) \times 8 = 48$

図1

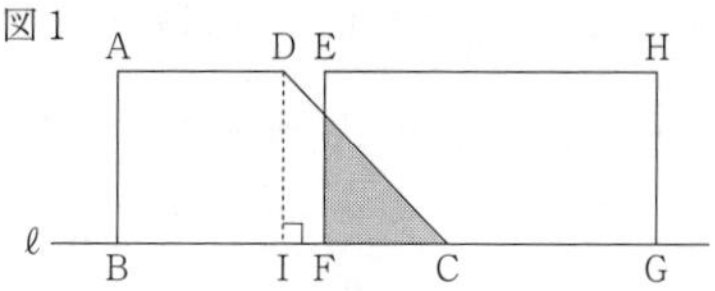

図2

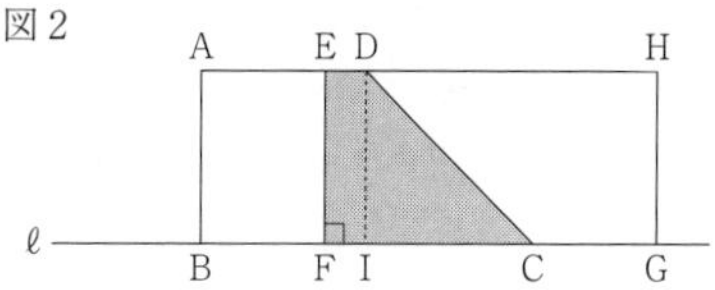

(2) $0 \leqq x \leqq 4$のとき，重なった部分は，図1のような直角二等辺三角形になる。このとき，底辺は，$2 \times x = 2x$ (cm)，高さは$2x$ cmだから，$y = \frac{1}{2} \times 2x \times 2x = 2x^2$ よって，yはxの2乗に比例するから，(エ)。また，$4 \leqq x \leqq 8$のとき，重なった部分は図2のような台形になる。このとき，上底は$(2x - 8)$ cm，下底は$2x$ cm，高さは8cmだから，$y = \frac{1}{2} \times \{(2x - 8) + 2x\} \times 8 = 16x - 32$ よって，yはxに比例はしないが，xの一次関数なので，(ウ)。

(3) $x = 2$のとき，$y = 2 \times 2^2 = 8$だから，xの値が2から3まで増加するときのyの増加量は，$18 - 8 = 10$ $x = 4$のとき，$y = 2 \times 4^2 = 32$だから，xの値が3から4まで増加するときのyの増加量は，$32 - 18 = 14$ これより，aは4より大きいことがわかるから，$x = a$のとき，$y = 16a - 32$となり，xの値が3からaまで増加するときのyの増加量が，$10 \times 6 = 60$であることから，$16a - 32 - 18 = 60$が成り立つ。これを解いて，$a = \frac{55}{8}$

【答】 (1) ($x = 3$のとき) $y = 18$ ($x = 5$のとき) $y = 48$ (2) ① (エ) ② (ウ) (3) $a = \frac{55}{8}$

④ **【解き方】** (2) 右図で，平行四辺形ABCDの面積をSとすると，ACは平行四辺形の対角線だから，$\triangle ABC = \frac{1}{2}S$ $\triangle AEC$と$\triangle ABC$は底辺をそれぞれEC，BCとしたときの高さが等しいから，$\triangle AEC : \triangle ABC = EC : BC = 2 : (5 + 2) = 2 : 7$で，$\triangle AEC = \frac{2}{7} \times \frac{1}{2}S = \frac{1}{7}S$ GはACの中点だから，$\triangle GEC = \frac{1}{2}\triangle AEC = \frac{1}{2} \times \frac{1}{7}S = \frac{1}{14}S$

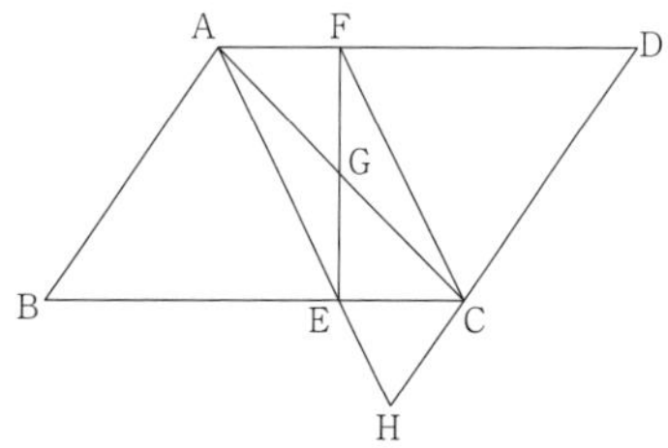

また，$\triangle ABE$と$\triangle HCE$において，$\angle AEB = \angle HEC$，$\angle ABE = \angle HCE$より，2組の角がそれぞれ等しいから，$\triangle ABE \backsim \triangle HCE$で，$AE : HE = BE : CE = 5 : 2$ $\triangle EHC$と$\triangle AEC$は底辺をそれぞれEH，AEとしたときの高さが等しいから，$\triangle EHC : \triangle AEC = EH : AE = 2 : 5$で，$\triangle EHC = \frac{2}{5} \times \frac{1}{7}S = \frac{2}{35}S$ よって，四角形CGEH $= \triangle GEC + \triangle EHC = \frac{1}{14}S + \frac{2}{35}S = \frac{9}{70}S$より，四角形CGEHと平行四辺形ABCDの面積の比は，$\frac{9}{70}S : S = 9 : 70$

【答】(1) (例) 四角形AECFで，平行四辺形ABCDにおいて，AD∥BCであるから，AF∥EC……①　錯角∠AEFと∠CFEが等しいから，AE∥FC……②　①，②より，2組の向かい合う辺がそれぞれ平行だから，四角形AECFは平行四辺形である。

(2) 9：70

5 【解き方】(1) 円Oの半径をr cmとすると，$2\pi r = 12\pi$より，$r = 6$　よって，半径は6cm。また，体積は，$\frac{1}{2} \times \frac{4}{3}\pi \times 6^3 = 144\pi$ (cm^3)

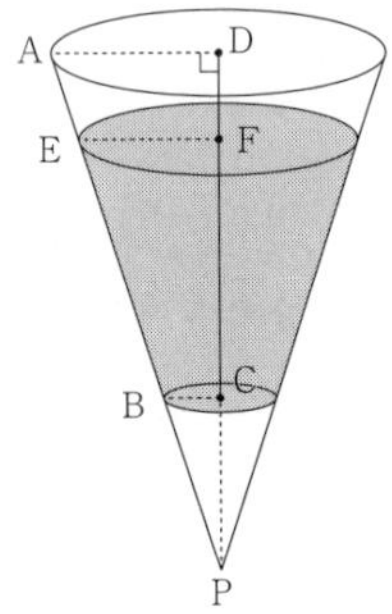

(2) 右図のように，直線ABと直線DCの交点をPし，PC ＝ x cmとすると，△PCB∽△PDAより，PC：PD ＝ BC：AD ＝ 1：3だから，x：(x ＋ 12) ＝ 1：3が成り立つ。これを解くと，$x = 6$　△PDA∽△PFEより，AD：EF ＝ PD：PFだから，AD：EF ＝(6 ＋ 12)：(6 ＋ 9) ＝ 18：15 ＝ 6：5

(3) AD：BC ＝ 3：1，AD：EF ＝ 6：5より，AD：EF：BC ＝ 6：5：2　底面の円の半径がADで，高さが，PD ＝ 18cmの円錐と，底面の円の半径がEFで，高さが，PF ＝ 15cmの円錐と，底面の円の半径がBCで，高さが，PC ＝ 6cmの円錐は相似で，相似比が6：5：2だから，体積の比は，$6^3 : 5^3 : 2^3 = 216 : 125 : 8$　これより，容器Yの容積と水の体積の比は，(216 − 8)：(125 − 8) ＝ 208：117 ＝ 16：9　水の体積は144πcm^{3}だから，容器Yの容積は，$144\pi \times \frac{16}{9} = 256\pi$ (cm^3)

【答】(1) (半径) 6 (cm)　(体積) 144π (cm^3)　(2) 6：5　(3) 256π (cm^3)

6 【解き方】(1) 1段目のマスAにa，マスBにbを入力すると，4段目までに表示される数は右図のようになる。4段目の左から2番目のマスは($3a$ ＋ b)だから，これに$a = 3$，$b = 4$を代入して，3 × 3 ＋ 4 ＝ 13

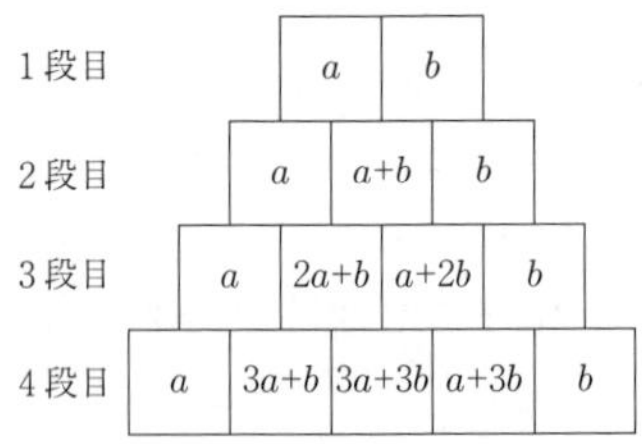

(2) 右図より，$2a + b = 32$……①，$a + 2b = -8$……②となるから，①，②を連立方程式として解くと，$a = 24$，$b = -16$　よって，マスAに入力した数は24，マスBに入力した数は－16。

(3) まず，m段目の左からm番目のマスは，m段目の右から2番目のマスのことで，m段目の右から2番目のマスは，aにbが(m − 1)回たされた数になるので，$a + b(m - 1)$となる。よって，表示される数をmを用いて表すと，$22 + (-2) \times (m - 1) = -2m + 24$　次に，$2m$段目の左から2番目のマスは，bにaが($2m$ − 1)回たされた数になるので，$b + a(2m - 1)$となる。したがって，表示される数をmを用いて表すと，$-2 + 22 \times (2m - 1) = 44m - 24$　ここで，m段目の左からm番目のマスに表示されている数の2乗が，$2m$段目の左から2番目のマスに表示されている数と一致するので，$(-2m + 24)^2 = 44m - 24$が成り立つ。展開して整理すると，$4m^2 - 140m + 600 = 0$より，両辺を4でわって，$m^2 - 35m + 150 = 0$　左辺を因数分解すると，$(m - 5)(m - 30) = 0$　よって，$m = 5$，30

【答】(1) 13　(2) (マスAに入力した数) 24　(マスBに入力した数) －16　(3) $m = 5$，30

英　語

1 【解き方】(1) ベッドに座って話している人物が「4時です」と返答していることから，「日本では今何時ですか？」という意味の文が入る。時刻を尋ねる疑問詞は what time。

(2) (a) 直後の「彼は大阪での生活について書いていた」というせりふや，本文の絵から，健二が兄のハルキから手紙をもらったことがわかる。「～から手紙をもらう」= get a letter from ～。(b) 直前の「彼は僕たちに会いたがっている」というせりふや，グレンダの「そうしましょう！」という返答から，健二は「一緒に大阪に行きましょうか？」などと提案していると考えられる。「～しましょうか？」= Shall we ～?。

【答】(例) (1) What time is it　(2) (a) got a letter　(b) Shall we go to

2 【解き方】(1) ①は「ケーキ屋までの『行き方』」，③は「どれくらい(の時間)」という意味。「～のし方」= how to ～。所要時間を尋ねる疑問詞は how long。

(2) 通りすがりの人の3番目のせりふにある「この通りにそって歩き，最初の曲がり角を左に曲がってください。少し歩いてください，そうすれば右側にケーキ屋が見えるでしょう」という言葉から，二人のいる場所が(イ)であることがわかる。

(3) 現在の時刻が2時40分で，リサはケーキを買ってから3時に駅で友人と会う予定であることから，(ウ)の「チョコレートケーキを持って20分で駅に到着したい」が適切。

(4) (ア) リサの2番目のせりふを見る。地図は通りすがりの人が描いたのではなく，リサが持っていたものである。(イ) 通りすがりの人の3・4番目のせりふを見る。「それ（ユメ）は私のお気に入りのケーキ屋です」と述べ，リサにチョコレートケーキを勧めている。(ウ)「リサは通りすがりの人がケーキ屋と駅まで行くためのよい道を教えてくれたと言っている」。リサの最後のせりふを見る。正しい。(エ) リサの2番目のせりふを見る。リサが友人と会う場所は，ケーキ屋ではなく駅である。

【答】(1) how　(2) (イ)　(3) (ウ)　(4) (ウ)

◀全訳▶

リサ　　　　　　：すみません。手助けしていただけますか？

通りすがりの人：はい，もちろんです。

リサ　　　　　　：見てください，私はこの街の地図を持っているのですが，自分がどこにいるのかわかりません。私は私の国から来ている友人に会いにヒカリ駅まで行きたいと思っていて，その前に，ユメとよばれるこのケーキ屋に行きたいのです。ケーキ屋と駅までの行き方を私に教えていただけませんか？

通りすがりの人：いいですよ。私たちはこの地図のここにいます。

リサ　　　　　　：わかりました。

通りすがりの人：あなたは最初にケーキ屋に行きたいのですよね？　この通りにそって歩き，最初の曲がり角を左に曲がってください。少し歩いてください，そうすれば，右側にケーキ屋が見えるでしょう。あなたはそこまで5分で行くことができます。そこは私のお気に入りのケーキ屋です。

リサ　　　　　　：私は初めてそのケーキ屋に行きます。私はどのケーキを買うべきですか？

通りすがりの人：そうですね，チョコレートケーキがとてもおいしいと思います。

リサ　　　　　　：わかりました。それを買うことにします。それから，ケーキ屋から駅まで行くのにどれくらい時間がかかりますか？

通りすがりの人：駅まで歩いていく道はいくつかあります。簡単な道を選べば20分かかります。あなたにはこの道がいいと思います，というのも，あなたはこの街をあまりよく知りませんよね？

リサ　　　　　　：その通りです。その行き方について私に教えていただけますか？

通りすがりの人：いいですよ。もう一度地図を見ましょう。ケーキ屋の前の道にそって進んでください，そうすると右側に図書館が見えます。もう少し歩いて，右側に郵便局が見えたら，その曲がり角を左に曲がってください。木々のある大きな通りを渡って歩いていくと，あなたは駅に到着します。

リサ　　　　　：わかりました。簡単そうです。

通りすがりの人：もしあなたが別の行き方も知りたければ，それについて教えてあげますよ。それは難しい行き方ですが，そちらの方が早いです。

リサ　　　　　：そうですね，私は早く駅に着きたいので，教えてください。

通りすがりの人：わかりました。まず，ケーキ屋から同じ道を選び，2つ目の曲がり角を左に曲がってください。ほら，この道は狭くて，似たような道が他に2つあります。ですから，それを見つけるのは難しいかもしれません。でもケーキ屋から駅へ行くのに10分しかかかりません。今，2時40分です。あなたにはあまり時間がないのですよね？

リサ　　　　　：私は3時に友人と会う予定です。ですから，チョコレートケーキを持って20分で駅に到着したいので，この難しい道を選ぶことにします。

通りすがりの人：わかりました。

リサ　　　　　：あなたが地図で私に教えてくれたので，もう私はケーキ屋と駅まで行くためのよい道がわかりました。それに，ケーキ屋に関する役立つ情報ももらえました。あなたからこのような情報をもらえて私はうれしいです。手助けしていただいてありがとうございました。

通りすがりの人：どういたしまして。

3 **【解き方】**(1) 下線部は直前の文を指している。many kinds of trash are scattered =「いろいろなごみがまき散らされている」。them はその前の文の crows（カラス）を指す。

(2)「そのため，私たちは長い間そこにそれを置いておくべきではありません」という意味の文。「前の夜にごみ捨て場にごみを置くと，カラスはごみが集められる前にやってきてごみをまき散らすかもしれない」と述べられた部分の直後（D）に入る。

(3)「カラスは黄色い袋に入れられたものを見ることができないと私は聞いた」という意味の文。「黄色い袋に入れられたもの」= the things put in the yellow bags。過去分詞 put 以下が things を後ろから修復する。I heard that crows cannot see the things put in the yellow bags. となる。

(4) ③ 文末に last week とあることから，過去形にする。④「たいてい，ごみは午前中に集められる」。受動態〈be 動詞＋過去分詞〉の文。

(5)（Ⅰ群）第3段落で，花子のおじがカラスについて研究していることが述べられている点から考える。「花子のおじは『とてもよくカラスを観察している』ので，彼らがいつごみ捨て場にやってきて，そこにあるごみをまき散らすのか知っている」。（Ⅱ群）下線部の because という接続詞に着目する。「それが，彼が花子にごみとカラスの問題を解決するためのよりよい方法を教えてくれた『理由』である」。

(6) 2つ後にある「彼らは私たちと戦いたいのでしょうか？」という文から考える。「私たちはカラスと戦いたくないのですが，『彼らは私たちのことをどう考えているのでしょう？』」。

(7) (a)「花子は彼女のおじに教えるためにカラスについて学び始めたのですか？」という質問。第2段落の最後の2文を見る。花子がカラスについて学び始めたのは，ごみとカラスの問題を解決するためのよりよい方法を見つけるためなので，No で答える。(b)「誰かが巣の周辺に来たとき，カラスは何を守りたいと思うのですか？」という質問。第5段落の中ほどを見る。カラスは自分の子どもたちを守りたいと思っている。

(8) (ア)「巣を作るために利用したいので，カラスは柔らかいものを手に入れようとする」。第3段落の後半を見る。正しい。(イ) 第4段落の前半を見る。網の目が細かくて重いネットがかかっていると，カラスがごみ捨て場の周辺にごみをまき散らすことが困難になる。「私たち（人々）がごみを置くのが困難になる」わけではない。(ウ) 第5段落の最終文を見る。誰かがいるときには，カラスはごみ捨て場にやってこない。(エ)「花子は，カラスが生きていくためのものを手に入れることができるので，町のごみ捨て場に来るのだということを学んだ」。最終段落の1・2文目を見る。正しい。(オ) 最終段落の中ほどを見る。花子は油っこい食べ物のごみを出さないようにするつもりだと言っている。

(9) (a)「私が映画を見たい『とき』，あなたはいつもサッカーの試合を見るから，私は楽しくない」。「～するとき」= when ～。(b) ソフィは映画を見たいと思っているが，ネイトはいつもサッカーの試合を見ていることから，「僕たちのお気に入りの番組が『違っている』」とする。「違う」= different。(c) 直前にあるネイトの「僕がなぜそれを見たいのかということを姉さんが知れば，僕たちはお互いに争う必要がない」というせりふや，スピーチの最後にある花子の「私たちはしばしば私たち自身の側からしか問題を考えませんが，別の側面からそれを見ればよりよいアイデアが見つかるかもしれません」という言葉から，「問題を解決するためには『別の側面を理解しようとする』ことが大切だ」などの文にする。「別の側面を理解する」= understand another side。

【答】 (1) (エ)　(2) D　(3) (オ)→(イ)→(カ)→(ア)→(エ)→(ウ)　(4) ③ told　④ collected　(5) (Ⅰ群) (ア)　(Ⅱ群) (ク)　(6) (イ)
(7) (例) (a) No, she didn't.　(b) They want to protect their children.　(8) (ア)・(エ)
(9) (a) (エ)　(b) different　(c) (例) try to understand another side

◀全訳▶　私の町には，毎朝通りを掃除している何人かの人々がいます。また，ごみの中に何かを探している数羽のカラスもいます。いろいろな種類のごみがカラスたちによってごみ捨て場の周辺にまき散らされています。それがごみとカラスの問題です。多くの人々はカラスと戦いたくはありませんが，その問題を解決したいと思っています。

その問題を解決する方法が1つあります。私はしばしばごみ用の黄色いビニール袋を見かけます。カラスは黄色い袋に入れられたものを見ることができないということを私は聞きました。もしそれらの中に何もごみが入っていないと考えれば，カラスは別の場所に行き，私たちはカラスと戦う必要がありません。しかしながら，多くのカラスはまだ私の町のごみ捨て場にやってきます。彼らは覚えるのが早くて理解力も高く，生きるために必要なものをどこで見つければよいのか知っています。そのため，簡単にそうすることができると考えれば，彼らはごみの中にそれを探すために戻ってきます。私たちのごみの中から，彼らは何を見つけようとしているのでしょう？　この疑問に答えることができれば，私はごみとカラスの問題を解決するためのよりよい方法を見つけられるかもしれません。そこで，私はカラスについて学び始めました。

私のおじはカラスについて研究しています。彼はしばしばいくつかの場所でカラスを観察し，彼らの生活を理解しようとしています。先週，彼は私にそれについて話してくれました。彼らは朝とても早く起きて，たいていレストランや食料品店のごみの中から食べ物を探し始めます。そのようなごみの中に，カラスはフライドポテトやマヨネーズのような彼らの大好きな食べ物を見つけることができます。私のおじは，彼らは油っこい食べ物が好きなのだと言いました。私も同じ食べ物が好きなので，私はそれがおもしろいと思いました。また，彼らは自分たちの巣を作るためのものも見つけたがっています。例えば，彼らは犬の毛や綿のような柔らかいものを必要とします，なぜなら彼らはそのようなものの上に卵を置きたいからです。カラスがとてもうまくこれらのものを見つけることを知って，私は驚きました。

ごみとカラスの問題を解決するためのよりよいアイデアがいくつかある，と私のおじが言いました。まず，人々はごみの上に大きなネットをかけるべきです。ネットがかかっていると，カラスがごみ捨て場の周辺にごみをまき散らすことは困難になります。網の目が細かくて重いネットの方がより効果的です。二番目に，人々はごみ捨て場にごみを置くとき，時間に注意するべきです。たいてい，ごみは午前中に集められます。もしあなたが前の夜にごみ捨て場にごみを置くと，カラスはごみが集められる前にやってきて，ごみをまき散らすかもしれません。そのため，私たちは長い間そこにごみを置いておくべきではありません。私たちの町で食べ物を得ることがカラスにとって困難であれば，彼らは別の場所に移動するでしょう。私のおじはいつもカラスを理解しようとしているので，ごみとカラスの問題を解決するために私たちが何をすることができるか知っています。彼はカラスの側からその問題を見ることができるのだと私は思います。

私たちはカラスと戦いたくないのですが，彼らは私たちのことをどう考えているのでしょう？　私はカラスが時々人を襲うと聞いたことがあります。彼らは私たちと戦いたいのでしょうか？　それは真実ではないかもしれません。私のおじは，カラスが「私たちの巣の周辺に来ないで！」と伝えるためのさまざまな方法を試しているのだと言いました。巣の周辺に誰かが来ると，彼らは子どもたちを守りたいと思います。カラスは大型の鳥で飛ぶことができるので，彼らは強そうに見えます。しかしながら，誰かが近くにいると彼らは恐れ，ふつう私たちと戦いたいとは思いません。そのため，誰かがそこにいるとき，彼らはごみの周辺にやってこないのです。

私はカラスについて学び，以前よりも彼らのことがよく理解できました。彼らは生きていくためのものを手に入れるためにとても一生懸命努力しているだけであり，彼らはそれらを私たちのごみの中に簡単に見つけることができるのです。だから，私は彼らが悪いのだとは思いません。ごみをまき散らすことは私たちにとって問題です。しかしながら，私がカラスの側からこの問題を見れば，それを解決するために私に何ができるのかがわかります。例えば，私はあまり多くの食べ物のごみ，特に油っこい食べ物のごみを出さないようにするつもりです，そしてごみ捨て場でのごみの置き方に気をつけることができます。ごみとカラスの問題を解決するための簡単な方法はありませんが，今では，カラスの側からそれについて考えることが大切であることがわかります。私たちはしばしば私たち自身の側からしか問題について考えませんが，別の側面からそれを見れば，よりよいアイデアが見つかるかもしれません。

4 **【解き方】**(1) メグは「宿題をする時間が十分にあるから，日曜日に家でそれをする」と言っている。

(2) ケイコは最後に「店で１つリンゴを買う」と言っている。

【答】(1) (エ)　(2) (ア)

◀全訳▶　(1)

Ａ：エマ，私はいつ宿題を終えればいいの？

Ｂ：あなたは次の火曜日の朝にそれを先生に提出しなければならないのよ，メグ。

Ａ：宿題をする時間が十分にあるから，私は日曜日に家でそれをするわ。

Ｂ：いいわ。もし質問があれば，月曜日に学校で誰かに聞くといいわ。

質問：メグはいつ家で宿題をするつもりですか？

(2)

Ａ：ねえ，お母さん，私はアップルパイを作りたいから，２つリンゴが必要なの。昨日はいくつリンゴを買ったの？

Ｂ：あら，ケイコ。私は昨日，６つリンゴを買って，友だちに１つあげたわ。

Ａ：昨夜，私たちは２つリンゴを食べたから，家には３つリンゴがあるのよね？

Ｂ：いいえ，今朝お父さんが２つのリンゴを食べたから，家にあるリンゴは１つよ。

Ａ：わかった。じゃあ，店でリンゴを１つ買うわ。

Ｂ：わかったわ。

質問：アップルパイを作るために，ケイコはリンゴをいくつ買うつもりですか？

5 **【解き方】**(1) ジェシカは「初めてヒロシの車を見たとき，それが小さかったので驚いた」と言っている。

(2) ジェシカは，ヒロシの車には「食べ物や飲み物を置くための便利な場所がたくさんある」と言っている。

【答】(1) (ウ)　(2) (イ)

◀全訳▶

ジェシカ・ホワイト：こんにちは，みなさん。私はジェシカ・ホワイトです。私はミサの家に滞在しています。ミサのお父さんのヒロシは，しばしば私とミサを車でおもしろい場所に連れていってくれます，そして私はヒロシの車と私の父の車の間にいくつかの相違点を見つけました。私の父の車はとても大きいです。私の家族はその車の中に４台の自転車をたやすく載せることができます。私の国には大きな通りがたくさんあるので，人々は私の父の車のような大きな車をたくさん見かけます。そのため，初めてヒロシの車を見たとき，それが小さかったので私は驚きました！　でも今では，私はそれによい点がいくつかあることを知っています。例えば，買い物に行くとき，私たちは車をとめるのに小さな場所しか必要としません。ですから，町の中の小さな店を訪れるのが簡単です。また，小さな車の中でも，食べ物や飲み物を置くための便利な場所がたくさんあります。それは私たちが旅をするときに便利です。ヒロシの車と私の父の車は違っていますが，それぞれの車には，それぞれの国で車で出かけて楽しむためのよい点があります。ありがとうございました。

質問 (1) ジェシカはヒロシの車を初めて見たとき，それについてどう思いましたか？

質問 (2) ヒロシの車にはどのような場所がありますか？

6 **【解き方】**(1)「あなたはそれがいつ建てられたのか知っていますか？」という質問に対する返答。(ア)の「はい，それは約 400 年の古さです」が適切。

(2)「それはいくらですか？」という質問に対する返答。値段を答えている文を選ぶ。

【答】(1) (ア)　(2) (ウ)

◀全訳▶　(1)

A：私はここに来ることができてうれしいです。

B：私もです。私はこの寺が大好きです。

A：それはとても古そうに見えます。あなたはそれがいつ建てられたのか知っていますか？

B：(はい，それは約 400 年の古さです)。

(2)

A：すみません。私はこのバッグが気に入っているのですが，他の色を見ることはできますか？

B：もちろんです。他にも 3 色，白，黒，それにオレンジ色があります。どの色がご希望ですか？

A：オレンジ色のが一番いいと思います。それは私のシャツに合うでしょう。それはいくらですか？

B：(20 ドルです)。

国　語

1 【解き方】(2) b.「それ以外の選択を許さぬ」と迫られ脅威を感じている個人が，強制や拘束などが解かれるように求めるときの「自由」である。c. 無制約の選択を主張する「セルフィッシュな」個人が，干渉されることに抵抗し，何をしてもよいと訴えるときの「自由」である。

(4)「『自由』という概念」に，「『自己』という概念契機」が欠かせないと述べた後，「不自由」について，自己に「固有の権利」として認められるべきものが脅かされていることと説明している。このことから，「自由」には「『自己』という概念契機」だけでなく，「権利」に関する概念契機も欠かせないことをおさえる。

(5) Ⅰ. 活用のない自立語で，主語にすることができる語である。Ⅱ. (カ)は，活用のある自立語で，言い切りの形が「ウ段」の音で終わる動詞。(キ)は，活用のある自立語で，言い切りの形が「～い」となる形容詞。(ケ)は，活用のない自立語で，体言を修飾する連体詞。

(6)「権利」とされるものは「正当化可能」なものでなくてはならず，「個人の衝動や欲望」などの「恣意的なもの」は排除されるとして，「根拠の認められるもの，だれもが普遍的に承認できるもの」が「権利」に必要であると述べている。

(7)「受けて／いない」と区切られ，「いない」は，上の動詞「受けて」に意味をつけ加える役割をしている。

(8) ㊀「『自由』という概念」には，「自己の意志」にもとづいて思い行えること，つまり「自立的な主体」であるという意味が含まれるとして，そこから「自律」という概念を示している。さらに文章の最後で，「個々人の意志の発動のうちに『自律』という回路が設置されていること」が「『自由』のもっとも基本的なかたち」であると述べていることにも着目する。㊁「自立的＝自律的」について，「他者による制限を受けないだけでなく，他者の意志に依存しない状態にある」ことだと説明している。さらに，他者から「制限」を受けていなくても，他者の意志に「依存」していると，「不自由そのもの」であると述べている。

【答】(1) Ⅰ. (ア)　Ⅱ. (ケ)　(2) b. (ウ)　c. (イ)　(3) おか(されて)　(4) (ウ)　(5) Ⅰ. (イ)　Ⅱ. (ク)　(6) (ア)　(7) (エ)

(8) ㊀ 一つの～ること　㊁ 他者に制限されるか，他者の意志に依存するか (21字) (同意可)

2 【解き方】(1) Ⅱ. (カ)は(イ)，(キ)は(エ)，(ク)は(ア)の構成である。

(2)「仮象」は，かりの姿，形を意味する。「人間が造るもの」は「自然から恵まれた素材」を構成し工作したものであり，「自然物」に近いものに見えても「自然そのもの」ではないと述べている。

(3) Ⅰ.「ない」をつけると，直前の音が「ア段」の音になる。Ⅱ. (キ)・(ク)は，「ない」をつけると直前の音が「エ段」の音になる下一段活用。(ケ)は「イ段」の音になる上一段活用。(コ)は「～する」というサ行変格活用の動詞である。

(4)「技術」と対比させて，「『生きとし生けるもの』の目前の困難」だけでなく，「人類が歩んできた時間のレンジで…工作・産出されるものとその営み」を「芸術」と呼ぶと述べている。

(7) 10段落では，8・9段落で述べた，「限りある命」を実感することと「芸術」の発生との関係について異なる言い方をしながら，8・9段落の内容を補強している。

(8) ㊀「この真理」は，「大自然を前に，常に，人類は，生身である」ことを指す。人類が「生きとし生けるもの」の命が「有限」であることを知り，自分たちが大自然の中で「柔らかい命」を授かっていると実感してきたことを，「この真理に触れ」と表現している。㊁ 11段落で，「この真理」に触れたことが「芸術の発生」に深く関わっていたと述べている。さらに，人類は「死への怖れ」におののきながら，「命への慈しみ」を育て，「創造するヒト」として成長してきたとして，「有限への認識の獲得ゆえに，無限への超脱の希求」を持つと説明している。このことから，有限の命への「慈しみ」と，「限りないもの」への憧れという二つの気持ちをおさえる。㊂ 自分が考えたことや感じたことだけでなく，テーマに関連して調査した事柄を効果的に用いることで，レポートの内容に説得力を持たせることができる。

【答】(1) Ⅰ. (ウ)　Ⅱ. (ケ)　(2) (ア)　(3) Ⅰ. (ア)　Ⅱ. (カ)・(サ)　(4) (エ)　(5) しさ　(6) (保)障　(7) (ウ)

(8) ㈠ (イ) ㈡ 有限の命を慈しむ気持ちと，無限の存在に対する憧れ（24字）（同意可） ㈢ (ウ)

3 【解き方】(1) 語頭以外の「は・ひ・ふ・へ・ほ」は「わ・い・う・え・お」にする。

(2) 急に帰ることになったものの，船が見つからず，「いかん共せんかたなくして」となっている。この「よし」は，手段や手立てのこと。

(3)「我」と「千五百疋の羊」の移動で，「ふたりとも乗るべき舟にもあらず」という状況で，「我」と一緒に舟に乗せることができたものを考える。

(4) いそ保が物語を語っている始めの部分をおさえる。会話文を導く「云」という語にも着目する。

(5) ㈠ 自分が語る話の中で，「千五百疋の羊を小舟にて一疋づつ渡せば」という時間を長くとり，自分は「その間に眠り候」というように工夫していることをおさえる。㈡ 国王の求めに応じて物語を進めていることと，その中で自分が眠る時間を作っていることから考える。

【答】(1) (イ)・かなわず (2) (エ) (3) (ウ) (4) 近き

(5) ㈠ A. 羊を一匹ずつ渡す B. 自分の眠る（それぞれ同意可） ㈡ (イ)

◀口語訳▶ さて，ネタナヲ国王はいそ保を話し相手にして，毎晩昔の話や最近の話を語らせなさった。ある晩，いそ保は，夜も更けて，どうかすると眠りそうになった。(するとネタナヲ国王が，)「許しがたいことだ。話せ話せ」とお責めになったので，いそ保は恐れ入って承り，国王のために次のような話をした。「最近のことですが，ある人が千五百匹の羊を飼っていました。（羊を連れていく）道の途中に川がありました。川は底が深くて，徒歩で渡ることはできません。いつも大きな船に乗せてその川を渡っていました。ある時，急に帰ったので，船を手に入れようとするが，その方法が見つかりません。どうしようもなくて，あちこち尋ね歩いたところ，小舟が一そう川辺にあるのを見つけました。しかし（その舟は）二人も乗れそうにない舟でした。その人は羊を一匹乗せて一緒に川を渡りました。残りの羊は，たくさんいるので，渡りきるにはどれくらいかかることでしょう」とここまで話して，いそ保はまた眠り始めた。

すると，国王は激怒して，いそ保をおいさめになった。「おまえが眠るのは無礼だ。最後まできちんと話せ」という国王のおことばがあったので，いそ保は恐れ入りながら，「千五百匹の羊を小舟で一匹ずつ渡らせたら，どのくらいの時間がかかることでしょうか。その間に眠っておるのです」と申し上げると，国王は大いにお感じになるところがあり，「おまえの才覚は，量り知れないものだ」とおっしゃった。

~MEMO~

京都府公立高等学校
（前期選抜）
—共通学力検査—

2020年度
入学試験問題

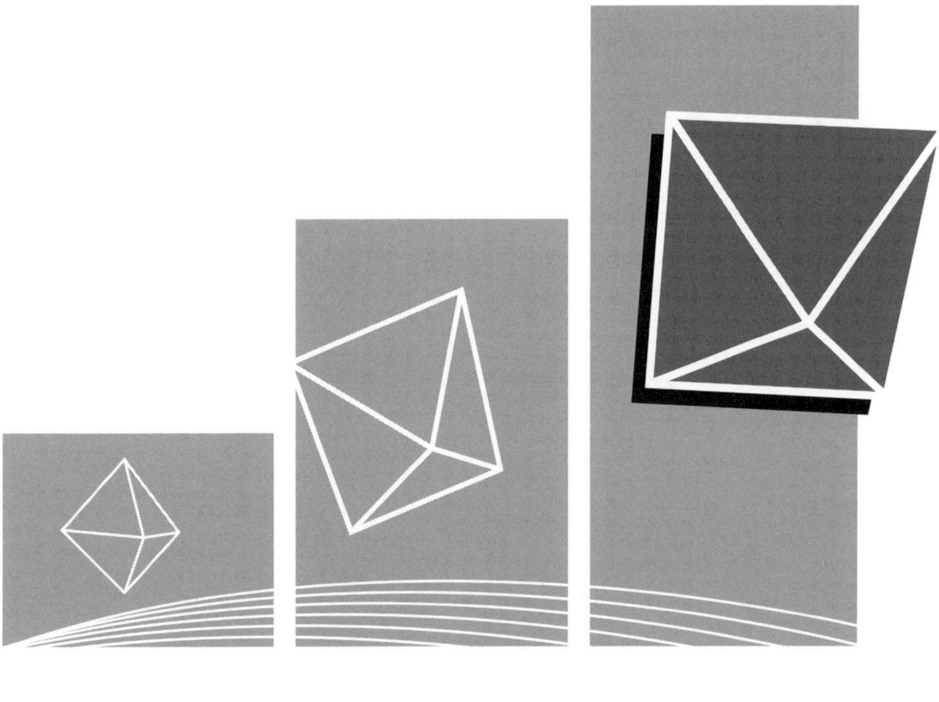

数学

時間　50分　　　　満点　50点

(注)　円周率はπとしなさい。
答えの分数が約分できるときは，約分しなさい。
答えが$\sqrt{\ }$を含む数になるときは，$\sqrt{\ }$の中を最も小さい正の整数にしなさい。
答えの分母が$\sqrt{\ }$を含む数になるときは，分母を有理化しなさい。

1　次の問い(1)～(9)に答えよ。

(1)　$8 \times \left(-\dfrac{3}{2}\right)^2 - (-4^2)$ を計算せよ。(　　　)

(2)　$\dfrac{4a-3}{6} - \dfrac{6a-5}{9}$ を計算せよ。(　　　)

(3)　$\dfrac{2}{3}x^2y^3 \div \left(-\dfrac{1}{8}xy\right) \div \dfrac{4}{9}y$ を計算せよ。(　　　)

(4)　半径4 cm，面積$6\pi \text{cm}^2$のおうぎ形の中心角の大きさを求めよ。(　　　°)

(5)　連立方程式$\begin{cases} ax - by = 23 \\ 2x - ay = 31 \end{cases}$の解が$x = 5$，$y = -3$であるとき，$a$，$b$の値をそれぞれ求めよ。

$a =$(　　　)　$b =$(　　　)

(6)　$a = \sqrt{30} - 6$のとき，$a^2 + 12a + 35$の値を求めよ。(　　　)

(7)　二次方程式$3x^2 - 8x - 4 = 0$を解け。$x =$(　　　)

(8)　$x < 0$の範囲で，xの値が増加すると対応するyの値も増加する関数を，次の(ア)～(カ)からすべて選べ。(　　　)

(ア)　$y = 2x$　　(イ)　$y = -2x$　　(ウ)　$y = 2x - 1$　　(エ)　$y = -2x + 1$　　(オ)　$y = 2x^2$
(カ)　$y = -2x^2$

(9)　白玉が4個，黒玉が2個入っている袋がある。この袋から玉を1個取り出し，それを袋にもどさずに，玉をもう1個取り出す。このとき，黒玉が少なくとも1個は袋に残る確率を求めよ。ただし，袋に入っているどの玉が取り出されることも同様に確からしいものとする。(　　　)

2 ある中学校では，生徒が図書室で借りた本の冊数を調べている。右の表は，1年生50人と3年生40人が1か月間に図書室で借りた本の冊数をそれぞれ調べた結果を，度数分布表に整理したものである。

このとき，次の問い(1)・(2)に答えよ。

冊数(冊)	1年生 度数(人)	3年生 度数(人)
以上　未満		
0 ～ 2	2	0
2 ～ 4	6	0
4 ～ 6	10	X
6 ～ 8	8	2
8 ～ 10	15	Y
10 ～ 12	5	6
12 ～ 14	2	4
14 ～ 16	1	6
16 ～ 18	1	Z
計	50	40

(1) 1年生50人が図書室で借りた本の冊数の中央値として考えられるものを，次の(ア)～(オ)からすべて選べ。

(　　)

(ア) 6冊　(イ) 6.5冊　(ウ) 7冊　(エ) 7.5冊

(オ) 8冊

(2) 1年生が図書室で借りた本の冊数の相対度数と3年生が図書室で借りた本の冊数の相対度数を比べると，冊数が4冊以上6冊未満の階級の相対度数は等しく，冊数が8冊以上10冊未満の階級の相対度数は3年生の方が大きかった。また，3年生が図書室で借りた本の冊数の最大の値は16冊であった。このとき，表中の X ～ Z に当てはまる数をそれぞれ求めよ。X (　　) Y (　　) Z (　　)

3 右の図のように，円Oの周上に4点A，B，C，Dがこの順にある。線分ACと線分BDの交点をEとする。また，AD = CD = 12cm，DE = 9cmである。

このとき，次の問い(1)～(3)に答えよ。

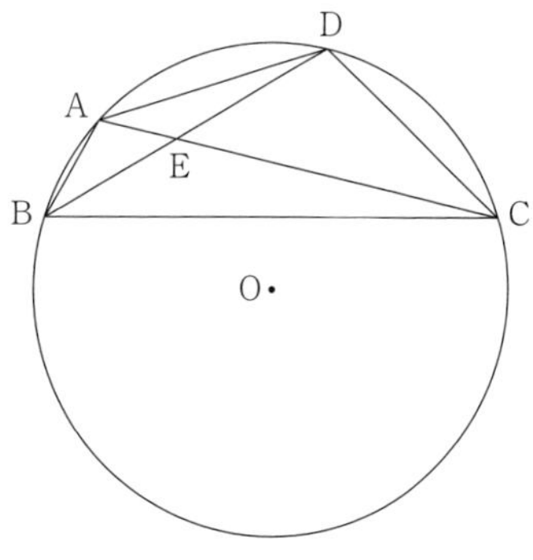

(1) △ABD ∽ △EAD であることを証明せよ。

(　　)

(2) 線分BEの長さを求めよ。(　　cm)

(3) ∠ACD = 30°のとき，線分ACの長さを求めよ。また，このときの△ABCの面積を求めよ。

AC = (　　cm)　面積(　　cm^2)

4　右の図のように，関数 $y = ax^2$ のグラフ上に2点A，Bがある。点Aの x 座標は負であり，点Bの x 座標は6である。点Bを通る直線 $y = -\frac{1}{2}x + 7$ 上に x 座標が2である点Cをとる。また，2点A，Cを通る直線と点Bを通り y 軸と平行な直線との交点をDとすると，AC：CD = 5：4であった。

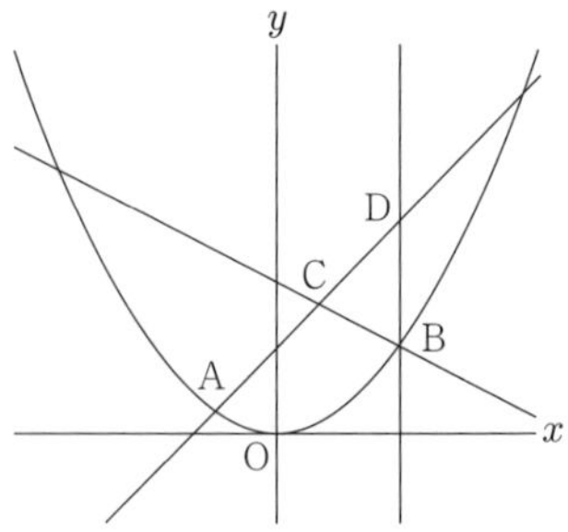

このとき，次の問い(1)〜(3)に答えよ。

(1)　a の値を求めよ。また，点Aの x 座標を求めよ。

a =(　　　)　点Aの x 座標(　　　)

(2)　直線ACの式を求めよ。y =(　　　)

(3)　直線AC上に x 座標が正である点Eを，四角形OBCAと△OEAの面積が等しくなるようにとるとき，点Eの座標を求めよ。E(　　,　　)

5　右の図のように，直方体ABCD—EFGHがあり，AB = AD = 6cm，AE = 12cmである。2点P，Qをそれぞれ辺BF，DH上にBP = DQ = 3cmとなるようにとる。また，辺AE上に点RをCQ∥PRとなるようにとる。

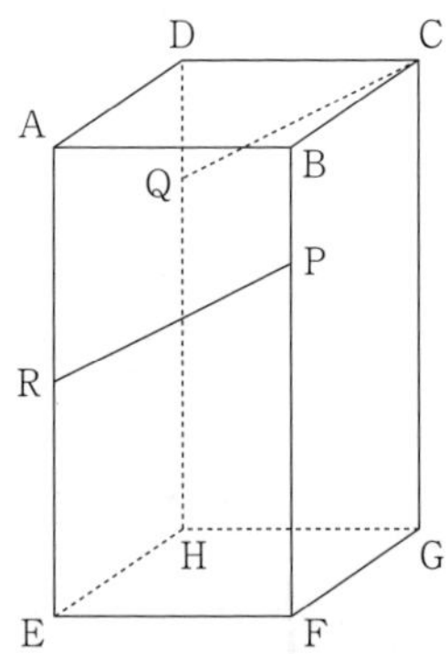

このとき，次の問い(1)〜(3)に答えよ。

(1)　線分PQの長さを求めよ。(　　　cm)

(2)　四角形CQRPの面積を求めよ。また，直線CQと直線PRの距離を求めよ。面積(　　　cm^2)　距離(　　　cm)

(3)　線分AFと線分PRとの交点をSとし，線分SFの中点をMとする。このとき，三角錐(すい)MCQPの体積を求めよ。(　　　cm^3)

6　1, 2, 3, 4, 5, 6, 7, 8, 9の数が書かれた箱が1個ずつと，たくさんの赤玉がある。これらの箱に，次の〈規則〉にしたがって赤玉を入れる操作を行う。

〈規則〉

- nは1から始まる連続した自然数とする。
- n回目の操作では，nの約数を求め，その約数のうち9以下の数について，その数と同じ数が書かれた箱にそれぞれ1個ずつ赤玉を入れるものとする。
- 箱に入れた玉は取り出さないものとする。

たとえば，1回目の操作では，1の数が書かれた箱に赤玉を1個入れる。2回目の操作では，1, 2の数が書かれた箱にそれぞれ1個ずつ赤玉を入れる。また，10回目の操作では，1, 2, 5の数が書かれた箱にそれぞれ1個ずつ赤玉を入れる。

次の表は，1回目から6回目までの操作後，それぞれの箱に入っている赤玉の個数をまとめたものである。

	それぞれの箱に入っている赤玉の個数								
	1の数が書かれた箱	2の数が書かれた箱	3の数が書かれた箱	4の数が書かれた箱	5の数が書かれた箱	6の数が書かれた箱	7の数が書かれた箱	8の数が書かれた箱	9の数が書かれた箱
1回目の操作後	1	0	0	0	0	0	0	0	0
2回目の操作後	2	1	0	0	0	0	0	0	0
3回目の操作後	3	1	1	0	0	0	0	0	0
4回目の操作後	4	2	1	1	0	0	0	0	0
5回目の操作後	5	2	1	1	1	0	0	0	0
6回目の操作後	6	3	2	1	1	1	0	0	0

このとき，次の問い(1)～(3)に答えよ。

(1)　次の文中の［ア］・［イ］に当てはまる数をそれぞれ求めよ。ア(　　　)　イ(　　　)

6の数が書かれた箱に入っている赤玉の個数は，［ア］回目の操作ではじめて3個になり，［イ］回目の操作ではじめて4個になる。

(2)　a回目の操作で，3の数が書かれた箱に入っている赤玉の個数は，はじめてb個になり，そこから85回目の操作で8の数が書かれた箱に入っている赤玉の個数は，はじめてb個になった。このときのaとbの値をそれぞれ求めよ。a＝(　　　)　b＝(　　　)

(3)　黄玉をたくさん用意し，267回目の操作からは赤玉のかわりに黄玉を使って同様の操作を続けた。黄玉を使い始めてから，4の数が書かれた箱に入っている赤玉の個数と，9の数が書かれた箱に入っている黄玉の個数がはじめて等しくなるときの，4の数が書かれた箱に入っている黄玉の個数を求めよ。(　　　個)

英語

時間　50分　　　　満点　50点

（編集部注）　放送問題の放送原稿は英語の末尾に掲載しています。
音声の再生についてはもくじをご覧ください。

（注）　問題[4]・[5]・[6]（リスニング）は，問題[1]・[2]・[3]の終了後に配布されます。
語数制限がある場合は，短縮形（I'm など）と数字（100 や 2020 など）は１語として数え，符号（, / . / ? / ! / “” など）は語数に含めないものとします。

[1]　次の問い(1)・(2)に答えよ。

(1)　次の絵の中の①～④の順に会話が成り立つように，[　　　]に入る適切な英語を，**4 語以上 6 語以内で書け。**（　　　　　　　　　　）

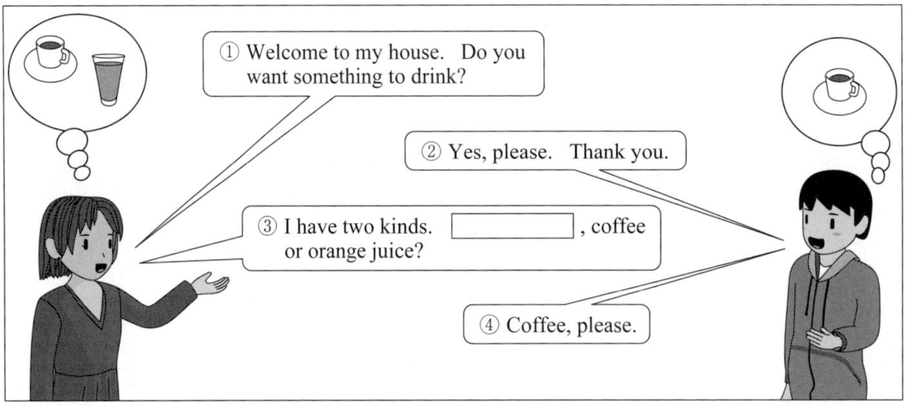

① Welcome to my house. Do you want something to drink?
② Yes, please. Thank you.
③ I have two kinds. [　　　], coffee or orange juice?
④ Coffee, please.

(2)　次の絵は，海外旅行中の大学生の智也（Tomoya）が観光案内所の職員（Staff Member）と下の会話をしている一場面を表している。この絵をもとに，後の問い(a)・(b)に答えよ。

Tomoya　　　：　Hi. I came to this town for the first time. I want to travel around this town. Could you tell me about the places to go?

Staff Member：　Sure. How about this river? It is very famous because all the other rivers in this country are shorter than it. I mean that it became famous because

[①] of all the rivers in this country. And it is very popular because it is very beautiful.

Tomoya　　　　：Oh, really?

Staff Member：Yes. Do you want to see it?

Tomoya　　　　：Yes. But I don't know the way to get there. [②]?

Staff Member：You can get there by bike.

(a) 会話が成り立つように，[①] に入る適切な英語を，**3** 語または **4** 語で書け。

（　　　　　　　　　　）

(b) 会話が成り立つように，[②] に入る適切な英語を，**5** 語または **6** 語で書け。

（　　　　　　　　　　）

2 次の英文は，アメリカでホームステイをしている涼（Ryo）が，ホストマザーのケイト（Kate）とスーパーマーケットで交わしている会話である。生ごみ（kitchen garbage）に関する，後のグラフ（graph）と表（table）を参考にして英文を読み，以下の問い(1)～(4)に答えよ。

Kate： Look. There are many kinds of fruits. Do you want to try some of them?

Ryo ： I want to eat this one because I've never seen it in stores in Japan, but I'm not sure I'll like it.

Kate： Then, you can buy it *by weight. You can buy a little of it today, and if you like it, [①].

Ryo ： You mean that I can buy any *amount of fruit that I want here, right?

Kate： Yes, but if you can't eat all of it, it's going to become waste. So, I think you should not buy too much. In some countries, there is too much food waste, and it is a big problem.

Ryo ： Right. In my town in Japan, we have the same problem. When I learned about it, I was surprised [②] know that people *throw away food which they can still eat.

Kate： Really? Please tell me more about it.

Ryo ： I found a graph on the website of my town. It shows some kinds of kitchen garbage people throw away at home, and they are the things people didn't have to throw away. Look, we can see it on my phone here.

Kate： I heard that people cut and throw away too many parts of food when they cook.

Ryo ： Yes. About eighteen *percent of the kitchen garbage in the graph shows that.

Kate： What does the biggest number mean?

Ryo ： It means that about thirty-six percent of the kitchen garbage is food which was not used.

Kate： I see. Why does such a thing happen?

Ryo ： Look at this table. I also found it on the same website. People in the town answer the question about their reasons for food waste, and you can see some of them in the table.

Kate： More than fifty percent of the people say the same reason for it, right? What is it?

Ryo ： They say that they throw away food when it has *gone bad. And I want you to look at this.

Kate： Do you mean this, about seventeen percent? What is their reason?

Ryo ： They say that they buy too much food to eat. For example, if they buy too much and can't use it all for cooking, it may go bad. Then, it will become waste.

Kate： Now I'm sure that we should stop buying too much food. Buying by weight is a good way for that. We can buy only the amount of food that we need.

Ryo ： I agree with you. But in Japan, we don't usually buy food in such a way. So, we have to find another way. Do you have any ideas?

Kate : Well, as a customer, I sometimes buy too much food when I'm hungry. You should not go shopping when you're hungry. I think that's one way.

Ryo : That's true. I can try it when I go shopping next time. I hope we will live in a world without much waste in the future.

グラフ (graph)

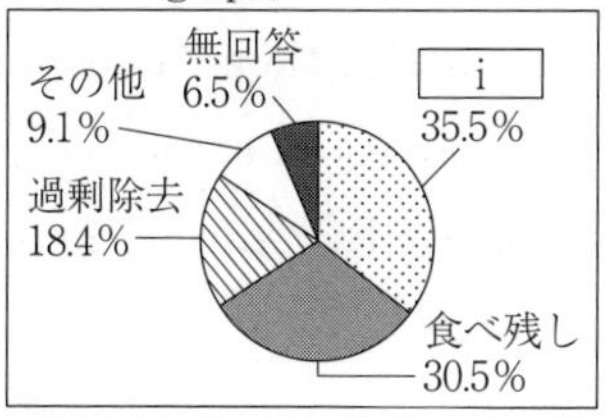

表 (table)

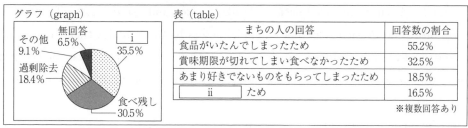

まちの人の回答	回答数の割合
食品がいたんでしまったため	55.2%
賞味期限が切れてしまい食べなかったため	32.5%
あまり好きでないものをもらってしまったため	18.5%
[ii] ため	16.5%

※複数回答あり

「家庭系ごみに関する市民アンケート調査結果報告書 (2019年3月 町田市)」より作成

(注) by weight 量り売りで amount 量 throw away ～ ～を捨てる
percent パーセント go bad (食品が) いたむ

(1) [①] に入る表現として最も適当なものを，次の(ア)～(エ)から1つ選べ。(　　)

(ア) you can buy more next time (イ) you don't have to buy any other things

(ウ) you should not eat too much (エ) you will need other kinds of fruits

(2) [②] に入る最も適当な **1語** を書け。(　　)

(3) 本文の内容から考えて，[i]・[ii] に入るものの組み合わせとして最も適当なものを，次の(ア)～(エ)から1つ選べ。(　　)

(ア) i 調理くず ii 食品を買いすぎた

(イ) i 調理くず ii 料理を作りすぎた

(ウ) i 未使用の食品 ii 食品を買いすぎた

(エ) i 未使用の食品 ii 料理を作りすぎた

(4) 本文の内容と一致する英文として最も適当なものを，次の(ア)～(エ)から1つ選べ。(　　)

(ア) Ryo wants to eat popular fruits in Japan but he doesn't want them to become waste.

(イ) Kate says that buying by weight is a good way to stop buying too much.

(ウ) Kate asks Ryo about the best way to answer the question about food waste.

(エ) Ryo says that he can soon go shopping with Kate when he is hungry.

③　次の英文は，高校１年生の里奈（Rina）が行ったスピーチである。これを読んで，問い(1)～(9)に答えよ。

I'm going to tell you about the school festival of my junior high school. My class decided to show a *play. First, we ①(choose) a story about a man who had a trip around the world with animals. Then, we decided each *role like *actors and *stagehands. There were some kinds of jobs to do in each role. For example, actors had to practice their *lines, and some stagehands had to make a door in a group. I took part in the play as an actor and practiced the lines with other actors after school every day. It was not exciting to me, and I didn't practice hard.

One day at home, my six-year-old sister said to me, "Let's read a book together." We read a book about the life of *bees. Have you ever ②(hear) that each bee has its own role? I learned about the jobs in different roles of bees and became very interested especially in four kinds of jobs. 【　A　】 These jobs are to clean their home, to get food from many flowers, to put the food in their home, and to take care of baby bees. These jobs in their roles are necessary for the lives of all the bees in their home. So, if one of ③them is not done, the bees can't *maintain their home. I thought it was important to work hard in each role.

After reading the book, I wanted to know how my classmates did their jobs in their roles in our play. Then, I asked some of my classmates about their jobs. Jiro was making a door with other classmates. He had to make a door that some actors could open easily. He said, "It is difficult to make the door, so I am thinking about the ways of making it and trying to make it many times." Masato was practicing his lines. 【　B　】 He had to *memorize many lines, but he could memorize only some of them at first. He said, "I am trying to memorize all of my lines and also understand my *actions." When I talked with those classmates, they said, "Let's get the *prize together."

After that, I thought each job was necessary to make our play and I thought it was important to do the jobs hard. Then, I remembered my jobs to do. I needed to do my jobs better as an actor, so I changed my *mind. 【　C　】 I tried to understand my actions and actions of other actors. I also tried to memorize my lines and lines of other actors. I ④[(ア) had / (イ) we / (ウ) the message of / (エ) thought / (オ) understand / (カ) to] our play because we wanted to tell the people who watched our play about it. If we can do that, we will make our play better and can get the prize.

On the day of our school festival, I didn't forget my actions and lines in the play, and did well. All of my classmates and I did our best together on the same *stage. I thought this was the most important thing that made our play better. I was able to see many classmates who worked hard together during the play. Jiro carried the door with some classmates quickly. Another classmate helped other classmates when they had to change their clothes. Masato spoke all of his lines. It was perfect. Each member of my class did their own jobs in each role like this.【　D　】Many students and teachers who watched our play said to us, "Your play was great!", so ⑤I was very happy. We couldn't get the prize, but we got the more important thing. I couldn't make the play *alone. We were able to make the play because we helped each other.

I made the play with my classmates, and this experience is my best *memory. I did my own jobs, and my classmates did theirs. I learned that we can make great things by working hard in each role like bees and helping each other *as we did during the play. From our school festival, I learned these things. I will find the things that I should do as a member of my class and my family, and I will work hard together with many people.

(注) play 劇　role 役割　actor 役者　stagehand 裏方，道具・衣装などの係
line せりふ　bee ミツバチ　maintain ～ ～を維持する　memorize ～ ～を覚える
action (役者の)動作　prize 賞　mind 考え　stage 舞台　alone 一人で
memory 思い出　as we did 私たちがしたように

(1) 下線部①(choose)・②(hear)を，文意から考えて，それぞれ正しい形にかえて**1語**で書け。
①(　　) ②(　　)

(2) 次の英文を本文中に入れるとすればどこが最も適当か，本文中の【 A 】～【 D 】から1つ選べ。
(　　)

I decided to do them harder than before.

(3) 下線部③が指す内容に**当てはまらないもの**を，次の(ア)～(エ)から1つ選べ。(　　)
(ア) 花から食べものを手に入れること　(イ) 自身の体の手入れをすること
(ウ) 住みかを掃除すること　(エ) 食べものを住みかに置くこと

(4) 下線部④の［　］内の(ア)～(カ)を，文意が通じるように正しく並べかえ，記号で書け。
(　)→(　)→(　)→(　)→(　)→(　)

(5) 次の英文は，下線部⑤に関して説明したものである。本文の内容から考えて，[i]に入る最も適当な部分を，本文中から**2語**で抜き出して書け。また，[ii]に入る表現として最も適当なものを，下の(ア)～(エ)から1つ選べ。(　　　)(　　)

When Rina and her classmates showed a play at their [i], she saw many classmates working hard together. After the play, she became happy because [ii].

(ア) people who carried the door helped other classmates
(イ) people who watched the play said that it was great
(ウ) she made the perfect play and was able to make the play alone
(エ) she found the best way to memorize many lines in a book

(6) 本文の内容に合うように，次の問い(a)・(b)に対する適当な答えを，後の〈条件〉にしたがい，それぞれ英語で書け。

(a) How was it for Rina to practice the lines with other actors at first?
(　　　　　)

(b) Did Rina want to know about the jobs of her classmates for the play after reading a book about bees? (　　　　　　　　　　　)

〈条件〉・(a)は**4**語で書くこと。

・(b)は**3**語で書くこと。

(7)　次の(ア)～(エ)は，本文中のできごとについて述べたものである。(ア)～(エ)を時間の経過にそって古いものから順に並べかえ，記号で書け。(　　)→(　　)→(　　)→(　　)

(ア)　Rina and her classmates decided each role of the play.

(イ)　Rina remembered her actions and spoke her lines on the stage.

(ウ)　Rina read about the interesting jobs of bees in a book with her sister.

(エ)　Rina learned each job was necessary for the play and began to try hard in her role.

(8)　本文の内容と一致する英文として適当なものを，次の(ア)～(オ)からすべて選べ。(　　　)

(ア)　Rina learned that each bee has four roles for the life of a bee.

(イ)　Jiro tried to make a door for the play many times because the door should open easily.

(ウ)　Masato could memorize only some lines at first, but he spoke all of his lines very well on the stage.

(エ)　Rina and her classmates did their best and got the prize on the day of the school festival.

(オ)　Some classmates were able to change their clothes quickly because Jiro helped them in the play.

(9)　次の英文は，このスピーチを聞いた後，留学生のスティーブ（Steve）と高校生の恵子（Keiko）が交わしている会話の一部である。これを読んで，下の問い(a)～(c)に答えよ。

Steve：　Rina enjoyed making the play.

Keiko：　I agree. After she read the book about the life of bees, she found the [i] of working hard in each role. She also said that their jobs are necessary for the lives of them.

Steve：　Yes. When she [ii] some of her classmates, they said that they wanted to get the prize. After that, she changed her mind.

Keiko：　Rina and her classmates did their best to make a great play.

Steve：　Yes. Then, she learned that if each member doesn't do the jobs in their own roles, their class can't make great things. She thinks that working hard in each role is necessary to make them.

Keiko：　She also said it is important to [iii] to make great things. For example, her classmates carried the door with other classmates. I think it is a very important thing, too. Like Rina, I will find the things to do as a member of my class and do them.

(a)　[i] に入る語句として最も適当なものを，次の(ア)～(エ)から1つ選べ。(　　　)

(ア)　most expensive　　(イ)　expensive one　　(ウ)　most important　　(エ)　importance

(b) [ii] に入る最も適当な部分を，本文中から **2** 語で抜き出して書け。(　　　　)

(c) [iii] に入る適当な英語を，本文の内容にそって **3** 語で書け。(　　　　)

【リスニングの問題について】 放送中にメモをとってもよい。

[4] それぞれの質問に対する答えとして最も適当なものを，次の(ア)〜(エ)から1つずつ選べ。

(1)(　　) (2)(　　)

(1) (ア) On February 2.　(イ) On February 3.　(ウ) On February 4.
(エ) On February 5.

(2) (ア) The brown one with a picture of a white cat.
(イ) The brown one with a picture of a white dog.
(ウ) The white one with a white cat on a brown dog.
(エ) The white one with a white dog on a brown cat.

[5] それぞれの質問に対する答えとして最も適当なものを，次の(ア)〜(エ)から1つずつ選べ。

(1)(　　) (2)(　　)

(1) (ア) 11時5分　(イ) 11時10分　(ウ) 11時14分　(エ) 11時27分

(2) (ア) 1番駅で降りて，わかば線に乗り換える。　(イ) 1番駅で降りて，駅を出る。
(ウ) 4番駅で降りて，わかば線に乗り換える。　(エ) 4番駅で降りて，駅を出る。

[6] それぞれの会話のチャイムのところに入る表現として最も適当なものを，下の(ア)〜(エ)から1つずつ選べ。(1)(　　) (2)(　　)

(例題) A： Hi, I'm Hana.
B： Hi, I'm Jane.
A： Nice to meet you.
B： 〈チャイム音〉
(ア) I'm Yamada Hana.　(イ) Nice to meet you, too.　(ウ) Hello, Jane.
(エ) Goodbye, everyone.

(解答例) (イ)

(1) (ア) Yes. I will join the volleyball team with her.
(イ) Yes. I enjoyed the game on TV at home.
(ウ) No. She couldn't watch the soccer game on TV.
(エ) No. She was playing volleyball then.

(2) (ア) You're right. That movie has finished.　(イ) Sure. Let's take a train.
(ウ) No, I don't want to do my homework.　(エ) No, I've never seen her.

〈放送原稿〉

2020 年度京都府公立高等学校前期選抜入学試験英語リスニングの問題を始めます。

これから，問題[4]・[5]・[6]を放送によって行います。問題用紙を見なさい。

それでは，問題[4]の説明をします。

問題[4]は(1)・(2)の 2 つがあります。それぞれ短い会話を放送します。次に，Question と言ってから英語で質問をします。それぞれの質問に対する答えは，問題用紙に書いてあります。最も適当なものを，(ア)・(イ)・(ウ)・(エ)から 1 つずつ選びなさい。会話と質問は 2 回放送します。

それでは，問題[4]を始めます。

(1)　A：　When did you go to Tokyo, Yoko?

B：　On February 2 (second). I went there to meet my brother on his birthday.

A：　I see. Did you come back to Kyoto on February 3 (third)?

B：　Yes. I came back from Tokyo yesterday because I will meet my friends this afternoon.

Question：When will Yoko meet her friends?

もう一度放送します。〈会話・質問〉

(2)　A：　Saki, can you bring my bag to me?

B：　OK. Which bag is yours, Emma?

A：　Well, I can't see them from this room. Can you tell me what they look like?

B：　Sure. There are two bags here, and I think each bag has a picture of a dog.

A：　Really? My bag is brown, and it has a picture of a cat on it. It may look like a dog, but it is a white cat.

B：　Oh, I see. It's a cat. Now I'm sure this is yours. I'll bring it to you.

Question：Which bag is Emma's?

もう一度放送します。〈会話・質問〉

これで，問題[4]を終わります。

次に，問題[5]の説明をします。

これから，電車内でのアナウンスを放送します。つづいて，英語で 2 つの質問をします。それぞれの質問に対する答えは，問題用紙に日本語で書いてあります。最も適当なものを，(ア)・(イ)・(ウ)・(エ)から 1 つずつ選びなさい。アナウンスと質問は 2 回放送します。

それでは，問題[5]を始めます。

Conductor：　Good morning. Thank you for using our train today. We are leaving Station No.6 (number six) soon. This is the train for Station No.1 (number one). Before arriving at Station No.1 (number one), we will stop at Station No.4 (number four). We don't stop at Station No.5 (number five), No.3 (number three) or No.2 (number two). If you want to go to those stations, please use the next train. We will stop at Station No.4 (number four) at 11:05 (eleven five). That station is in front of the museum. If you want to go to the museum, please get off this train at Station No.4 (number four). And if you want to take the Wakaba Line, you need to change trains there and take the green train. That train will leave Station No.4 (number four) at 11:14 (eleven fourteen). After stopping at Station No.4 (number four), we will leave the station at 11:10 (eleven ten) and arrive at Station No.1 (number one) at 11:27 (eleven twenty seven).

Question (1)：What time will this train leave Station No.4 (number four)?

Question (2)：What should people who use this train do to go to the museum?

もう一度放送します。〈アナウンス・質問〉

これで，問題5を終わります。

次に，問題6の説明をします。

問題6は(1)・(2)の２つがあります。それぞれ短い会話を放送します。それぞれの会話の，最後の応答の部分にあたるところで，次のチャイムを鳴らします。〈チャイム音〉このチャイムのところに入る表現は，問題用紙に書いてあります。最も適当なものを，(ア)・(イ)・(ウ)・(エ)から１つずつ選びなさい。

問題用紙の例題を見なさい。例題をやってみましょう。

（例題） A： Hi, I'm Hana.

B： Hi, I'm Jane.

A： Nice to meet you.

B： 〈チャイム音〉

正しい答えは(イ)の Nice to meet you, too. となります。ただし，これから行う問題の会話の部分は印刷されていません。

それでは，問題6を始めます。会話は２回放送します。

(1) A： Did you play soccer yesterday, Meg?

B： Yes, I did. I enjoyed it with my classmates in the park.

A： Did Kana join you?

B： 〈チャイム音〉

もう一度放送します。〈会話〉

(2) A： Are you going to do your homework?

B： No, I've just finished it. It was easy.

A： Good. Now let's go to see a movie.

B： 〈チャイム音〉

もう一度放送します。〈会話〉

これで，リスニングの問題を終わります。

(イ)　成通が儀式への関わり方について述べた、他人任せな発言。

(ウ)　考えに食い違いがあった成通と師頼が後に和解した際の、成通の発言。

(エ)　師頼の考えを知らない成通が口走った、軽はずみな発言。

(4)　本文中のd答へ給ひけるの主語である人物として最も適当なものを、次の(ア)～(エ)から一つ選べ。(　　)

(ア)　孔子　(イ)　成通卿　(ウ)　師頼卿　(エ)　令長

(5)　次の会話文は、大助さんと純子さんが本文を学習した後、本文について話し合ったものの一部である。これを読み、後の問い㈠・㈡に答えよ。

大助　「あらあら人に問ひけり」と書かれていたけれど、なぜ師頼は、このような行動をとったのだったかな。

純子　師頼の発言から考えると、孔子が儀礼に携わったとき、すべてを人に［A］のを、師頼は［B］とした、ということがわかるよ。この師頼の行動は、今回の儀式の趣旨に合ったものだったんだね。

大助　なるほど。それで成通は師頼のことをどう思ったのだったかな。

純子　最終段落の成通の発言もあわせて考えると、成通は師頼について、［C］である、と感じたことが本文から読み取れるよ。

大助　そうだったね。成通は師頼の言葉から、彼の意図や人柄を察し、閉口したんだったね。

㈠　会話文中の［A］・［B］に入る適当な表現を、本文の内容を踏まえて、［A］は**四字以内**で、［B］は**二字以内**で書け。

A［　　　　］　B［　　］

㈡　会話文中の［C］に入る最も適当な表現を、次の(ア)～(エ)から一つ選べ。(　　)

(ア)　悔しさを原動力にして努力を怠らない向上心の高い人物

(イ)　思慮深く謙虚であることにおいて比類のない人物

(ウ)　失敗を指摘されたときにすぐに反省できる素直な人物

(エ)　儀式における具体的な所作に自分の意見を持つ知的な人物

3 次の文章は、「十訓抄」の一節である。長年、公の場に出ていなかった師頼卿（源師頼）が、孔子を祭る儀式を執り行うこととなった。本文はこれに続く場面である。注を参考にして本文を読み、問い(1)～(5)に答えよ。

*作法進退のあひだ、*ことにおいて不審をなして、*あらあら人に問ひけり。その時、*成通卿、*参議にて列座していはく、「*年ごろ、御*籠居のあひだ、*公事、御忘却か。うひうひしく思しめさるる*条、もつとも道理なり」といふ。師頼卿、返事をいはず、*顧眄して、ひとりごちていはく、

a 入*大廟毎事問*云々　　b 大廟に入りて事毎に問ふ云々

論語

成通卿閉口す。後日に人に語りていはく、「思ひ分くかたなく、c 不慮の言を出し、後悔*千廻云々」。

このこころは、孔子、大廟に入りて、*まつりごとにしたがふ時、毎事、かの*令長に問はずといふことなし。人これを見て、「孔子、礼を知らず」と*難じければ、「問ふは礼なり」とぞ d 答へ給ひける。

かの人の御身には、さぞ*くやしくおぼえ給ひけむか。「これ、慎みの至れるなり」といへり。

（「新編日本古典文学全集」より）

注

*作法進退…儀式を執り行うこと。

*ことにおいて…師頼はその都度礼法や所作について。

*あらあら…おおかた。

*成通卿…藤原成通。

*参議…国政を審議する職。

*年ごろ…長年。

*籠居…家に閉じこもること。

*公事…朝廷の儀式や政務。

*条…こと。

*顧眄…振り返ってちらっと見ること。

*大廟…君主の祖先を祭った建物。

*云々…一言では言い切れない言葉を中断し後を省略するときに用いる語。

*千廻…程度や度合いがはなはだしいさま。

*まつりごと…儀礼。

*令長…儀礼を取り仕切る人。

*難じければ…非難したところ。

*くやしくおぼえ…悔やまれ。

(1) 本文中の波線部（～～）で示されたもののうち、現代仮名遣いで書いた場合とは**異なる**書き表し方を含んでいるものはどれか、次の(ア)～(オ)から**すべて**選べ。（　　）

(ア) うひうひしく　(イ) ひとりごちて　(ウ) このこころは

(エ) したがふ時　(オ) 礼を知らず

(2) 本文中の b 大廟に入りて事毎に問ふは、漢文では、本文中の a 入大廟毎事問のように記す。これに返り点と送り仮名をつけたものとして最も適当なものを、次の(ア)～(エ)から一つ選べ。（　　）

(ア) 入リテレ大廟ニ毎ニレ事問フ

(イ) 入リテレ大廟ニ毎ニ二事問フ一

(ウ) 入リテ二大廟ニ一毎ニレ事問フ

(エ) 入リテ二大廟ニ一毎ニ二事問フ一

(3) 本文中の c 不慮の言とは、どのようなことを指しているのか、最も適当なものを、次の(ア)～(エ)から一つ選べ。（　　）

(ア) 師頼に仕事を教えた成通が、初心者に配慮なく叱責した際の発言。

意識構造について、わかりやすく述べようとしていたんだね。

由衣　そうだね。1段落の内容を踏まえて考えると、美を見ているときにも同様のことが起きているということじゃないかな。たとえば、機能の美を味わっている最中に芸術の美に気づいたときとかね。本文の内容に関して、さらに図書室で情報を集めて、わかりやすい発表をしよう。

(一) 会話文中の X に入る最も適当な表現を、次の(ア)～(エ)から一つ選べ。（　　）

(ア) 普段の行動において、水平方向に視線や意識を張り巡らせているときに、垂直的な構図をもつ美によって意識が中断されることは、「立ち止る」ときの意識と類似性がある行動である

(イ) 日常の通勤の動作のように、無意識的な動作をつなぐ意識が、美的体験によって切断され生じた意識と重なりあうという抽象的なことを、「立ち止る」という具体的なことで間接的に表現している

(ウ) 家から勤め先までの平らな道を歩くような水平方向の動作をするとき、その一連の動作を、地上から空の方を見上げるような垂直方向の動作で断ち切ることが、「立ち止る」ことにたとえられている

(エ) 日常の物事を行う意識の動きを水平とし、それを打ち破るものへの意識の動きを垂直とするとき、「立ち止る」ことは水平的な意識の動きを垂直的に破ることを連想させる具体的な事象として適している

(二) 会話文中の Y ・ Z に入る適当な表現を、本文の内容を踏まえて、それぞれ**十三字以上、十五字以内**で書け。

Y ［　　　　　　　　　　　　　　　］していが、断片的事象を

Z ［　　　　　　　　　　　　　　　］

(三) 情報を集めて、わかりやすい発表をする際の注意点として**適当でないもの**を次の(ア)～(エ)から一つ選べ。（　　）

(ア) 発表の目的をはっきりさせ、それに応じて調べた情報を取捨選択し、整理する。

(イ) どの情報についても均等に時間を配分するために、発表全体を見通した構成を考える。

(ウ) 情報を調べるときは、信頼性の確認ができた複数の情報源にあたり、さまざまな観点で比較する。

(エ) 発表者の考えであることを示す表現と、調べた情報であることを示す表現を発表の中に加えることで、それぞれを区別する。

(エ)　意識的に見る対象ではなく、無意識的に見る対象でしかない

(4)　本文中の B に入る語として最も適当なものを、次のⅠ群(ア)～(エ)から一つ選べ。また、本文中の B に入る語は、B の前に述べられていることと、後に述べられていることとの間で、どのような働きをしているか。最も適当なものを、後のⅡ群(カ)～(ケ)から一つ選べ。

Ⅰ（　　）Ⅱ（　　）

Ⅰ群　(ア)　なぜならば　(イ)　また　(ウ)　では　(エ)　しかし

Ⅱ群　(カ)　後に述べられていることが、前に述べられていることとは違う話題であることを表す働き。
(キ)　後に述べられていることと、前に述べられていることが並列であることを表す働き。
(ク)　後に述べられていることが、前に述べられていることの説明や補足であることを表す働き。
(ケ)　後に述べられていることが、前に述べられていることとは逆の話題であることを表す働き。

(5)　本文中の c いわば機械の流れのようにと同じ表現技法が用いられている例として最も適当なものを、次の(ア)～(エ)から一つ選べ。（　　）
(ア)　約束の時間に遅れないように余裕を持って出かけた。
(イ)　この本はきっとあなたの人生の教科書となるだろう。
(ウ)　「映画が見れる」の「見れる」はいわゆるら抜き言葉である。
(エ)　目の前には小説の世界のような景色が広がっていた。

(6)　本文中の d ハイ景の片仮名の部分を**漢字**に直し、**楷書**で書け。
（　　景）

(7)　本文の段落構成を説明した文として最も適当なものを、次の(ア)～(エ)から一つ選べ。（　　）

(ア)　2段落では、1段落で問題提起したことをより身近な例で示し、主張を時系列にそって述べている。
(イ)　3段落では、2段落で例示した事象がもたらす結果を示すことで、1段落の内容をまとめている。
(ウ)　4段落では、3段落の内容を異なる表現に言い換えることで筆者の主張を整理し、5段落へつなげている。
(エ)　5段落では、4段落までに述べた内容をまとめた上で、別の対象をあげることによって新たな論を展開させている。

(8)　春斗さんと由衣さんのクラスでは本文を学習した後、本文の内容に関して調べ、授業で発表することになった。次の会話文は、春斗さんと由衣さんが発表に向けて話し合ったものの一部である。これを読み、後の問い㈠～㈢に答えよ。

春斗　本文では、日常の意識構造と美の成立する意識構造について述べていたね。
由衣　4段落の「立ち止るということは、日常的意識の水平的な流れが中断されることの象徴でさえある」とは、どういうことだったかな。
春斗　本文からは X ということだと読み取れるね。そうすると、筆者が言う、ひとが美を意識するときの意識構造とは、どのようなものだったかな。
由衣　本文から、ひとは、日頃の生活の中では断片的事象を Y しているが、断片的事象を Z するときに、いつもなら見逃していた輝きに気づくという意識構造だと読み取れるよ。
春斗　だから、筆者は日常の意識構造を用いて、自然美の成立する

であろうか。普段は何気なく見過（みすご）して歩いている立木に、蔦（つた）の葉がからまり、それに日の光が照り映え、d ハイ景に青空が見える。その光景に目を止めて立ち止（どま）るという場合がある。これは、ことさらに取り立てていうほどの美的体験ではないかもしれないが、日常、気のつかなかったある輝きへの注目であり、その瞬間は、意識は行動体系*から離れて、その輝きに向かう。行動体系の意識方位を水平的な運動とすれば、それを断ち切る輝きへの意識の方位は、いわば垂直的な切断であるといってもよい。

4　事実、稀（まれ）にはわれわれは立ち止ることさえある。立ち止るということは、日常的意識の水平的な流れが中断されることの象徴でさえある。この輝きに注目した意識構造はどのようなものであろうか。それはわれわれの社会生活に必須の行動体系とはまったく無縁ないくつかの偶然的な断片が、一つの構図に統一されて、蔦の螺旋*（らせん）的な線と木の垂直的な構図と、その上にある空の輝きとが、自（おの）ずから必然的な連関を成して、輝きに集結しているということを、意識が辿（たど）ったことなのである。

5　このようにそれ自体としては、離れ離れの偶然的、断片的な事象が、われわれの行動目的とは無関係に、むしろその行動目的への傾動*を断ち切るような姿で統一的に意識されたときに、われわれはその輝きに意識を定着させる。それが私は自然美の成立する意識構造であると思う。同様にして、技術美・芸術美・人格美*についても意識構造論的に説明できる。

注
＊水煙…五重塔の上部にある装飾。
＊対象論…哲学者マイノングの提唱した立場。
＊如何…どのようであるか。
＊術語…専門用語。
＊相次いで継起する…物事が引き続いて起こる。
＊連関…関連。
＊体系…個々のものを筋道立てて秩序づけ統一した全体のこと。
＊螺旋…巻き貝の殻のようにぐるぐると回った筋のこと。
＊傾動…なびき動くこと。
＊人格美…本文より前の部分で、人格美について述べられている箇所がある。

(1) 本文中の a 五重塔のような建築を味わう について、本文では建築の味わい方に関してどのように述べられているか。その説明として**適当でないもの**を次の(ア)～(エ)から一つ選べ。（　）

(ア) 風景の一部となっている建築を鑑賞しているように見える場合でも、自然美以外の美として鑑賞していることもあるということ。

(イ) 建築を鑑賞して詩を創作するとき、詩として完成されなかった場合でも芸術的な見方で鑑賞していることが想定されるということ。

(ウ) 建築は、場所や見るひと自身の持つ思想に関わらず、広く受け入れられる美として鑑賞されるものであるということ。

(エ) 同じ建築を鑑賞するときでも、それを見るひとがそれぞれの場面において異なった美として鑑賞するということ。

(2) 本文中の b 半ば の漢字の部分の読みを**平仮名**で書け。（　ば）

(3) 本文中の A に入る最も適当な表現を、次の(ア)～(エ)から一つ選べ。（　）

(ア) 意識構造の中ではなく、芸術的建築自体に含まれている

(イ) 事物の局面においては存在せず、意識の位相にほかならない

(ウ) 建造物の表層では観察されず、芸術の深層に存在する

２ 次の文章は、今道友信(いまみちとものぶ)「美について」の一節で、「意識の態度」について述べられたものである。これを読み、問い(1)～(8)に答えよ。(１～５は、各段落の番号を示したものである。)

１ a五重塔のような建築を味わうという場合を考えてみよう。その塔が細部に至るまで観察され、優美な姿をそれ自身として鑑賞されているときには、明らかにわれわれはその五重塔を芸術的建築として味わっている。しかし、立ち去りがたく思いながらも、時が来て見返りつつそこを去って行くときに、周囲の立木(たちき)にb半ば隠れた塔の一部が見え、その*水煙(すいえん)の上に一ひらの雲がたなびいている空を眺めるというような場合に、われわれはいったい何の美を見ているというのであろうか。それは自然美なのか、芸術美なのか、あるいは技術美なのか。私はこの場合も意識の態度によって、その美の種類が決定されてくるのではないかと思う。もし、ひとがそれを風景として見るならば、ことさらに芸術美という必要はなく、自然美といってよいかもしれない。しかし、同じ風景として見ながらも、そこに何か詩情を求めて詩の材料を探しながら鑑賞しているとすれば、やがて詩になるかならないかは別として、芸術に関わりのある見方になっていると言わなければなるまい。また、塔の屋根の傾斜が、遠のいて眺めれば眺めるほど、水はけとか、そういう機能に応じているということがわかってくるとすれば、それは技術的効果を見つけているということになろうから、そのなめらかな機能は技術の美しさといってよい。したがって、この考察の結論として、美は色々の位相を持つことは確かであるが、それは*対象論的に、事物の側によって決定されるのではなく、意識の構造*如何(いかん)によって区別づけられてくるといわなければならない。それならば、意識の構えとは何なのであろうか。

２ 今述べたような美のいろいろな種類のことを美の位相という*術語で言い表わしている。美の位相がいくつかあって、それらは［A］ということに注意しなければならない。それでは、意識の位相ないしは構造とはいったいいかなるものであろうか。これを明らかにするために、われわれの日常生活の意識構造を調べてみたい。［B］、美を意識するということは、それが大きければ大きいほど、日常的な意識構造の中断であり、日常の歩みを止めることであるから、まず日常の意識構造をみた上で、それとは異なった構造としての美の意識をうかがうことができそうだからである。日常の意識構造というのは、*相次いで継起する断片的な現象を、一つの行動目的に秩序づけることによって成立している。たとえば、私は毎朝家を出て扉(とびら)を閉め、道を右折して横断歩道を渡り、バスの停留所で立ち、バスに乗り、勤め先まで行くという一連のまとまった行動をとっているが、考えてみると、家を出るということと、扉を閉めるということ、道を右折するというようなことは、それぞれ独立の断片的現象であって、何か一定の目的がない限り、このように一連の統一的行動に組み入れられるという必然性はないのである。したがって、日常の意識は、客観的に見る限りは*連関に対して中立的な、断片的事象を、一定の主観的目的に応じてひとつの連関に組織立てることである。これは、cいわば機械の流れのように、習慣的に物事を運ぶ意識である。

３ この日常的意識が何かのことで破れる場合がある。たとえば、道路工事があるために、普段は右に曲がるはずなのを、別の経路を通って停留所に行かなければならないというような場合もある。しかし、これは最終目的に至る経路の一部的な変更であって、日常的意識構造そのものを打ち破るものではない。ところが、つぎのような事態はどう

(5) 本文中のe私たちが「椅子を認識する」際に、何が起こっているのかについて、本文ではどのようなことが起こっていると述べられているか。最も適当なものを、次の(ア)～(エ)から一つ選べ。（　　）

(ア) 「物語」に合った、椅子の客観的な定義づけを行うこと。
(イ) 目に止まった椅子の物体としての特徴を、正しく捉えること。
(ウ) 椅子が果たしている役割を、椅子を利用する中で感じ取ること。
(エ) そのときの状況に応じた、椅子の使い方を思いつくこと。

(6) 本文中のf生きるの活用の種類を、次のⅠ群(ア)～(ウ)から一つ選べ。また、f生きると同じ活用の種類である動詞を、後のⅡ群(カ)～(サ)から**二つ選べ**。Ⅰ（　　）Ⅱ（　　）（　　）

Ⅰ群　(ア) 五段活用　(イ) 上一段活用　(ウ) 下一段活用
Ⅱ群　(カ) 接する　(キ) 懲りる　(ク) 塞がる　(ケ) 生かす　(コ) 老いる　(サ) 携える

(7) 次の会話文は、佳奈さんと秋文さんが本文を学習した後、本文について話し合ったものの一部である。これを読み、後の問い㈠～㈢に答えよ。

佳奈　岩は椅子ではないけれど、どうして岩を用いた例を出したのかな。
秋文　人は、自己と対象をその結びつき方によって認識しているんだよ。これを、岩の例に当てはめて考えると、[A]として認識されている、ということになると本文からは読み取れるよ。この例は、人間が行っている認識の仕方を浮き彫りにするためのものなんだよ。
佳奈　なるほどね。要するに三つ目の段落までの内容も踏まえて言うと、現状の人工知能と違って私たち生物は、[B]という認識の仕方をすることによって、人生という「物語」を創造し「自らの人生を生きる」ということを可能にしているということだね。
秋文　そうだね。このような形で認識し、人生を創造するには、どのような条件が必要だと読み取れるかな。
佳奈　[B]という認識の仕方をするには、認識を行う者が[C]こと、という二つの条件が必要だと本文から読み取れるよ。
秋文　そうだね。「強い人工知能」とは、「一服する」等の行動目的を持ち、岩であっても椅子と同じ認識の仕方ができる人工知能のことなんだね。

㈠ 会話文中の[A]に入る最も適当な表現を、本文中から**二十六字**でそのまま抜き出し、**最初の三字**を書け。

㈡ 会話文中の[B]に入る表現として最も適当なものを、次の(ア)～(エ)から一つ選べ。（　　）

(ア) 周囲の環境の認識を自分以外の生物を頼りに行う
(イ) 周囲の環境の認識と「自己」の認識を、相対的に行う
(ウ) 周囲の環境、自分以外の生物という順番で周囲を把握する
(エ) 周囲の環境を認識できなくても、「自己」を発見する

㈢ 会話文中の[C]に入る適当な表現を、本文の内容を踏まえ、「**身体**」と「**環境**」の**二語**を用いて、**十五字以上、二十五字以内**で書け。

て、その岩と人が、「腰をかけられるもの」と「腰をかけるもの」という「関係」を作り出すのです。さらに、そこに岩があり、腰をかけて一服することができたことによって、その人の「物語」は変化し、新たな関係が作り出されることでしょう。椅子を認識するということは、このように、「物語」の中に「関係」が作り出されるということであり、それがまさに「意味を見出す（作り出す）」ということ、さらに言うならば、「自分の人生をf生きるということ」なのではないでしょうか。

そして人工知能が、自らの意思で「椅子に座る」ということがあるとすれば、そのとき、彼（彼女）は、自分自身の身体を持ち、人生という物語を、自分自身の置かれた場と共に、創造し続けることでしょう。こうした人工知能は、まさに、自らの意思を持つ「強い人工知能」であり、まだまだ実現の目途すら立っていないと言わざるを得ません。人間の知的活動の一部を代替する「弱い人工知能」にはできない、「自らの人生を生きる」という行為は、現状は、私たち人間や生物にのみ許された行為であると、筆者は考えています。

（一部省略がある）

注　＊対峙…対立しているものが、じっと向きあって動かずにいること。

(1) 本文中のa厳という漢字を、「厳か」と表記して訓で読むとする。このときの「厳か」の漢字の部分の読みを平仮名で書け。（　　か）

(2) 本文中のb自分自身で見つけ出していかなければなりませんについて、本文では「生物」が「世界」を捉えることに関してどのようなことが述べられているか。最も適当なものを、次の(ア)～(エ)から一つ選べ。（　　）

(ア) 誕生直後の「生物」にとって「世界」は常に変化する空間だが、成長するにつれ周囲の状況を知り、固定的なものとして把握するということ。

(イ) 「生物」は誕生直後、記述された論理とは異なる性質のものの方が把握しやすく、「世界」を確たるものとして次々と理解するということ。

(ウ) 「生物」は、常に移り変わる周囲の環境からの働きかけを契機として頼りにできるものを見つける中で、「世界」を捉えていくということ。

(エ) 「生物」にとって「世界」は、さまざまに変化する空間であるため、「生物」はその把握のため模索を続けるということ。

(3) 本文中のc不確実は、「確実でない」ということを、漢字三字の熟語で言い換えたものである。次の(ア)～(オ)を、それぞれ波線部（〰〰）を用いて漢字三字の熟語に言い換えるとき、「不」で始まる熟語に言い換えられるものとして適当なものを**すべて**選べ。（　　）

(ア) 養生しない　(イ) 際限がない　(ウ) 均衡がとれていない

(エ) 公認ではない　(オ) 造作がない

(4) 本文中のdながらについて述べた文として最も適当なものを、次のI群(ア)～(エ)から一つ選べ。また、dながらと**異なる品詞**が波線部（〰〰）に用いられているものはどれか、後のII群(カ)～(ケ)から一つ選べ。I（　　）II（　　）

I群
(ア) 「ながら」は活用のある付属語であるので、助詞である。
(イ) 「ながら」は活用のある付属語であるので、助動詞である。
(ウ) 「ながら」は活用のない付属語であるので、助詞である。
(エ) 「ながら」は活用のない付属語であるので、助動詞である。

II群
(カ) 集合場所は学校だ。　(キ) 決して諦めるな。
(ク) 一口で食べた。すっぱいのに。　(ケ) 一人二個ずつ渡す。

国語

時間　五〇分
満点　五〇点

(注)　字数制限がある場合は、句読点や符号なども一字に数えなさい。

1　次の文章は、松田雄馬（まつだゆうま）「人工知能はなぜ椅子に座れないのか」の一節である。これを読み、問い(1)～(7)に答えよ。

人間をはじめとする「生物」にとって、「世界」は、形の定まったものではなく、時々刻々と変化する、変幻自在の空間です。生物は、そうした「無限定空間」の中で、生きていかなければなりません。「無限定空間」は、a厳密に記述された論理の世界とは根本的に異なるものです。そうした環境において、私たち「生物」は、確たるものが何なのかを、b自分自身で見つけ出していかなければなりません。

c不確実な世界の中で、頼りにできるものというのは一体何なのでしょうか。例えば、暗闇の中から飛び出し、初めてこの世界と＊対峙（たいじ）することになる赤ちゃんは、この世界を知るために、何を頼りにすれば良いのでしょうか。彼ら／彼女らは、手足をばたつかせdながら、「周囲の環境に何があるか」を発見するでしょう。それと同時に、「自分自身の身体がどのようなものであるか」を発見するでしょう。

無限定な空間において、私たちは、周囲の環境という「場」と、自分自身の身体を基準とする「自己」とを、順次、理解していくのです。重要なことですが、「場」には、「自分自身」が含まれ、「自己」は環境におかれて初めて認識できるようになることから、「場」と「自己」というものは、本来、切り離せるものではありません。無限定な空間においては、「場」の認識（世界を知ること）と「自己」の認識（自分自身を知ること）は、同時に起こるのです。

こうした考え方を踏まえて、例えばe私たちが「椅子を認識する」際に、何が起こっているのかということを考えてみましょう。私たちが椅子を認識する際、脳内では、イラストのようなことが起こっているのではないかと考えられます。

これらのイラストは、単純な「椅子」という「物体」ではなく、「椅子」を利用する人が、何をしているのかという「行為」を表すイラストです。このイラストからわかるように、私たちは、「椅子」を見て、単に「特徴」を探し出すのではなく、「それに座って考える」「それに座って仕事をする」「それに座って話をする」といった「物語」を創り出しているのではないでしょうか。

私たちは、「椅子を認識する」以前に、「身体」を持ち、自分自身の「人生」という「物語」を生きています。この「物語」が、自分自身が今存在している「場」です。例えば、「山道を一人で歩き続け、くたくたになり、一服したいと思っている」という「物語」の中に自分が位置づけられているとします。そこで、一つの「岩」を見たとしたら、その人は、何を意識するでもなく、その岩に腰をかけるでしょう。これが、「山道を歩いてくたくたになっている」という物語の中に、その「岩」が位置づけられた瞬間です。くたくたになったその人にとって、岩の材質が玄武岩であろうが花崗岩（かこうがん）であろうが、山頂から転がってそこにあるものであろうが誰かが持ってきたものであろうが、ひとまずは関係のない話です。その人にとっては「山道を歩いてくたくたになっている」という物語の中に「腰かけるのにちょうどいい岩があった」ことが重要であり、そのときはじめ

2020年度／解答

数　学

1 【解き方】(1) 与式$=8\times\frac{9}{4}-(-16)=18+16=34$

(2) 与式$=\frac{3(4a-3)-2(6a-5)}{18}=\frac{12a-9-12a+10}{18}=\frac{1}{18}$

(3) 与式$=-\frac{2x^2y^3}{3}\times\frac{8}{xy}\times\frac{9}{4y}=-12xy$

(4) 中心角を$x°$とすると，面積について，$\pi\times4^2\times\frac{x}{360}=6\pi$が成り立つ。これを解いて，$x=135$

(5) 方程式に，$x=5$，$y=-3$を代入して，$\begin{cases}5a+3b=23\cdots\cdots①\\10+3a=31\cdots\cdots②\end{cases}$　②より，$3a=21$　よって，$a=7$　これを①に代入して，$35+3b=23$より，$b=-4$

(6) $a^2+12a+35=(a+5)(a+7)$　$a=\sqrt{30}-6$を代入して，$(\sqrt{30}-6+5)(\sqrt{30}-6+7)=(\sqrt{30}-1)(\sqrt{30}+1)=(\sqrt{30})^2-1^2=30-1=29$

(7) 解の公式より，$x=\frac{-(-8)\pm\sqrt{(-8)^2-4\times3\times(-4)}}{2\times3}=\frac{8\pm\sqrt{112}}{6}=\frac{8\pm4\sqrt{7}}{6}=\frac{4\pm2\sqrt{7}}{3}$

(8) $x<0$の範囲で，xの値が増加するとyの値も増加するのは，1次関数では比例定数が正のとき，2次関数では，比例定数が負のときとなる。この条件を満たすのは，(ア)，(ウ)，(カ)。

(9) 袋の中の6個の玉の取り出し方は，$6\times5=30$(通り)　このうち，黒玉が1個も袋に残らないのは，2回とも黒玉を取り出す2通りだけだから，確率は，$\frac{2}{30}=\frac{1}{15}$　よって，求める確率は，$1-\frac{1}{15}=\frac{14}{15}$

【答】(1) 34　(2) $\frac{1}{18}$　(3) $-12xy$　(4) 135°　(5) $(a=)\ 7$　$(b=)\ -4$　(6) 29　(7) $(x=)\ \frac{4\pm2\sqrt{7}}{3}$
(8) (ア)，(ウ)，(カ)　(9) $\frac{14}{15}$

2 【解き方】(1) 借りた本の冊数の，少ない方から25番目と26番目の平均が中央値となる。借りた本の冊数が6冊未満の人数は，$2+6+10=18$(人)，8冊未満の人数は，$18+8=26$(人)だから，25番目と26番目は，ともに6冊か，6冊と7冊か，ともに7冊。よって，中央値として考えられるのは，(ア)，(イ)，(ウ)となる。

(2) 1年生の4冊以上6冊未満の階級の相対度数は，$\frac{10}{50}=0.2$　よって，Xの値は，$40\times0.2=8$　1年生の8冊以上10冊未満の階級の相対度数は，$\frac{15}{50}=0.3$で，$40\times0.3=12$より，3年生のこの階級の度数は13以上となる。また，$Z\geqq1$だから，$X=8$，$Y=13$，$Z=1$として度数を合計してみると，$8+2+13+6+4+6+1=40$　よって，3年生の生徒数と一致するから，この値は適する。

【答】(1) (ア)，(イ)，(ウ)　(2) X. 8　Y. 13　Z. 1

3 【解き方】(2) $\triangle ABD\backsim\triangle EAD$より，$AD:ED=BD:AD$が成り立つ。$BE=x$ cmとすると，$BD=(x+9)$ cmだから，$12:9=(x+9):12$　よって，$9(x+9)=144$となり，$x=7$

(3) 右図のように，D から AC に垂線 DH を下ろす。△ADH，△CDH は 30°，60° の直角三角形だから，$DH = \frac{1}{2}AD = 6$ (cm)，$AH = CH = 12 \times \frac{\sqrt{3}}{2} = 6\sqrt{3}$ (cm)　よって，$AC = 6\sqrt{3} \times 2 = 12\sqrt{3}$ (cm)　また，B から直線 AC に垂線 BI を下ろすと，△EDH ∽△EBI がいえるから，DE：BE = DH：BI より，9：7 = 6：BI　よって，$BI = \frac{7 \times 6}{9} = \frac{14}{3}$ (cm)より，$△ABC = \frac{1}{2} \times AC \times BI = \frac{1}{2} \times 12\sqrt{3} \times \frac{14}{3} = 28\sqrt{3}$ (cm^2)

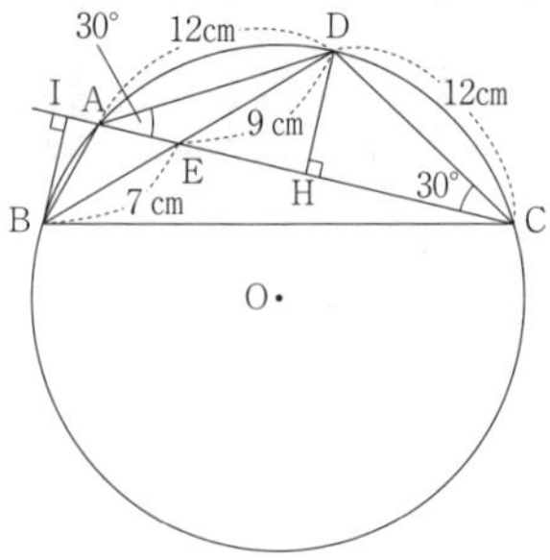

【答】 (1) △ABD と△EAD において，共通だから，∠ADB ＝∠EDA……①　AD ＝ CD より，△DAC は二等辺三角形だから，∠ACD ＝∠EAD……②　また，$\overset{\frown}{AD}$に対する円周角だから，∠ACD ＝∠ABD……③　②，③より，∠ABD ＝∠EAD……④　①，④より，2 組の角がそれぞれ等しいから，△ABD ∽△EAD
(2) 7 (cm)　(3) (AC ＝) $12\sqrt{3}$ (cm)　(面積) $28\sqrt{3}$ (cm^2)

4 **【解き方】** (1) $y = -\frac{1}{2}x + 7$ に $x = 6$ を代入して，$y = -\frac{1}{2} \times 6 + 7 = 4$ より，B (6, 4)　$y = ax^2$ に点 B の座標の値を代入して，$4 = a \times 6^2$ より，$a = \frac{1}{9}$　また，$y = -\frac{1}{2}x + 7$ に $x = 2$ を代入して，$y = -\frac{1}{2} \times 2 + 7 = 6$ より，C (2, 6)　ここで，点 A の x 座標を t とすると，AC：CD ＝ 5：4 より，3 点 A，C，D の x 座標の差について，$(2 - t)：(6 - 2) = 5：4$ が成り立つ。これを解くと，$t = -3$
(2) A (－ 3，1) より，直線 AC の傾きは，$\frac{6 - 1}{2 - (-3)} = \frac{5}{5} = 1$　式を $y = x + b$ とおいて点 A の座標の値を代入して，$1 = -3 + b$ より，$b = 4$　よって，直線 AC の式は，$y = x + 4$
(3) 右図のように，点 B を通り OC に平行な直線と直線 AC との交点を E とすると，△OEC ＝△OBC だから，四角形 OBCA ＝△OAC ＋△OBC，△OEA ＝△OAC ＋△OEC より，四角形 OBCA と△OEA の面積は等しくなる。直線 OC の式は，$y = 3x$ だから，直線 BE の式を $y = 3x + c$ とおいて点 B の座標の値を代入すると，$4 = 18 + c$ より，$c = -14$　よって，点 E は，$y = x + 4$ と $y = 3x - 14$ の交点となる。2 式を連立方程式として解いて，$x = 9$，$y = 13$ より，E (9, 13)

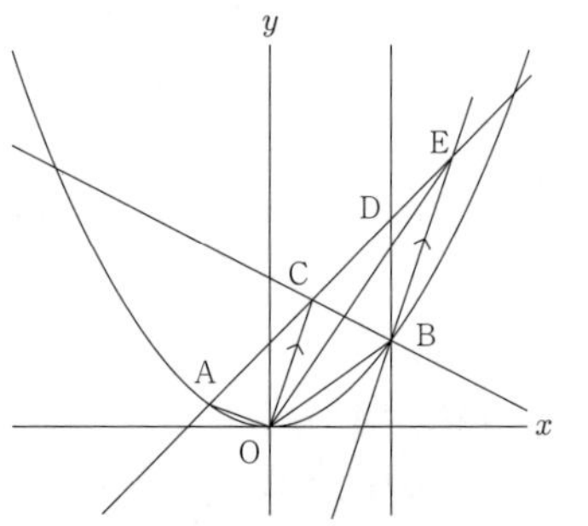

【答】 (1) (a ＝) $\frac{1}{9}$　(点 A の x 座標) － 3　(2) (y ＝) $x + 4$　(3) E (9, 13)

5 **【解き方】** (1) BP ＝ DQ より，PQ ＝ BD となるから，$PQ = 6 \times \sqrt{2} = 6\sqrt{2}$ (cm)
(2) P から AR に垂線 PT を下ろすと，△CBP ≡△CDQ ≡△PTR ≡△QTR で，四角形 CQRP は 4 辺が等しくなるから，ひし形となる。AT ＝ BP ＝ 3 cm，TR ＝ BP ＝ 3 cm より，AR ＝ 3 ＋ 3 ＝ 6 (cm)　また，$AC = 6\sqrt{2}$ cm　よって，△ACR で三平方の定理より，$RC = \sqrt{6^2 + (6\sqrt{2})^2} = \sqrt{108} = 6\sqrt{3}$ (cm)だから，四角形 $CQRP = \frac{1}{2} \times PQ \times RC = \frac{1}{2} \times 6\sqrt{2} \times 6\sqrt{3} = 18\sqrt{6}$ (cm^2)　また，△CDQ で，$CQ = \sqrt{3^2 + 6^2} = \sqrt{45} = 3\sqrt{5}$ (cm)　P から CQ に垂線を下ろし，その長さを h cm とすると，四角形 CQRP の面積について，$CQ \times h = 18\sqrt{6}$ が成り立つ。$3\sqrt{5} \times h = 18\sqrt{6}$ となるから，$h = \frac{18\sqrt{6}}{3\sqrt{5}} = \frac{6\sqrt{30}}{5}$

(3) 右図のように，M を通り四角形 CQRP に平行な四角形 IJKL をつくる。R から KI に垂線を下ろし，その長さを t cm とすると，t cm が三角錐 MCQP の高さとなる。四角形 RKIC は平行四辺形となり，$\mathrm{RK} = \mathrm{PL} = \frac{1}{2}\mathrm{PF} = \frac{9}{2}$ (cm)，$\mathrm{KI} = \mathrm{RC} = 6\sqrt{3}$ cm　ここで，平行四辺形 RKIC の面積は，RK を底辺とみると，$\mathrm{RK} \times \mathrm{AC} = \frac{9}{2} \times 6\sqrt{2} = 27\sqrt{2}$ (cm^2)，KI を底辺とみると，$6\sqrt{3}t\,\mathrm{cm}^2$ だから，$6\sqrt{3}t = 27\sqrt{2}$ より，$t = \frac{27\sqrt{2}}{6\sqrt{3}} = \frac{3\sqrt{6}}{2}$　したがって，$\triangle\mathrm{CQP} =$ 四角形 $\mathrm{CQRP} \times \frac{1}{2} = 9\sqrt{6}$ (cm^2) より，三角錐 MCQP の体積は，$\frac{1}{3} \times 9\sqrt{6} \times \frac{3\sqrt{6}}{2} = 27$ (cm^3)

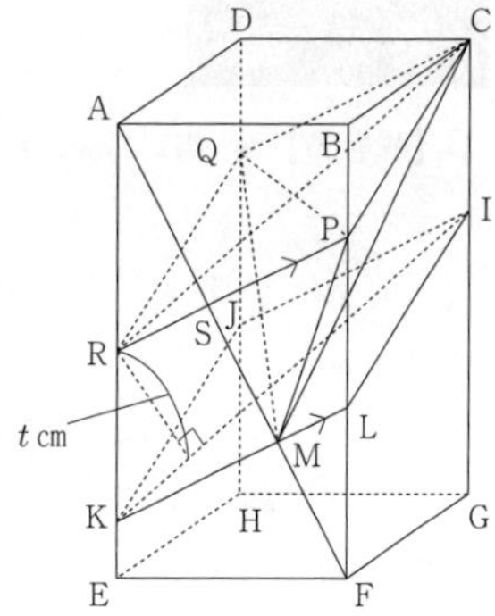

【答】(1) $6\sqrt{2}$ (cm)　(2) (面積) $18\sqrt{6}$ (cm^2)　(距離) $\frac{6\sqrt{30}}{5}$ (cm)　(3) 27 (cm^3)

6 【解き方】(1) $6 \times 3 = 18$，$6 \times 4 = 24$ より，6 の数が書かれた箱の赤玉は，18 回目，24 回目でそれぞれはじめて，3 個，4 個となる。

(2) 3 の数が書かれた箱について，$a = 3b$……①，8 の数が書かれた箱について，$a + 85 = 8b$……②がそれぞれ成り立つ。①を②に代入して，$3b + 85 = 8b$ より，$b = 17$　これを①に代入して，$a = 3 \times 17 = 51$

(3) $266 \div 4 = 66$ あまり 2 より，266 回目の操作後，4 の数が書かれた箱には赤玉が 66 個入っている。また，$9 \times 66 = 594$ より，9 の数が書かれた箱に黄玉が 66 個入るには，594 回の操作が必要となる。よって，$266 \div 9 = 29$ あまり 5 より，9 の数が書かれた箱の黄玉がはじめて 66 個となるのは，最初から数えて，$(266 - 5) + 594 = 855$ (回目)で，このとき，$855 \div 4 = 213$ あまり 3 より，4 の数が書かれた箱に入っている黄玉の個数は，$213 - 66 = 147$ (個)となる。

【答】(1) ア．18　イ．24　(2) ($a =$) 51　($b =$) 17　(3) 147 (個)

英　語

1 【解き方】(1) 男の子の「コーヒーをお願いします」という返答から考える。「あなたはコーヒーとオレンジジュースのどちらがいいですか？」などの文が入る。「あなたはAとBのどちらがいいですか？」= Which do you want (または，like), A or B?。

(2) (a) 直前の「この国の他のすべての川はこの川よりも短い」という表現を，「それはこの国のすべての川の中で最も長い」と最上級を用いて書き換える。(b) 目的地までの行き方を尋ねる文が入る。「そこまではどうやって行けばいいのですか？」= How can I get there?。

【答】(例) (1) Which do you want　(2) (a) it's the longest　(b) How can I get there

2 【解き方】(1) 量り売りの話をしている。前半の「今日は少しだけ買っておいて，もし気に入ったら」という部分から考える。「次回はもっと買えばいい」という表現が入る。

(2)「まだ食べることのできる食べものを人々が捨てていることを知って僕は驚きました」という意味の文。「～して驚く」= be surprised to ～。

(3) i．涼の6番目のせりふを見る。生ごみの約36パーセントは「未使用の食品」である。ii．ケイトと涼の9番目のせりふを見る。ケイトの「約17パーセントのこの部分ですか？　彼らの理由は何なのですか？」という質問に対して，涼が「彼らは食品を買いすぎたためだと言っています」と答えている。

(4) (ア) 涼の最初のせりふを見る。涼は日本で見たことがない果物が食べたいと言っている。(イ)「ケイトは量り売りで購入することが買いすぎをやめるための良い方法だと言っている」。ケイトの10番目のせりふを見る。正しい。(ウ) ケイトが涼に，食品廃棄物に関する質問に答える最も良い方法を尋ねている場面はない。(エ) 二人は空腹なときに買い物に行かないことが買いすぎを防げると話している。

【答】(1) (ア)　(2) to　(3) (ウ)　(4) (イ)

◀全訳▶

ケイト：ほら。たくさんの種類の果物があります。いくつか食べてみたいですか？

涼　　：日本の店で見たことがないのでこの果物が食べたいのですが，気に入るかどうかわかりません。

ケイト：それなら，量り売りで買えばいいです。今日はそれを少しだけ買っておいて，もし気に入ったら，次回はもっと買えばいいのです。

涼　　：ここでは欲しいだけの量の果物を買うことができるということですね？

ケイト：そうです，でもそれらを全部食べることができなければ，ごみになってしまいます。だから，あまり多く買いすぎない方がいいと思います。いくつかの国では，食品廃棄物が多すぎて，大きな問題となっています。

涼　　：そうですね。日本の僕のまちでも，同じ問題があります。そのことについて学んだとき，まだ食べられる食べものを人々が捨てていることを知って僕は驚きました。

ケイト：本当ですか？　そのことについてもっと教えてください。

涼　　：僕のまちのウェブサイトで，あるグラフを見つけました。それは家庭で捨てている生ごみの種類を示しているのですが，それらは捨てる必要のなかったものなのです。ほら，僕の電話で見ることができますよ。

ケイト：料理するときに，食べものから切り取って捨ててしまう部分が多すぎると聞いたことがあります。

涼　　：そうです。グラフの中にある生ごみの約18パーセントがそれを表しています。

ケイト：最も多い数字は何を意味しているのですか？

涼　　：生ごみの約36パーセントが未使用の食品であることを表しています。

ケイト：なるほど。どうしてそんなことが起こるのでしょう？

涼　　：この表を見てください。それも同じウェブサイトで見つけました。食品廃棄物が出る理由に関する質問にまちの人々が答えていて，そのうちのいくつかを表で見ることができます。

ケイト：人々の50パーセント以上が同じ理由を答えていますね？　それは何ですか？

涼　　：いたんでしまったら食品を捨てると言っています。次にこれを見てほしいのです。

ケイト：約17パーセントのこの部分ですか？　彼らの理由は何なのですか？

涼　　：彼らは食品を買いすぎたためだと言っています。例えば，多くの食品を買いすぎて，すべてを料理に使うことができなければ，いたんでしまうかもしれません。すると，それがごみになってしまうのです。

ケイト：食品の買いすぎはやめなければならないと思います。量り売りでの購入はそのための良い方法です。必要な量だけを買うことができるからです。

涼　　：僕もそう思います。でも日本では，通常はそのような買い方をしません。だから，別の方法を見つけなければなりません。何かアイデアはありますか？

ケイト：そうですね，客としての立場からすると，空腹なときには食品を買いすぎてしまうことが時々あります。空腹なときには買い物に行かない方がいいです。それが1つの方法だと思います。

涼　　：確かにそうです。次回買い物に行くときに試してみます。将来はあまりごみのない世界に住めたらいいと思います。

3【解き方】(1) ① 過去形の文。chooseの過去形はchose。② 現在完了〈have＋過去分詞〉の文。hearの過去分詞はheard。

(2)「私は以前よりも一生懸命に自分の仕事をしようと決めました」という意味の文。里奈が役者としてもっと上手に自分の仕事をする必要があることに気付き，考えを変えた場面の直後（C）に入る。

(3) 下線部の2つ前の文を見る。里奈が特に興味を持ったミツバチの仕事は「住みかを掃除すること，多くの花から食べものを手に入れること，食べものを住みかに置くこと，ミツバチの幼虫の世話をすること」だった。

(4)「私たちは劇のメッセージを理解しなければならないと私は思いました」という意味の文。「私は～と思った」＝I thought ～。「私たちは～を理解しなければならない」＝ we had to understand ～。下線部はthought we had to understand the message ofとなる。

(5) i．里奈たちは「学園祭」で劇を演じた。ii．下線部の直前を見る。里奈がとてもうれしくなったのは「劇を見ていた多くの人たちが里奈たちの劇を素晴らしいと言ってくれた」から。

(6) (a)「最初，他の役者と一緒にせりふの練習をするのは里奈にとってどうでしたか？」。第1段落の最後の2文を見る。それは里奈にとって面白いことではなかった。(b)「里奈はミツバチの本を読んだ後で，劇のためにクラスメートたちの仕事について知りたいと思いましたか？」。第3段落の1文目に，「その本を読んでから，私はクラスメートたちが劇の役割の中でどのように仕事をしているのか知りたくなりました」と書かれている。

(7)「里奈とクラスメートは劇の役割を決めた(第1段落)」→「里奈は本の中で，妹と一緒にミツバチの興味深い仕事について読んだ(第2段落)」→「里奈はそれぞれの仕事が劇に必要だということを知り，自分の役割を一生懸命にやり始めた(第4段落)」→「里奈は自分の動作を覚え，舞台の上でせりふを話した(第5段落)」の順。

(8) (ア) 第2段落の4文目を見る。里奈はミツバチのさまざまな役割の中で，特に4種類の仕事に興味を持った。「それぞれのミツバチに4種類の仕事がある」わけではない。(イ)「ドアが簡単に開かなければならないので，ジロウは何度も劇のためにドアを作ろうとした」。第3段落の3～5文目を見る。正しい。(ウ)「最初，マサトはいくつかのせりふしか覚えることができなかったが，舞台の上ではとても上手にすべてのせりふを言うことができた」。第3段落の後半にあるマサトの様子と，第5段落の中ほどに描かれた本番でのマサトの様子を見る。正しい。(エ) 第5段落の最後から3文目を見る。里奈のクラスは賞をとることができなかった。(オ) 第5段落の中ほどを見る。衣装を着替えなければならないときには，別のクラスメートが他のクラスメートを手伝った。ジロウが着替えを手伝ったわけではない。

(9) (a) ミツバチの生活に関する本を読み，里奈はそれぞれの役割の中で一生懸命働くことの「重要性」を知った。「重要性」＝ importance。(b) 何人かのクラスメートと話したとき，彼らは賞をとりたいと言った。「～

と話した」= talked with ～。(c) 最終段落の3文目にある表現を用いる。里奈は素晴らしいものを作るには「お互いに助け合う」ことが大切であると言った。

【答】 (1) ① chose　② heard　(2) C　(3) (イ)　(4) (エ)→(イ)→(ア)→(カ)→(オ)→(ウ)　(5) school festival, (イ)
(6) (例) (a) It was not exciting.　(b) Yes, she did.　(7) (ア)→(ウ)→(エ)→(イ)　(8) (イ)・(ウ)
(9) (a) (エ)　(b) talked with　(c) (例) help each other

◀全訳▶　私の中学校の学園祭についてお話しします。私のクラスは劇をすることに決めました。最初に，私たちは動物と一緒に世界中を旅した男の物語を選びました。次に，私たちは役者や裏方などの役割を決めました。それぞれの役割には，するべき数種類の仕事がありました。例えば，役者はせりふを練習しなければならないし，何人かの裏方はグループでドアを作らなければなりませんでした。私は役者として劇に参加して，毎日放課後に他の役者と一緒にせりふの練習をしました。それは私にとって面白いことではなく，あまり熱心に練習をしませんでした。

ある日家で，6歳の妹が「一緒に本を読もう」と私に言いました。私たちはミツバチの生活に関する本を読みました。それぞれのミツバチにはそれぞれの役割があると，あなたたちは聞いたことがありますか？　私はミツバチのさまざまな役割が持つ仕事について知り，特に4種類の仕事にとても興味を持つようになりました。これらの仕事とは，住みかを掃除すること，多くの花から食べものを手に入れること，食べものを住みかに置くこと，そしてミツバチの幼虫の世話をすることです。彼らの役割におけるこれらの仕事は，住みかの中にいるすべてのミツバチの生活に必要です。だから，もしそれらの1つが行われなければ，ミツバチは住みかを維持することができなくなります。それぞれの役割の中で一生懸命に働くことが大切なのだと私は思いました。

その本を読んで，私はクラスメートたちが劇の役割の中でどのように仕事をしているのか知りたくなりました。そして，何人かのクラスメートに彼らの仕事のことを聞いてみました。ジロウは他のクラスメートと一緒にドアを作っていました。彼は役者が簡単に開けられるようなドアを作らなければなりませんでした。彼は「ドアを作るのは難しい，だからドアの作り方を考えながら，何回も作っている」と言いました。マサトはせりふを練習していました。彼はたくさんのせりふを覚えなければならなかったのですが，最初はそのうちのいくつかしか覚えることができませんでした。彼は「僕はすべてのせりふを覚え，自分の動作を理解しようと努力している」と言いました。それらのクラスメートたちと話したとき，彼らは「一緒に賞をとろう」と言いました。

その後，それぞれの仕事が私たちの劇を作るために必要であり，それらの仕事を一生懸命にすることが大切なのだと私は考えました。そして私は自分がするべき仕事を思い出しました。私は役者としてもっと上手に自分の仕事をする必要があったのです，だから私は考えを変えました。私は以前よりも一生懸命に自分の仕事をしようと決めました。私は自分の動作や他の役者の動作を理解しようと努力しました。私は自分のせりふと他の役者のせりふも覚えようとしました。私たちの劇を見る人々にその劇のメッセージを伝えたかったので，私たちはそれについて理解しなければならないと私は思いました。もしそれができれば，私たちは自分たちの劇をより良いものにし，賞をとることができるでしょう。

学園祭の当日，私は劇中の動作やせりふを忘れることなく，うまく演じることができました。すべてのクラスメートと私は，同じ舞台の上でともに全力を尽くしました。これが劇をより良いものにする最も大切なことなのだと私は思いました。劇の間，私は一緒に懸命に働くたくさんのクラスメートを見ることができました。ジロウは何人かのクラスメートと素早くドアを運んでいました。衣装を着替えなければならないときには，別のクラスメートが他のクラスメートを手伝っていました。マサトはすべてのせりふを言いました。それは完璧でした。このように，クラスの各メンバーはそれぞれの役割の中で仕事をしました。私たちの劇を見ていた多くの生徒や先生が「あなたたちの劇は素晴らしかった！」と私たちに言ってくれたので，私はとてもうれしかったです。賞をとることはできませんでしたが，私たちはもっと大切なものを手に入れました。私は一人では劇を作ることができませんでした。お互いに助け合ったことで，私たちはその劇を作ることができたのです。

私はクラスメートたちと一緒に劇を作り，この経験は私の最高の思い出です。私は自分自身の仕事をし，クラスメートは彼らの仕事をしました。劇の中で私たちがしたように，ミツバチのようにそれぞれの役割の中で一生懸命働き，お互いに助け合うことによって，素晴らしいものを作ることができるのだということを私は学びました。学園祭から，私はこれらのことを学びました。私はクラスの，そして家族の一員として私がするべきことを見つけようと思います，そして多くの人々と一緒に一生懸命働こうと思います。

4 **【解き方】**(1) ヨウコは2月3日に東京から戻った。最後にヨウコが「今日の午後友だちと会うので，昨日東京から戻った」と言っていることから，今日が2月4日であることがわかる。

(2) エマが自分のバッグの特徴を「茶色いバッグで，白い猫が描かれている」と説明している。

【答】(1) (ウ)　(2) (ア)

◀全訳▶　(1)

A：ヨウコ，いつ東京に行ったのですか？

B：2月2日です。兄の誕生日に兄に会いに行ったのです。

A：そうですか。2月3日に京都に戻ったのですか？

B：はい。今日の午後友だちに会う予定なので，昨日東京から戻りました。

質問：ヨウコはいつ友だちに会う予定ですか？

(2)

A：サキ，私のバッグを私のところまで持ってきてもらえますか？

B：わかりました。どのバッグがあなたのものですか，エマ？

A：ええと，この部屋からは見えません。どのようなバッグなのか説明してもらえますか？

B：わかりました。ここには2つのバッグがあり，それぞれ犬の絵が描かれていると思います。

A：本当に？　私のバッグは茶色で，それには猫の絵が描かれています。犬のように見えるかもしれませんが，それは白い猫なのです。

B：ああ，わかりました。猫ですね。きっとこれがあなたのものだと思います。あなたのところまで持っていきます。

質問：どのバッグがエマのものですか？

5 **【解き方】**(1) この列車は11時10分に4番駅を出発する。11時14分に4番駅を出発するのはわかば線の列車。

(2) 博物館に行く場合は4番駅で降りる。

【答】(1) (イ)　(2) (エ)

◀全訳▶

車掌：おはようございます。本日は当列車をご利用いただきましてありがとうございます。間もなく6番駅から出発いたします。当列車は1番駅行きです。1番駅到着までに，4番駅に停車いたします。5番駅，3番駅，2番駅には停車いたしません。それらの駅にいらっしゃる場合は，次の列車をご利用ください。4番駅には11時5分に停車いたします。その駅は博物館の前にございます。博物館にいらっしゃる場合は，4番駅でお降りください。また，わかば線をご利用の場合は，そこで乗り換え，緑色の列車にご乗車いただく必要があります。その列車は11時14分に4番駅を出発する予定です。4番駅に停車した後，当列車は11時10分に4番駅を出発し，11時27分に1番駅に到着する予定です。

質問(1) この列車は何時に4番駅を出発する予定ですか？

質問(2) この列車を利用している人が博物館に行くためには何をしなければなりませんか？

6 **【解き方】**(1)「カナも一緒に(サッカーを)したのですか？」という質問に対する返答。(エ)は「いいえ。そのとき，彼女はバレーボールをしていました」という意味。

(2)「今から映画を見に行きましょう」という誘いに対する返答。(イ)は「いいですよ。電車に乗りましょう」という意味。

【答】(1) (エ)　(2) (イ)

◀全訳▶　(1)

A：メグ，昨日はサッカーをしましたか？

B：はい，しました。公園でクラスメートたちとサッカーを楽しみました。

A：カナも一緒にしたのですか？

B：〈チャイム音〉

(2)

A：宿題をする予定ですか？

B：いいえ，宿題はちょうど終わったところです。簡単でした。

A：よかった。今から映画を見に行きましょう。

B：〈チャイム音〉

国　語

1 【解き方】(2)「世界」は「形の定まったものではなく，時々刻々と変化する」もので，そうした「無限定空間」で生きていかなければならない「生物」は，「確たるもの」「頼りにできるもの」を発見し，理解していく必要があると述べている。

(3) (イ)は「無際限」，(エ)は「非公認」，(オ)は「無造作」となる。

(4) 二つの動作や状態が並行して行われることを表している。(カ)は，断定の助動詞。

(5) 椅子を認識する際に脳内で起こっていることを，「『椅子』を利用する人が，何をしているのかという『行為』を表すイラスト」で示していることから考える。

(6)「ない」をつけると，直前の音が「イ段」の音になる。(カ)は，サ行で変則的に活用するサ行変格活用。(ク)と(ケ)は，「ない」をつけると，直前の音が「ア段」の音になる五段活用。(サ)は，「ない」をつけると，直前の音が「エ段」の音になる下一段活用。

(7) ㊀「人は，自己と対象をその結びつき方によって認識している」と言っていることをふまえて，「岩の例」に着目する。「山道を一人で歩き続け…一服したいと思っている」という「物語」の中にいる者が，ふと「岩」を見ると，自分は「腰をかけるもの」であり，目の前の岩は「腰をかけられるもの」だと認識して，自然に岩に腰をかけるだろうと述べている。㊁「私たち生物」の「認識の仕方」をおさえる。「私たちは，周囲の環境という『場』と…『自己』とを，順次，理解していく」と述べている。㊂ 最後の段落で，「自分自身の身体を持ち」「自分自身の置かれた場と共に」存在している「強い人工知能」であるならば，人間と同じように「人生という物語」を「創造し続ける」ことができると述べていることに着目する。

【答】(1) おごそ(か)　(2) (エ)　(3) (ア)・(ウ)　(4) Ⅰ. (ウ)　Ⅱ. (カ)　(5) (エ)　(6) Ⅰ. (イ)　Ⅱ. (キ)・(コ)

(7) ㊀ 岩と人　㊁ (イ)　㊂ 身体を持つことと，その身体が環境におかれている (23字) (同意可)

2 【解き方】(1) 見る人の「意識の態度によって，その美の種類が決定されてくる」と述べているので，(ウ)の「思想に関わらず，広く受け入れられる美として鑑賞される」は誤り。

(3)「美の位相」について述べているので，前で，「美は色々の位相を持つ」もので，それは「事物の側によって決定されるのではなく，意識の構造如何によって区別づけられてくる」と述べていることに着目する。

(4)「からである」という文末に注目。

(5)「ように」というたとえを表す語を用いている。(ア)の「ように」は目標や希望，(イ)は暗喩，(ウ)の「いわゆる」は例示。

(7) 3段落で例として挙げた「輝きへの意識の方位」について，4段落でそれが「どのようなもの」なのかをくわしく説明し直し，5段落でこれこそが「自然美の成立する意識構造」だと述べている。

(8) ㊀ 3段落で，「行動体系の意識方位を水平的な運動とすれば，それを断ち切る輝きへの意識の方位は，いわば垂直的な切断である」と述べている。㊁ Y. 2段落で，筆者自身の日常の行動を例に挙げ，「それぞれ独立の断片的現象」を「一連の統一的行動に組み入れ」て意識し，行動していると述べている。Z. 5段落で，「自然美」を意識する「意識構造」は，「行動目的とは無関係に，むしろその行動目的への傾動を断ち切るような姿で統一的に意識されたとき」に成立すると述べている。㊂ いくつかの「情報」を提示する際には，強調すべき「情報」により多くの時間を割く方が効果的な場合もある。

【答】(1) (ウ)　(2) なか(ば)　(3) (イ)　(4) Ⅰ. (ア)　Ⅱ. (ク)　(5) (エ)　(6) 背(景)　(7) (ウ)

(8) ㊀ (エ)　㊁ Y. 一連の統一的行動に入れて意識(しているが，断片的事象を) (14字)　Z. 行動目的に関係なく統一的に意識 (15字) (それぞれ同意可)　㊂ (イ)

3 【解き方】(1) 語頭以外の「は・ひ・ふ・へ・ほ」は「わ・い・う・え・お」にするので，(ア)は「ういういしく」，(エ)は「したがうとき」となる。

(2) 一字戻って読む場合には「レ点」を，二字以上戻って読む場合には「一・二点」を用いる。

(3)「作法進退のあひだ，ことにおいて」質問をしている師頼に対して，成通は「公事，御忘却か」と言ったが，師頼が論語の言葉に従ってそのようにしていたことに気づき，自分の発言の軽率さを「後悔」している。

(4)「孔子，礼を知らず」という非難に対して，「問ふは礼なり」と返した人物を考える。

(5) ㈠ A.「大廟」に入った孔子は，「まつりごとにしたがふ時，毎時，かの令長に問はずといふことなし」という行動をとっている。B.「問ふは礼なり」と言った孔子を見習い，師頼も「作法進退のあひだ，ことにおいて」質問をしている。㈡ 孔子を見習って「作法進退のあひだ，ことにおいて」質問をしている師頼の行いを，成通は「これ，慎みの至れるなり」と賞賛している。

【答】(1) (ア)・(エ)　(2) (ウ)　(3) (エ)　(4) (ア)　(5) ㈠ A. 尋ねた　B. 手本（それぞれ同意可）　㈡ (イ)

◀口語訳▶　儀式を執り行っている間，師頼はその都度礼法や所作について疑わしげに，おおかた人に問うた。その時，成通卿が，参議として参列していたが，「長年，家に閉じこもっている間に，公事を，お忘れか。初めてのことのように思われること，もっとも道理である」と言った。師頼卿は，返事をせず，振り返ってちらっと見て，独りごとのように，

　　大廟に入って事ある毎に問う云々

　　　　　　　　　　　　論語

成通卿はこれを聞いて黙ってしまった。後日このことを人に，「適切に理解せず，軽はずみな発言をしてしまい，後悔してもしきれない云々」と語った。

成通卿が悔やんだのは，孔子が，大廟に入って，儀礼に従う時，事ある毎に，その令長に問わないことはなかったということに思い至ったからだ。人がこれを見て，「孔子は，礼を知らない」と非難したところ，孔子は「問うことが礼である」とお答えになったという。

成通卿は心中で，どれほど悔やまれていらっしゃったことだろうか。「師頼卿の行いは，最も慎みのあるものである」と言った。

2025 年度受験用

公立高校入試対策シリーズ 3026-2

京都府公立高等学校
（前期選抜・共通学力検査）

別冊

解答用紙

● この冊子は本体から取りはずしてご使用いただけます。

● 解答用紙（本書掲載分）をダウンロードする場合はこちら↓
https://book.eisyun.jp/

※なお，予告なくダウンロードを終了することがあります。

英俊社

●解答用紙の四隅にあるガイドに合わせて指定の倍率で拡大すると，実物とほぼ同じ大きさでご使用いただけます(一部例外がございます)。

共通学力検査　数学答案用紙

問題番号		答の番号	答の欄			採点欄
1	(1)	【1】				【1】
	(2)	【2】				【2】
	(3)	【3】				【3】
	(4)	【4】				【4】
	(5)	【5】	$c =$			【5】
	(6)	【6】				【6】
	(7)	【7】	$x =$			【7】
	(8)	【8】	cm^2			【8】
	(9)	【9】	X	Y	Z	【9】
2	(1)	【10】				【10】
	(2)	【11】				【11】
3	(1)	【12】	$a =$			【12】
	(2)	【13】	$y =$			【13】
	(3)	【14】	C（　　,　　）			【14】
4	(1)	【15】				【15】
	(2)	【16】	BD =　　cm	EG =　　cm		【16】
5	(1)	【17】	cm			【17】
	(2)	【18】	cm^3			【18】
	(3)	【19】	cm			【19】
6	(1)	【20】	ア　イ　ウ　エ　オ	回		【20】
	(2)	【21】	トーンホールA　　回	トーンホールD　　回		【21】
	(3)	【22】	$n =$			【22】

共通学力検査	受付番号		得点
数　学			

※実物の大きさ：173% 拡大（B4 用紙）

共通学力検査　英語（筆記）答案用紙

問題番号			答の番号	答の欄		採点欄
1	(1)		【1】			【1】
	(2)	(a)	【2】			【2】
		(b)	【3】			【3】
2	(1)		【4】			【4】
	(2)		【5】	ア　イ　ウ　エ		【5】
	(3)		【6】	ア　イ　ウ　エ		【6】
	(4)		【7】	ア　イ　ウ　エ		【7】
3	(1)		【8】	①	⑥	【8】
	(2)		【9】	(　)→(　)→(　)→(　)→(　)→(　)		【9】
	(3)		【10】	A　B　C　D		【10】
	(4)		【11】	Ⅰ群　ア　イ　ウ　エ	Ⅱ群　カ　キ　ク　ケ	【11】
	(5)		【12】	ア　イ　ウ　エ		【12】
	(6)		【13】	ア　イ　ウ　エ		【13】
	(7)		【14】			【14】
	(8)	(a)	【15】			【15】
		(b)	【16】			【16】
	(9)		【17】	ア　イ　ウ　エ　オ		【17】
	(10)	(a)	【18】			【18】
		(b)	【19】			【19】

共通学力検査 英語（筆記）	受付番号						得点	

※実物の大きさ：173% 拡大（B4 用紙）

共通学力検査　英語（リスニング）答案用紙

問題番号		答の番号	答の欄				採点欄
4	（1）	【20】	ア	イ	ウ	エ	【20】
	（2）	【21】	ア	イ	ウ	エ	【21】
5	（1）	【22】	ア	イ	ウ	エ	【22】
	（2）	【23】	ア	イ	ウ	エ	【23】
6	（1）	【24】	ア	イ	ウ	エ	【24】
	（2）	【25】	ア	イ	ウ	エ	【25】

共通学力検査 英語（リスニング）	受付番号		得点	

※実物の大きさ：173% 拡大（B4 用紙）

共通学力検査　国語答案用紙

問題番号			答の番号	答の欄	採点欄
一	(1)		【1】	ア　イ　ウ　エ	【1】
	(2)		【2】	Ⅰ ア　イ　ウ　Ⅱ カ　キ　ク　ケ　コ　サ	【2】
	(3)		【3】	ア　イ　ウ　エ	【3】
	(4)		【4】	c　って　e	【4】
	(5)		【5】	Ⅰ ア　イ　ウ　エ　Ⅱ カ　キ　ク　ケ	【5】
	(6)		【6】	ア　イ　ウ　エ　オ	【6】
	(7)	㈠	【7】		【7】
		㈡	【8】	25　35	【8】
		㈢	【9】	～	【9】
二	(1)		【10】	ア　イ　ウ　エ	【10】
	(2)		【11】	ア　イ　ウ　エ	【11】
	(3)		【12】	Ⅰ ア　イ　ウ　エ　Ⅱ カ　キ　ク　ケ	【12】
	(4)		【13】	Ⅰ ア　イ　ウ　エ　Ⅱ カ　キ　ク　ケ	【13】
	(5)		【14】	根	【14】
	(6)		【15】	ア　イ　ウ　エ	【15】
	(7)	㈠	【16】	ア　イ　ウ　エ	【16】
		㈡	【17】	10　15	【17】
		㈢	【18】	ア　イ　ウ　エ	【18】
三	(1)		【19】	ア　イ　ウ　エ	【19】
	(2)		【20】	ア　イ　ウ　エ	【20】
	(3)		【21】	ア　イ　ウ　エ	【21】
	(4)	㈠	【22】	ア　イ　ウ　エ	【22】
		㈡	【23】	B　3　C　3	【23】
		㈢	【24】	ア　イ　ウ　エ	【24】

共通学力検査	国語	受付番号		得点

※実物の大きさ：173% 拡大（B4 用紙）

【数　　学】

1. 2点×9（⑺・⑼は完答）　2. 2点×2　3. ⑴2点　⑵2点　⑶3点

4. ⑴4点　⑵BD：1点　EG：2点　5. ⑴2点　⑵2点　⑶3点

6. ⑴1点×2　⑵2点（完答）　⑶3点

【英　　語】

1. 2点×3　2. 2点×4

3. ⑴1点×2　⑵2点（完答）　⑶2点　⑷1点×2　⑸～⑽2点×8（⑼は完答）

4. 2点×2　5. 2点×2　6. 2点×2

【国　　語】

一. ⑴～⑶2点×3（⑵は完答）　⑷1点×2　⑸2点（完答）　⑹2点（完答）
⑺㊀ 2点　㊁ 3点　㊂ 2点

二. ⑴～⑹2点×6（⑶・⑷は各完答）　⑺㊀ 2点　㊁ 3点　㊂ 2点

三. ⑴1点×2　⑵～⑷2点×5

共通学力検査　数学答案用紙

問題番号		答の番号	答の欄		採点欄
1	(1)	【1】			【1】
	(2)	【2】			【2】
	(3)	【3】			【3】
	(4)	【4】	$x=$　　，　$y=$		【4】
	(5)	【5】	$a=$		【5】
	(6)	【6】			【6】
	(7)	【7】	$x=$		【7】
	(8)	【8】	$\angle x=$　　°		【8】
	(9)	【9】			【9】
2	(1)	【10】	$a=$　　，　$b=$		【10】
	(2)	【11】	本		【11】
3	(1)	【12】	cm		【12】
	(2)	【13】	cm^3		【13】
	(3)	【14】	cm		【14】
4	(1)	【15】	$a=$	面積	【15】
	(2)	【16】			【16】
5	(1)	【17】			【17】
	(2)	【18】	cm		【18】
	(3)	【19】	cm		【19】
6	(1)	【20】	個		【20】
	(2)	【21】	個		【21】
	(3)	【22】			【22】

共通学力検査	受付番号	得点
数　学		

※実物の大きさ：173% 拡大（B4 用紙）

共通学力検査　英語（筆記）答案用紙

問題番号			答の番号	答の欄		採点欄
1	(1)		【1】			【1】
	(2)	(a)	【2】			【2】
		(b)	【3】			【3】
2	(1)		【4】			【4】
	(2)		【5】	ア　イ　ウ　エ　オ		【5】
	(3)		【6】	ア　イ　ウ　エ		【6】
	(4)		【7】	ア　イ　ウ　エ		【7】
3	(1)		【8】	(　)→(　)→(　)→(　)→(　)→(　)		【8】
	(2)		【9】	②	⑥	【9】
	(3)		【10】	A　B　C　D		【10】
	(4)		【11】	(　)→(　)→(　)→(　)→(　)		【11】
	(5)		【12】	ア　イ　ウ　エ		【12】
	(6)		【13】	Ⅰ群　ア　イ　ウ　エ	Ⅱ群　カ　キ　ク　ケ	【13】
	(7)	(a)	【14】			【14】
		(b)	【15】			【15】
	(8)		【16】	ア　イ　ウ　エ　オ		【16】
	(9)	(a)	【17】	ア　イ　ウ　エ		【17】
		(b)	【18】			【18】
		(c)	【19】			【19】

共通学力検査 英語（筆記）	受付番号		得点	

※実物の大きさ：173% 拡大（B4 用紙）

共通学力検査　英語（リスニング）答案用紙

問題番号		答の番号	答	の		欄	採点欄
4	(1)	【20】	ア	イ	ウ	エ	【20】
	(2)	【21】	ア	イ	ウ	エ	【21】
5	(1)	【22】	ア	イ	ウ	エ	【22】
	(2)	【23】	ア	イ	ウ	エ	【23】
6	(1)	【24】	ア	イ	ウ	エ	【24】
	(2)	【25】	ア	イ	ウ	エ	【25】

共通学力検査 英語 （リスニング）	受付番号		得点

※実物の大きさ：173% 拡大（B4 用紙）

共通学力検査　国語答案用紙

問題番号		答の番号	答の欄	採点欄
一	(1)	【1】		【1】
	(2)	【2】		【2】
	(3)	【3】	Ⅰ ア イ ウ エ　Ⅱ カ キ ク ケ	【3】
	(4)	【4】	ア イ ウ エ	【4】
	(5)	【5】	ア イ ウ エ	【5】
	(6)	【6】	Ⅰ ア イ ウ　Ⅱ カ キ ク ケ コ サ	【6】
	(7)	【7】	ア イ ウ エ	【7】
	(8)	【8】	—	【8】
	(9) ㈠	【9】		【9】
	(9) ㈡	【10】	〜	【10】
二	(1)	【11】	ア イ ウ エ	【11】
	(2)	【12】	ア イ ウ エ	【12】
	(3)	【13】	ア イ ウ エ	【13】
	(4)	【14】	ア イ ウ エ オ	【14】
	(5)	【15】	れる	【15】
	(6)	【16】	ア イ ウ エ	【16】
	(7) ㈠	【17】	ア イ ウ エ	【17】
	(7) ㈡	【18】		【18】
	(7) ㈢	【19】	ア イ ウ エ	【19】
三	(1)	【20】	ア イ ウ エ	【20】
	(2)	【21】	ア イ ウ エ	【21】
	(3)	【22】	舞　／　ア イ ウ エ	【22】
	(4) ㈠	【23】	ア イ ウ エ	【23】
	(4) ㈡	【24】	B　C	【24】
	(4) ㈢	【25】	ア イ ウ エ	【25】

共通学力検査	国語	受付番号		得点

※実物の大きさ：173% 拡大（B4 用紙）

【数　　学】

1．2点×9　2．2点×2　3．(1)2点　(2)2点　(3)3点　4．(1)a：1点　面積：2点　(2)3点
5．(1)3点　(2)2点　(3)3点　6．(1)2点　(2)2点　(3)3点

【英　　語】

1．2点×3　2．2点×4
3．(1)2点　(2)1点×2　(3)〜(5)2点×3　(6)1点×2　(7)〜(9)2点×6（(8)は完答）
4．2点×2　5．2点×2　6．2点×2

【国　　語】

一．(1)2点　(2)1点　(3)1点×2　(4)〜(8)2点×5（(6)は完答）　(9)㈠ 3点　㈡ 2点
二．(1)〜(4)2点×4（(4)は完答）　(5)1点　(6)2点　(7)㈠ 2点　㈡ 3点　㈢ 2点
三．(1)2点　(2)2点　(3)1点×2　(4)2点×3

共通学力検査　数学答案用紙

問題番号		答の番号	答の欄	採点欄
1	(1)	【1】		【1】
	(2)	【2】		【2】
	(3)	【3】		【3】
	(4)	【4】	$x=$　　　，　$y=$	【4】
	(5)	【5】		【5】
	(6)	【6】		【6】
	(7)	【7】	$x=$	【7】
	(8)	【8】	cm^2	【8】
	(9)	【9】	(　　) → (　　) → (　　)	【9】
2	(1)	【10】		【10】
	(2)	【11】		【11】
3	(1)	【12】	$a=$	【12】
	(2)	【13】	$y=$	【13】
	(3)	【14】		【14】
4	(1)	【15】		【15】
	(2)	【16】	EC：CF =　　　：	【16】
5	(1)	【17】	cm	【17】
	(2)	【18】	cm^2	【18】
	(3)	【19】	cm^3	【19】
6	(1)	【20】	通り	【20】
	(2)	【21】	通り	【21】
	(3)	【22】	最小の値　　　最大の値	【22】

共通学力検査 数学	受付番号		得点	

※実物の大きさ：173% 拡大（B4 用紙）

共通学力検査　英語（筆記）答案用紙

問題番号		答の番号	答の欄	採点欄
1	(1)	【1】		【1】
	(2)(a)	【2】		【2】
	(2)(b)	【3】		【3】
2	(1)	【4】	ア　イ　ウ　エ	【4】
	(2)	【5】		【5】
	(3)	【6】	ア　イ　ウ　エ　オ	【6】
	(4)	【7】	ア　イ　ウ　エ	【7】
3	(1)	【8】	ア　イ　ウ　エ	【8】
	(2)	【9】	A　B　C　D	【9】
	(3)	【10】	②　　⑥	【10】
	(4)	【11】	(　)→(　)→(　)→(　)→(　)→(　)	【11】
	(5)	【12】	ア　イ　ウ　エ	【12】
	(6)	【13】	Ⅰ群　ア　イ　ウ　エ　Ⅱ群　カ　キ　ク　ケ	【13】
	(7)(a)	【14】		【14】
	(7)(b)	【15】		【15】
	(8)	【16】	ア　イ　ウ　エ　オ	【16】
	(9)(a)	【17】	ア　イ　ウ　エ	【17】
	(9)(b)	【18】		【18】
	(9)(c)	【19】		【19】

共通学力検査 英語（筆記）	受付番号		得点	

※実物の大きさ：173% 拡大（B4 用紙）

共通学力検査　英語（リスニング）答案用紙

問題番号		答の番号	答	の		欄	採点欄		
4	(1)	【20】	ア	イ	ウ	エ	【20】		
	(2)	【21】	ア	イ	ウ	エ	【21】		
5	(1)	【22】	ア	イ	ウ	エ	【22】		
	(2)	【23】	ア	イ	ウ	エ	【23】		
6	(1)	【24】	ア	イ	ウ	エ	【24】		
	(2)	【25】	ア	イ	ウ	エ	【25】		

共通学力検査	受付番号							得点	
英語（リスニング）									

※実物の大きさ：173% 拡大（B4 用紙）

共通学力検査　国語答案用紙

問題番号		答の番号	答の欄	採点欄
一	(1)	【1】	I　ア　イ　ウ　エ　II　カ　キ　ク　ケ	【1】
	(2)	【2】	ア　イ　ウ　エ	【2】
	(3)	【3】	ア　イ　ウ　エ	【3】
	(4)	【4】	e　□る　f　□って	【4】
	(5)	【5】	ア　イ　ウ　エ	【5】
	(6)	【6】	加□	【6】
	(7)	【7】	ア　イ　ウ　エ	【7】
	(8) ㊀	【8】	□□□□□□□□□□	【8】
	(8) ㊁	【9】	B □□□□□□□□□□□□□（10、13）　によって大きくなり、そのことがものの見方を多様化して　C □□□□□□□□（4、8）	【9】
二	(1)	【10】	ア　イ　ウ　エ	【10】
	(2)	【11】	I　ア　イ　ウ　II　カ　キ　ク　ケ　コ　サ	【11】
	(3)	【12】	ア　イ　ウ　エ	【12】
	(4)	【13】	ア　イ　ウ　エ	【13】
	(5)	【14】	I　ア　イ　ウ　エ　II　カ　キ　ク　ケ	【14】
	(6)	【15】	ア　イ　ウ　エ	【15】
	(7) ㊀	【16】	□（15、25）	【16】
	(7) ㊁	【17】	ア　イ　ウ　エ	【17】
	(7) ㊂	【18】	ア　イ　ウ　エ	【18】
三	(1)	【19】	ア　イ　ウ　エ	【19】
	(2)	【20】	ア　イ　ウ　エ	【20】
	(3)	【21】	ア　イ　ウ　エ	【21】
	(4)	【22】	□□□□□	【22】
	(5) ㊀	【23】	□□□□□□□（4、7）	【23】
	(5) ㊁	【24】	ア　イ　ウ　エ	【24】

共通学力検査	国語	受付番号		得点

※実物の大きさ：173% 拡大（B4 用紙）

【数　　学】

1．2点×9　2．2点×2　3．(1)2点　(2)2点　(3)3点　4．(1)4点　(2)3点
5．(1)2点　(2)2点　(3)3点　6．(1)2点　(2)2点　(3)3点

【英　　語】

1．2点×3　2．2点×4
3．(1)2点　(2)2点　(3)1点×2　(4)2点　(5)2点　(6)1点×2　(7)～(9)2点×6
4．2点×2　5．2点×2　6．2点×2

【国　　語】

一．(1)1点×2　(2)2点　(3)2点　(4)1点×2　(5)～(7)2点×3　(8)㊀ 2点　㊁ 3点
二．(1)～(6)2点×6　(7)㊀ 3点　㊁ 2点　㊂ 2点　三．2点×6

共通学力検査　数学答案用紙

問題番号		答の番号	答の欄		採点欄
1	(1)	【1】			【1】
	(2)	【2】			【2】
	(3)	【3】			【3】
	(4)	【4】	$y=$		【4】
	(5)	【5】	$x=$, $y=$		【5】
	(6)	【6】	本		【6】
	(7)	【7】	個		【7】
	(8)	【8】	$x=$		【8】
	(9)	【9】	ア　イ　ウ　エ　オ	$n=$	【9】
2	(1)	【10】			【10】
	(2)	【11】			【11】
3	(1)	【12】	$x=3$ のとき $y=$	$x=5$ のとき $y=$	【12】
	(2)	【13】	①　ア　イ　ウ　エ　オ	②　ア　イ　ウ　エ　オ	【13】
	(3)	【14】	$a=$		【14】
4	(1)	【15】			【15】
	(2)	【16】	四角形CGEH：平行四辺形ABCD＝　：		【16】
5	(1)	【17】	半径　cm	体積　cm^3	【17】
	(2)	【18】	AD：EF＝　：		【18】
	(3)	【19】	cm^3		【19】
6	(1)	【20】			【20】
	(2)	【21】	マスAに入力した数	マスBに入力した数	【21】
	(3)	【22】	$m=$		【22】

共通学力検査	受付番号		得点
数学			

※実物の大きさ：173% 拡大（B4 用紙）

共通学力検査　英語（筆記）答案用紙

問題番号			答の番号	答の欄	採点欄
1	(1)		【1】		【1】
	(2)	(a)	【2】		【2】
		(b)	【3】		【3】
2	(1)		【4】		【4】
	(2)		【5】	ア　イ　ウ　エ	【5】
	(3)		【6】	ア　イ　ウ　エ	【6】
	(4)		【7】	ア　イ　ウ　エ	【7】
3	(1)		【8】	ア　イ　ウ　エ	【8】
	(2)		【9】	A　B　C　D	【9】
	(3)		【10】	(　)→(　)→(　)→(　)→(　)→(　)	【10】
	(4)		【11】	③　④	【11】
	(5)		【12】	Ⅰ群　ア　イ　ウ　エ　Ⅱ群　カ　キ　ク　ケ	【12】
	(6)		【13】	ア　イ　ウ　エ	【13】
	(7)	(a)	【14】		【14】
		(b)	【15】		【15】
	(8)		【16】	ア　イ　ウ　エ　オ	【16】
	(9)	(a)	【17】	ア　イ　ウ　エ	【17】
		(b)	【18】		【18】
		(c)	【19】		【19】

共通学力検査 英語（筆記）	受付番号		得点	

※実物の大きさ：173% 拡大（B4 用紙）

共通学力検査　英語（リスニング）答案用紙

問題番号		答の番号	答の欄				採点欄
4	(1)	【20】	ア	イ	ウ	エ	【20】
	(2)	【21】	ア	イ	ウ	エ	【21】
5	(1)	【22】	ア	イ	ウ	エ	【22】
	(2)	【23】	ア	イ	ウ	エ	【23】
6	(1)	【24】	ア	イ	ウ	エ	【24】
	(2)	【25】	ア	イ	ウ	エ	【25】

共通学力検査 英語 （リスニング）	受付番号		得点	

※実物の大きさ：173% 拡大（B4 用紙）

共通学力検査　国語答案用紙

問題番号		答の番号	答の欄	採点欄
一	(1)	【1】	I　ア　イ　ウ　エ　II　カ　キ　ク　ケ	【1】
	(2)	【2】	b　ア　イ　ウ　エ　c　ア　イ　ウ　エ	【2】
	(3)	【3】	されて	【3】
	(4)	【4】	ア　イ　ウ　エ	【4】
	(5)	【5】	I　ア　イ　ウ　エ　II　カ　キ　ク　ケ	【5】
	(6)	【6】	ア　イ　ウ　エ	【6】
	(7)	【7】	ア　イ　ウ　エ	【7】
	(8) ㊀	【8】	〜	【8】
	(8) ㊁	【9】	15　25	【9】
二	(1)	【10】	I　ア　イ　ウ　エ　II　カ　キ　ク　ケ	【10】
	(2)	【11】	ア　イ　ウ　エ	【11】
	(3)	【12】	I　ア　イ　ウ　II　カ　キ　ク　ケ　コ　サ	【12】
	(4)	【13】	ア　イ　ウ　エ	【13】
	(5)	【14】		【14】
	(6)	【15】	保	【15】
	(7)	【16】	ア　イ　ウ　エ	【16】
	(8) ㊀	【17】	ア　イ　ウ　エ	【17】
	(8) ㊁	【18】	15　25	【18】
	(8) ㊂	【19】	ア　イ　ウ　エ	【19】
三	(1)	【20】	ア　イ　ウ　エ	【20】
	(2)	【21】	ア　イ　ウ　エ	【21】
	(3)	【22】	ア　イ　ウ　エ	【22】
	(4)	【23】		【23】
	(5) ㊀	【24】	A　5　8　B　3　5	【24】
	(5) ㊁	【25】	ア　イ　ウ　エ	【25】

共通学力検査	国語	受付番号		得点	

※実物の大きさ：173% 拡大（B4 用紙）

【数　　学】

1. 2点×9　2. 2点×2　3. (1)1点×2　(2)1点×2　(3)3点　4. 3点×2
5. (1)半径：1点　体積：2点　(2)2点　(3)3点　6. (1)2点　(2)2点　(3)3点

【英　　語】

1. 2点×3　2. 2点×4　3. (1)～(3)2点×3　(4)1点×2　(5)1点×2　(6)～(9)2点×7
4. 2点×2　5. 2点×2　6. 2点×2

【国　　語】

一. (1)1点×2　(2)2点　(3)1点　(4)～(8)2点×6
二. (1)～(4)2点×4　(5)1点　(6)2点　(7)2点　(8)㈠ 2点　㈡ 3点　㈢ 2点
三. (1)1点×2　(2)～(4)2点×3　(5)㈠ 3点　㈡ 2点

共通学力検査　数学答案用紙

問題番号		答の番号	答の欄	採点欄
1	(1)	【1】		【1】
	(2)	【2】		【2】
	(3)	【3】		【3】
	(4)	【4】	°	【4】
	(5)	【5】	$a=$ ，$b=$	【5】
	(6)	【6】		【6】
	(7)	【7】	$x=$	【7】
	(8)	【8】	ア　イ　ウ　エ　オ　カ	【8】
	(9)	【9】		【9】
2	(1)	【10】	ア　イ　ウ　エ　オ	【10】
	(2)	【11】	X　Y　Z	【11】
3	(1)	【12】		【12】
	(2)	【13】	cm	【13】
	(3)	【14】	AC＝　cm　面積　cm^2	【14】
4	(1)	【15】	$a=$　点Aのx座標	【15】
	(2)	【16】	$y=$	【16】
	(3)	【17】	E（　，　）	【17】
5	(1)	【18】	cm	【18】
	(2)	【19】	面積　cm^2　距離　cm	【19】
	(3)	【20】	cm^3	【20】
6	(1)	【21】	ア　イ	【21】
	(2)	【22】	$a=$　$b=$	【22】
	(3)	【23】	個	【23】

共通学力検査	受付番号		得点
数学			

※実物の大きさ：173% 拡大（B4 用紙）

共通学力検査　英語（筆記）答案用紙

問題番号		答の番号	答の欄	採点欄
1	(1)	【1】		【1】
	(2)(a)	【2】		【2】
	(2)(b)	【3】		【3】
2	(1)	【4】	ア　イ　ウ　エ	【4】
	(2)	【5】		【5】
	(3)	【6】	ア　イ　ウ　エ	【6】
	(4)	【7】	ア　イ　ウ　エ	【7】
3	(1)	【8】	①　②	【8】
	(2)	【9】	A　B　C　D	【9】
	(3)	【10】	ア　イ　ウ　エ	【10】
	(4)	【11】	(　)→(　)→(　)→(　)→(　)→(　)	【11】
	(5)	【12】	ア　イ　ウ　エ	【12】
	(6)(a)	【13】		【13】
	(6)(b)	【14】		【14】
	(7)	【15】	(　)→(　)→(　)→(　)	【15】
	(8)	【16】	ア　イ　ウ　エ　オ	【16】
	(9)(a)	【17】	ア　イ　ウ　エ	【17】
	(9)(b)	【18】		【18】
	(9)(c)	【19】		【19】

共通学力検査 英語（筆記）	受付番号		得点	

※実物の大きさ：173% 拡大（B4 用紙）

共通学力検査　英語（リスニング）答案用紙

問題番号		答の番号	答の欄				採点欄
4	(1)	【20】	ア	イ	ウ	エ	【20】
	(2)	【21】	ア	イ	ウ	エ	【21】
5	(1)	【22】	ア	イ	ウ	エ	【22】
	(2)	【23】	ア	イ	ウ	エ	【23】
6	(1)	【24】	ア	イ	ウ	エ	【24】
	(2)	【25】	ア	イ	ウ	エ	【25】

共通学力検査	受付番号		得点	
英語（リスニング）				

※実物の大きさ：173% 拡大（B4 用紙）

共通学力検査　国語答案用紙

問題番号			答の番号	答の欄	採点欄
一	(1)		【1】	か	【1】
	(2)		【2】	ア　イ　ウ　エ	【2】
	(3)		【3】	ア　イ　ウ　エ　オ	【3】
	(4)		【4】	I　ア　イ　ウ　エ　II　カ　キ　ク　ケ	【4】
	(5)		【5】	ア　イ　ウ　エ	【5】
	(6)		【6】	I　ア　イ　ウ　II　カ　キ　ク　ケ　コ　サ	【6】
	(7)	㊀	【7】		【7】
		㊁	【8】	ア　イ　ウ　エ	【8】
		㊂	【9】	15　25	【9】
二	(1)		【10】	ア　イ　ウ　エ	【10】
	(2)		【11】	ば	【11】
	(3)		【12】	ア　イ　ウ　エ	【12】
	(4)		【13】	I　ア　イ　ウ　エ　II　カ　キ　ク　ケ	【13】
	(5)		【14】	ア　イ　ウ　エ	【14】
	(6)		【15】	景	【15】
	(7)		【16】	ア　イ　ウ　エ	【16】
	(8)	㊀	【17】	ア　イ　ウ　エ	【17】
		㊁	【18】	Y　13　15　しているか、断片的事象を　Z　13　15	【18】
		㊂	【19】	ア　イ　ウ　エ	【19】
三	(1)		【20】	ア　イ　ウ　エ　オ	【20】
	(2)		【21】	ア　イ　ウ　エ	【21】
	(3)		【22】	ア　イ　ウ　エ	【22】
	(4)		【23】	ア　イ　ウ　エ	【23】
	(5)	㊀	【24】	A　4　B　2	【24】
		㊁	【25】	ア　イ　ウ　エ	【25】

共通学力検査	国語	受付番号		得点	

※実物の大きさ：173% 拡大（B4 用紙）

【数　学】

1. 2点×9　2. ⑴2点　⑵1点×3　3. ⑴3点　⑵2点　⑶AC：1点　面積：2点

4. ⑴a：2点　点Aのx座標：1点　⑵2点　⑶2点

5. ⑴1点　⑵面積：2点　距離：1点　⑶3点　6. ⑴1点　⑵2点　⑶2点

【英　語】

1. 2点×3　2. 2点×4　3. ⑴1点×2　⑵〜⑷2点×3　⑸1点×2　⑹〜⑼2点×7

4. 2点×2　5. 2点×2　6. 2点×2

【国　語】

一. ⑴1点　⑵〜⑺2点×8　二. ⑴2点　⑵1点　⑶〜⑺2点×5　⑻㊀2点　㊁4点　㊂2点

三. 2点×6

~MEMO~

~MEMO~

~MEMO~

~MEMO~

~MEMO~